U0882740

治　安　学　文　库

多维视角下的警务现代化研究

孟晓梵　林华瑜　著

WUHAN UNIVERSITY PRESS
武汉大学出版社

图书在版编目(CIP)数据

多维视角下的警务现代化研究/孟晓梵,林华瑜著.—武汉:武汉大学出版社,2023.6

治安学文库

ISBN 978-7-307-23687-5

Ⅰ.多…　Ⅱ.①孟…　②林…　Ⅲ.公安工作—现代化建设—研究—中国　Ⅳ.D631

中国国家版本馆 CIP 数据核字(2023)第 053324 号

责任编辑:田红恩　　　责任校对:李孟潇　　　版式设计:韩闻锦

出版发行:**武汉大学出版社**　(430072　武昌　珞珈山)

(电子邮箱:cbs22@ whu.edu.cn　网址:www.wdp.com.cn)

印刷:武汉邮科印务有限公司

开本:720×1000　1/16　印张:18　字数:274 千字　插页:1

版次:2023 年 6 月第 1 版　　2023 年 6 月第 1 次印刷

ISBN 978-7-307-23687-5　　定价:88.00 元

前　言

当代中国已经开启全面建设社会主义现代国家的新征程，实际上，中国的现代化进程早在第一次鸦片战争后即已开启。这一进程在开始阶段是一种后发的被动型现代化，即中国被迫跟在其他发达文明之后，被迫改换自己漫长的传统以适应新的世界法则。在走过一段段弯路、历经一次次挫折后，这个民族积累了很多的教训和经验，进而呈现出强劲的主动性追求——即通过独特的中国式的现代化，建成现代国家、现代社会；成为现代民族、现代公民；拥有现代观念、现代生活……这一现代性的宏大目标正成为当代中华民族伟大的复兴梦想和愿景追求。

四十多年来的改革和开放实践，使得我国经济大幅增长，生产力迅速进步，社会治理、文化教育、生态文明建设等不断提升。中国这艘东方巨轮驶过了险滩，驶进一片广阔无垠的海域。回顾这些年来我国的巨大发展成就，我们必须高度肯定公安工作或者说我国的警务工作的保驾护航职能。换句话说，中国式的现代化进程中，中国公安警务工作一直在场，从未缺席。

正是基于对国家现代化的深刻认同和理解，本书作者试图从较为开阔的视角去思考中国式现代化进程中公安工作现代化(警务现代化)问题。全书主要从现代化、社会治理、公安学学科建设、警察主体建设和警察文化建设五个视角切入。

一、现代化的视角

第一章是警务现代化的改革路径论。首先联系中国公安事业发展的历程，提出中国共产党自建立以来，领导我国公安事业历经四个阶段的发展前进，在保卫革命、巩固政权和服务社会主义现代化建设的历史进程中，积累了重要而宝贵的历史经验。新时代警务工作需要发扬公安优良传统，持续推进政治建设、法治公安建设、智慧警务和公安机关风险应对能力建设等，以此实现公安改革目标和自身的现代化发展。其次，聚焦公安工作现代化之途的难题——执法规范化问题，提出要深刻认识公安执法规范化的现实内涵，着力构建系统的执法规范化管理体系，探索应用现代信息技术打造执法管理平台，强化执法监督、责任追究和执法质量考评，推进公安执法规范化工作的良性发展。再次，作者关注现代社区警务工作的改革和发展，提出在全面深化公安改革、社会治理创新的宏观格局下，谋划我国社区警务的发展进路。最后，结合时下的新冠肺炎疫情应对，思考警务工作如何深入谋划我国的公共卫生安全治理工作，提出以提升安全治理能力为重点，推进公安工作现代化。

二、社会治理的视角

第二章是网络涉警舆情的治理策略论。本章紧密结合网络时代给警务工作带来的挑战，从网络涉警舆情的内蕴风险性因素出发，提出警方需要转变传统观念，提高网络治理意识和网络风险意识，构建动态化的网络涉警舆情治理机制，努力形成涉警舆情治理的多重合力。

第三章是社会治安治理的现实策略论。本章分别聚焦于基层社区公共卫生安全治理、医患冲突治理、网约车监管治理、校园贷治理几个方面，着重阐明要强化现代安全风险观念，强化法治思维和法治方式，优化应对机制和管理及服务措施，努力打造安全治理的共同体，不断提高运用信息化手段的水平，以实现安全风险治理能力的综合化提升。

三、公安学学科建设的视角

第四章是中国特色公安学学科建设论。警务现代化离不开公安学或者警学的建设与发展，本章提出要建设中国特色的社会主义公安学。新的历史条件下，构建中国特色的社会主义公安学既是传统公安学学科建设发展的必然，也是我国公安事业和公安高等教育现代化发展的现实需要。要通过构建中国特色公安学的学科体系，学术体系及话语体系，推进中国特色公安学走向独立、创新、开放与融通，同时也为促进警务现代化提供学科理论支持。

四、警察主体建设视角

第五章是现代警务人才培养论。警务现代化的主体之一是警察，本书作者长期工作于公安高校，深知公安工作的现代化发展有赖于公安队伍的观念、素质和能力。本章提出警察职业不同于一般的社会工作，其职业胜任力不仅是职业知识和技能的实践对象化，而且包含有思想政治素养、执法办案能力、警事专业技能、群众工作能力、现代信息技术应用能力等多个维度。面对新时代新需求，公安院校应主动建构警务人才培养的新模式，在目标上应致力于培养具有优良的主体品格、网络状的知识结构和复合型工作能力与创新能力的公安警务人才，在人才培养实践中，应加大对教学资源、管理制度、专业课程、协同育警建设及双师型教师队伍建设。

五、文化建设的视角

第六章是新时代育警文化建设论。本章提出中华传统文化是中华民族在长期历史发展中形成的价值观念、思维方式、道德礼仪、宗教信仰、审美趣味、生活方式等诸多层面的统一体。其中的优秀文化如茶道文化等，是民族进步和社会发展的文化源泉和精神动力，也是涵育新时代警务人才优良道德品格的重要基础。中华优秀传统文化教育对塑造公安大学生精神品格具有深化内涵认知、促进人格成长、提升职业忠诚度等方面作用。公安院校要积极营造公安大学生学习优秀传统、现代信息文化的氛围，拓展文化育警的实践途径。同时要注意规避警察亚文化的负面影响，倡导理性、文明、刚健、清廉的现代育警文化。

本书第一章的第一节、第四节，第二章，第三章的第五节，第四章，第五章的第二节，第六章的第一节、第三节和第四节由林华瑜撰写，共约 18 万字。其余由孟晓梵撰写，共约 12 万字。

本书在撰写过程中，参考和学习了学术界多位研究者的著述和观点，谨致感谢。由于作者学养尚不深厚，书中难免存在疏漏甚至值得商榷的观点，敬请提出宝贵意见。

作　者

2022年9月

目　录

第一章　警务现代化的改革路径论

第一节　公安工作的百年历程与现代化发展

本节提要：中国共产党自建立以来，领导我国公安事业历经四个阶段的发展前进，不断开创公安工作新局面，在保卫革命、巩固政权和服务社会主义现代化建设的历史进程中，积累了重要的历史经验：始终坚持马克思主义基本原理和中国具体实际相结合；始终坚持党对公安事业的绝对领导，确保公安机关贯彻落实党的大政方针；始终坚持以人民为中心的根本立场，切实做到人民公安为人民；始终坚持以自我革命精神持续加强公安队伍建设。新时代党领导公安事业的路径有：发扬公安机关优良传统，持续推进党绝对领导下的公安机关政治建设；坚持以习近平法治思想为指导，推进新时代法治公安建设；大力推进新时代智慧警务、数字警务建设和公安机关风险应对能力建设等。

我国公安机关承担着社会治安治理的主要责任，公安工作关系着国家政权安全稳固、社会安定有序和人民安宁幸福。我们党历来高度重视公安事业的发展和进步，党自成立以来，坚持以“为中国人民谋幸福，为中华民族谋复兴”为初心使命，领导全国人民经过英勇顽强的革命斗争，建立了新中国，实现了中华民族从站起来、富起来到强起来的伟大飞跃，创造了举世瞩目的辉煌成就。

回首党的百年奋进历程，审视党在领导新民主主义革命事业和社会主义建设事业进程中对我国公安事业的探索与发展，阐述党领导公安事业的历史逻辑与实践经验，既有利于理解党领导“人民公安”的目标宗旨，有利于理解中国共产党人把马克思主义基本原理同我国公安事业具体实际相结合的实践经验，也有利于在新时代提升我国公安机关的社会治安治理能力，推进我国公安工作的现代化发展。

一、公安工作百年发展历程的回顾

2021年7月1日，习近平同志在庆祝中国共产党成立100周年大会上发表重要讲话，习总书记将党的百年奋斗历程归结为“实现中华民族伟大复兴”这一主题，将百年来党创造的伟大成就分别归结为新民主主义革命的伟大成就、社会主义革命和建设的伟大成就、改革开放和社会主义现代化建设的伟大成就、新时代中国特色社会主义的伟大成就。四个“伟大成就”的取得离不开党对公安事业的坚强领导，党领导公安工作的历史发展也可以相应地从四个阶段去理解。

（一）新民主主义革命时期的公安工作

党在新民主主义时期的任务是推翻帝国主义、封建主义、官僚资本主义三座大山的压迫统治，通过武装斗争来夺取政权。作为马克思主义的政党，党的公安工作从一开始就离不开对马克思主义国家学说的认识。马克思主义认为，国家是阶级矛盾不可调和的产物和表现，“原来意义上的政治权力，是一个阶级用以压迫另一个阶级的有组织的暴力”，① 无产阶级必须打碎旧的国家机器。列宁提出“常备军和警察是国家政权的主要强力工具”。② 因此，军队、警察等国家暴力机器必须为这个国家的政治稳定和政权巩固服务，必须由掌握这个国家政权的阶级和政党掌控。

---

① 马克思、恩格斯：《共产党宣言》，载《马克思恩格斯选集》（第1卷），人民出版社1995年版，第294页。

② 列宁：《国家与革命》，人民出版社2015年版，第10页。

作为马克思主义政党，中国共产党领导新民主主义革命的任务是通过革命斗争掌握革命领导权，进而取得国家政权，实现由新民主主义向社会主义过渡。因此，在新民主主义革命时期，党对公安工作的领导主要是通过强化组织领导和直接领导，以实现公安工作的政治保卫和政权保卫职能。

面对异常严峻的国内革命形势，1927 年 11 月中央在上海建立“中央特别行动科”，这是党最早建立的具有公安机关性质的机构，简称中央特科。中央特科的前身是周恩来同年在汉口余积里 12 号组建的以情报保卫工作为重点的中央特务工作处。① 这是党在 20 至 30 年代期间建立的最早情报和政治保卫机关，下辖总务、情报、行动、交通四个科，特科主要职责是保卫中共中央领导机关和领导人的安全，收集敌方情报，营救我方人员，镇压叛徒和建立秘密电台等。党的六大以后，中央为加强对特科的领导，决定由周恩来等人组成特务委员会，进一步加强党对特科工作的领导。更为根本的是，它在性质上是无产阶级政党对于国家机器属性的认识和实践。

1931 年 11 月中华苏维埃临时中央政府在中央苏区建立，中央苏区成立了国家政治保卫局，这是党的历史上最早的人民公安保卫机关。保卫局下设侦察部、执行部、秘书处、政治保卫大队、红军工作部、白区工作部等职能部门。保卫局延续了中央特科的职能，同时，《国家政治保卫局组织纲要》规定保卫局“执行侦察、压制和消灭政治上、经济上一切反革命的组织活动、侦探及盗匪等任务”。纲要还首次提出将群众工作作为公安保卫工作的重要原则和工作内容。

由于处于严酷的敌我斗争环境以及受当时的“左倾”政治路线的影响，保卫局既积极保卫了苏区各根据地的建设，同时也犯下“左倾”政治路线的错误。这也从一个侧面反映出党对公安工作的领导离不开党自身的建设。

抗战时期，中国共产党在各抗日根据地建立抗日民主政权的同时，组建了比较正规的公安机关和人民警察队伍。1938 年 5 月建立“陕甘宁边区人民警

① 高万娥编著：《为有牺牲多壮志——武汉红色文化故事》，长江出版社 2019 年版，第 63 页。

察”(延安市警察队)，1939 年 2 月中央决定成立中共中央社会部，下设侦查、治安、情报、干部保卫和中央警卫团等履行公安机关职责职能的机构，同时在人民政权中成立保安机构或公安局。1939 年 6 月党建立了抗日根据地第一个人民公安机关——晋察冀公安总局。其他边区如晋绥、冀鲁豫等边区也成立了公安总局或公安局。

这一时期还订立了《公安局警务规约》，加强了制度层面的建设。解放战争时期，党的公安工作重心逐步从农村转入城市，在各地人民政权建立的同时也逐步建立起人民公安机关。各级公安机关在党和人民政府的领导下，保卫新生的人民政权，维护社会秩序，为夺取新民主主义革命的胜利发挥着重要作用。

这一时期公安事业的发展与党领导革命事业取得的成功密切相关。一方面新生的政权需要作为国家机器的警察机构来加强保卫，另一方面，政权的成熟、稳固以及党自身的力量与成熟度也对公安事业发展起着决定性作用。这也是马克思主义国家学说与中国革命事业实际相结合的实践成果。

(二)社会主义革命和建设时期的公安工作

马克思主义国家学说认为，无产阶级夺取政权后不能简单地利用旧的国家机器来达到自己的目的，必须建立无产阶级专政的政权机构来代替原来统治阶级的国家机器。1949 年以后，党带领全国人民创造性地进行社会主义改造，对敌对势力进行坚决斗争，巩固了人民民主专政，建立起社会主义基本制度。

1949 年 7 月中央军委决定在军事委员会下设立公安部，统辖各地公安机关的工作。军委公安部保证了中国人民政治协商会议第一次全国委员会和开国大典等重要活动顺利举行。同年 10 月中央人民政府公安部正式成立，罗瑞卿为公安部首任部长。在随之召开的第一次全国公安会议期间，毛泽东等党和国家领导人对公安工作作出重要指示。周恩来将公安事业定位为“国家安危，系于一半”。朱德说：“在公开敌人被消灭之后，国内进入和平建设时期，防止和镇压帝国主义和国内反动派残余势力阴谋破坏的巨大责任便落在公安工作者的肩上。”“公安工作在新形势下是更加重要，我们有必要加强公安工作，防止在顺利中的骄傲情绪与麻痹思想。”①

这一时期党在领导公安工作中注重法制建设、群众工作和人民警察队伍的履职能力建设。1953 年 9 月第二次全国治安工作会议通过《市镇公安派出所工作暂行条例》，强调要巩固和加强群众性的治安保卫委员会。1956 年 12 月第八次全国公安会议提出公安工作的主要任务中要加强人民公安机关的法制建设，提高公安干部和公安工作的质量，以巩固社会主义建设的秩序，保护社会生产力的顺利发展。1957 年 6 月《中华人民共和国人民警察条例》颁布，第一次以人大立法的形式明确了人民警察的性质、职责、权限和组织管理体系。1958 年第九次全国公安会议制定《公安人员八大纪律十项注意》，更加注重人民警察队伍的思想政治和纪律作风建设。

1963 年浙江省公安厅将诸暨县(现诸暨市)枫桥区社教运动中的经验报告公安部，毛泽东指示要好好总结枫桥经验。1964 年 2 月第十三次全国公安会议研究农村社教运动中对敌斗争的政策问题，提出在全国推广“枫桥经验”。

总体说来，从新中国成立到“文化大革命”前夕，党领导公安工作与广大人民群众密切联系，开展了声势浩大的镇压反革命运动、剿匪反霸、肃反等运动，保卫和巩固了新生政权，有力保障了社会主义改造的顺利实现。公安机关沉重打击了残余敌对势力，有效地进行社会治安整顿和管理，铲除了旧社会遗留下来的吸毒、贩毒和娼妓等腐朽丑恶的社会现象，巩固了国家政权安全和社会治安秩序。这一时期公安工作保障了抗美援朝、土地改革及国民经济恢复工作，为社会主义改造和社会主义建设创造了稳定的治安大局。

“文革”十年，我国社会主义的民主法制事业遭受严重践踏，公、检、法等政法机关被砸烂，全国各级公安机关难以正常履职，社会治安秩序因此遭到极大破坏。1967 年 1 月发布的《关于在无产阶级“文化大革命”中加强公安机关工作的若干规定》(简称“公安六条”)在整个“文革”期间具有临时法规效力，该规定要求公安机关主动适应“文化大革命”形势，导致打击面扩大化，制造了许多冤假错案，教训极其深刻。

① 朱德思想生平研究会编：《朱德大辞典》，中央文献出版社 2016 年版，第 422 页。

（三）改革开放和社会主义现代化建设时期的公安工作

党领导公安工作首要是通过党的指导思想、路线方针及政策来实现。随着“文革”的结束和1978年12月党的十一届三中全会的召开，国家转入改革开放和社会主义现代化建设新时期。以邓小平为核心的党中央提出“以经济建设为中心，坚持四项基本原则，坚持改革开放”的基本路线，全党工作重点转移到社会主义现代化建设。我国公安工作指导思想和重心随之发生战略性转变，即不再“以阶级斗争为纲”，而是要保卫和服务社会主义现代化建设。

1992年党的十四大确立了社会主义市场经济体制的改革目标，我国公安工作随之确立了与市场经济相适应的运行机制和发展目标。随着改革开放的逐步深入和市场经济体制的逐步建立，我国社会由过去的封闭转向开放和流动，社会不稳定因素持续增多，诱发犯罪的因素剧增，各类犯罪案件不断攀升、社会治安环境十分复杂。这一时期全国公安机关坚决贯彻党的基本路线，紧紧围绕经济建设这个中心任务，发挥公安机关的职能作用，坚持改革创新，以适应不断变化的市场化、信息化的社会发展形势。

这一时期公安警务工作运行机制进行了一系列的改革。针对改革开放带来的人、财、物大流动，面对商品经济社会环境下的流动犯罪和社会治安突出问题，公安部在全国建立了人民警察巡逻制度。1991年第十八次全国公安会议明确了城市治安巡逻制度，公安部专门出台《城市人民警察巡逻规定》。为实现统一指挥、快速反应，提高动态环境下驾驭社会治安局势的能力，公安机关建立了110快速反应机制，并在全国推广“漳州110”等先进经验。

针对社会多次出现的犯罪高峰，为了有效地遏制犯罪，公安机关加强打击和防范两大职能建设，开展了“严打”“打黑除恶”等专项行动。同时，根据我国城市社区建设和新农村建设实际，公安部2002年部署在全国公安机关实施社区警务战略，2006年出台《关于实施社区和农村警务战略的决定》，构建新型社区和农村警务机制。针对社会信息化的快速发展，公安部大力推进公安信息化建设，2003年开始依托“金盾工程”建设，全面加快公安信息化建设步伐，公安信息化大力提高了打击犯罪和行政管理和服务工作效率。

这一时期全国公安机关积极适应经济社会发展的新形势，进行了一系列改革创新。户籍管理、道路交通和消防管理、出入境边防管理等工作进行了改革发展，公安行政管理工作开始由重管理、轻服务向管理与服务并重转变。与此同时，在党的领导下，全国公安机关通过改革创新，进一步加强了法制建设、组织建设、和队伍建设。

改革开放以来，我国法律体系逐步完善，公安法制工作也得以迅速发展。1995 年《人民警察法》颁布实施。进入新世纪，公安立法工作进程进一步加快，《道路交通安全法》《治安管理处罚法》等一批重要法律法规相继出台。至此，以《人民警察法》为主体，包括公安刑事法规、治安保卫法规、行政管理法规、组织人事法规、警务保障法规、监督法规和国际警务合作法规等为主要门类，涉及公安工作主要方面的公安法规体系已经基本形成。在改革实践中，公安机关适时增加和强化了经济犯罪侦查、证券犯罪侦查和网络监管、反恐怖、禁毒、国际执法合作等新职能。2003 年第二十次全国公安会议提出公安队伍正规化建设要求。《人民警察法》《人民警察警衔条例》《公安机关组织管理条例》等法律法规相继颁布实施，加快了公安队伍正规化建设进程。

（四）党的十八大以来中国特色社会主义建设新时代的公安工作

2012 年党的十八大以来，以习近平同志为核心的党中央提出实现中华民族伟大复兴的中国梦，确定了全面建成小康社会和全面深化改革的目标，开启了全面建设社会主义现代化国家新征程。2017 年党的十九大提出我国社会主要矛盾已经转化为人民日益增长的美好生活需要和不平衡不充分的发展之间的矛盾，并据此确立党的工作重点任务和开启全面建设社会主义现代化国家新征程的奋斗目标。在此阶段党的工作重心是统筹推进“五位一体”总体布局，协调推进“四个全面”战略布局，推进国家治理体系和治理能力现代化。

根据“四个全面”战略布局要求，在新的时代，党统筹发展与安全两件大事，领导公安工作进行了全面深化改革，推动公安事业在新的历史起点上开创新局面。2015 年中央通过《关于全面深化公安改革若干重大问题的框架意见》及相关改革方案。公安改革的目标是建立系统完备、科学规范、运行有效的公安工作和公安队伍管理制度体系。

2019 年全国公安工作会议上习近平同志提出公安机关要坚持总体国家安

全观，坚持以人民为中心的发展思想，坚持政治建警、改革强警、科技兴警、从严治警，履行好党和人民赋予的新时代职责使命。党的十九届五中全会提出要统筹发展和安全，建设更高水平的平安中国。

新时代公安工作更加注重贯彻党中央治国理政新理念新思想新战略，围绕中心、服务大局，深入开展警务机制改革和自身建设。面对“百年未有之大变局”的安全形势，针对新时代的安全形势，我国公安机关深入开展反恐斗争，加强反恐国际合作，维护了国家安全。全国公安机关深入组织开展“净网”专项行动，累计办理网络犯罪案件50余万起，全力维护网络空间秩序。深入开展“扫黑除恶”专项斗争、“云剑”“净边”“昆仑”“断卡”“猎狐”“打拐”“团圆”等专项行动，依法严厉打击涉枪涉爆、电信网络诈骗、跨境赌博、非法集资犯罪和“盗抢骗”“黄赌毒”“食药环”等多发性违法犯罪。

全国公安机关积极创新运用新时代“枫桥经验”，积极参与新冠肺炎疫情防控等重大风险处置工作，维护社会大局稳定。公安部不断推动公安“放管服”改革，加快推进公安政务服务“一网通办”，建成公安部“互联网+公安政务服务”平台。各地公安机关也利用信息技术出台了大量便利服务人民群众的新举措。

党的十八届四中全会提出“全面推进依法治国”，建设法治公安成为我国公安事业的重要发展目标。我国公安机关推动和参与制定《反恐怖主义法》《网络安全法》《数据安全法》，配合修订《刑法》《刑事诉讼法》等法律法规，健全执法标准和办案机制；深入推进执法监督管理机制改革，完成执法办案场所规范化改造；深化执法信息化建设，建成统一的执法办案信息系统。党的十九届四中全会提出推进国家治理体系和治理能力现代化，公安部着手建设现代警务运行机制和执法权力运行机制和公安机关管理体制，以适应中国特色社会主义法治体系。

党高度重视公安队伍建设，强调要政治建警、锻造“四个铁一般”高素质过硬公安铁军。2017年5月习近平同志对全国公安机关和人民警察提出“对党忠诚、服务人民、执法公正、纪律严明”的总要求，2020年8月习近平同志在人民警察警旗授旗仪式上要求人民警察在新的历史条件下“全心全意为增强人民群众获得感、幸福感、安全感而努力工作”。

在队伍管理上注重从严治警与关心厚爱相结合，2020 年 7 月起公安部在全国公安机关部署开展为期一年半的“坚持政治建警全面从严治警”教育整顿，突出筑牢政治忠诚、清除害群之马、整治顽瘴痼疾、弘扬英模精神四项任务。在从优待警方面，修订完善人民警察抚恤优待办法、人民警察荣誉制度，设立中国人民警察节，落实民警依法履职免责和容错纠错办法，刑法中增设“袭警罪”以加大对警察执法权益的保护等。

二、我国公安工作百年发展的历史经验

中国共产党一直高度重视公安事业在民族复兴大业中的重要地位，党的波澜壮阔百年奋进史也是公安事业由微弱、曲折走向一个个创新发展新局面的历程。党根据不同历史时段的不同中心任务，不断推进公安事业的改革、创新和发展。习近平同志指出：“回顾历史，不是为了从成功中寻求慰藉，更不是为了躺在功劳簿上、为回避今天面临的困难和问题寻找借口，而是为了总结历史经验、把握历史规律，增强开拓前进的勇气和力量。”①站在历史与现实交会的新起点，对党领导公安事业的历史经验进行回顾，既是对过往路程的致敬，也可以为未来发展提供借鉴和指引。

（一）始终坚持马克思主义基本原理和中国公安工作具体实际相结合

中国共产党以马克思主义为理论指引，不断推进马克思主义中国化。党的百年历史筚路蓝缕、铿锵前行，在一次次将马克思主义基本理论与中国实践相结合的历史实践中不断创造新的辉煌。党对公安事业的领导也是如此，首先表现在对公安事业的本质职能定位上。

马克思主义认为国家是阶级矛盾不可调和的产物和表现，是阶级统治的工具。恩格斯在著名的《家庭、私有制和国家的起源》一书中说：“国家的本质特征，是和人民大众分离的公共权力……对于公民，这种公共权力起初只不过当做警察来使用，警察是和国家一样古老的……雅典人在创立他们国家的同时，

① 习近平：《习近平谈治国理政》(第二卷)，外文出版社 2017 年版，第 32 页。

也创立了警察。”[①]警察的产生是与国家的产生联系在一起的，警察是国家产生的历史实践的一部分，警察和其他国家机器一样是实现阶级统治的重要工具。无产阶级为了巩固自己阶级的政权，必须认清国家的阶级实质，必须发挥好国家机器的职能作用，才能实现无产阶级的革命目标。

1949 年 6 月毛泽东同志在《论人民民主专政》一文中说：“要强化人民的国家机器，这主要是指人民的军队、人民的警察和人民的法庭，借以巩固国防和保护人民利益。”[②]在中国人民政治协商第一届全体会议开幕词上他说：“人民民主专政的国家制度是保障人民革命的胜利成果和反对内外敌人的复辟阴谋的有力的武器，我们必须牢牢地掌握这个武器。”[③]邓小平指出：“在阶级斗争存在的条件下，在帝国主义、霸权主义存在的条件下，不可能设想国家的专政职能的消亡，不可能设想常备军、公安机关、法庭、监狱等的消亡。”[④]习近平同志特别强调要“确保刀把子牢牢掌握在党和人民手中”，[⑤] 表明党在新时代对公安专政职能有着深度认知。

正是警察具有的国家暴力机器性质，中国共产党坚持将公安事业与人民军队等同视之，“国家安危，系于一半”。党各个时期对公安事业的准确定位以及各项公安工作大政方针的部署决策，是作为马克思主义的政党对公安警察职能的正确认识，同时也是与中国革命和社会主义建设事业相结合的结果，这确保了我国公安事业长期始终不渝地服务于党和国家的中心任务，始终将保卫人民民主专政、保卫社会主义现代化建设、守护党和人民的事业作为自己的首要职责职能。

（二）始终坚持党对公安事业的绝对领导，确保贯彻落实党的大政方针

中国共产党对公安事业的绝对领导既是我们党和国家的重要政治优势，也

① 《马克思恩格斯选集》（第四卷），人民出版社 1975 年版，第 114 页。

② 《毛泽东选集》（第四卷），人民出版社 1991 年版，第 1475 页。

③ 全国政协研究室编：《中国人民政协全书》（上卷），中国文史出版社 1999 年版，第 39 页。

④ 《邓小平文选》（第二卷），人民出版社 1994 年版，第 169 页。

⑤ 中共中央文献研究室编：《习近平关于全面依法治国论述摘编》，中央文献出版社 2015 年版，第 118 页。

是我国公安工作的优良传统和根本原则，同时还是我国公安事业不断取得各项巨大成就的根本保证。公安机关是具有武装性质的人民民主专政工具，关系着国家安危、社会大局稳定和人民幸福，作为“刀把子”的武装力量，必须牢牢地掌握在领导我们各项事业的党的手里，才能保证武装力量得到地正确运用。

我们党历来重视对公安工作的领导。毛泽东同志 1950 年 9 月在全国经济保卫工作会议的指示中曾经指出：“保卫工作必须特别强调党的领导作用，并在实际上受党委直接领导，否则是危险的。”①他还指出：“公安机关是无产阶级手里的一把‘刀子’，掌握得好，就能够打击敌人，保护人民；掌握得不好，就容易伤害自己。这把‘刀子’要是被坏人抓走了，那就更危险。”习近平同志指出，政党在国家政治生活中发挥着重要作用，也是推动人类文明进步的重要力量。② 他更强调指出要从政治上建设和掌握公安机关，引导全警始终在思想上政治上行动上同党中央保持高度一致，确保公安队伍绝对忠诚、绝对纯洁、绝对可靠。坚持党对公安工作的绝对领导，根本上来说，是无产阶级政党自身建设的需要，是维护党、国家和人民利益的现实需要。

“公安机关是党缔造的，发展壮大是党培养的，从土地革命战争时期的国家保卫机关到当下肩负着新时代职责使命的重要力量，党的领导贯穿始终。历史证明，对党忠诚、坚持党的领导是公安事业胜利发展的根本保证。弱化、偏离党的领导，事业就会失去主心骨，造成严重的后果。”③从实践上来看，一方面由于公安工作需要组织协调社会各方面的力量，需要党组织来领导、动员和协调推进；另一方面由于公安工作要处理非常复杂的社会矛盾，也只有坚持党的绝对领导，才能不断加强自身的战斗力和长期保持队伍的纯洁性。更为根本的是，公安工作只有坚持党的绝对领导，才能确保党的路线方针政策和各项重大决策部署得到很好的贯彻落实。

---

① 公安部政治部编：《毛泽东公安工作理论》，群众出版社 1993 年版，第 126 页。

② 习近平：《携手建设更加美好的世界——在中国共产党与世界政党高层对话会上的主旨讲话》，载《人民日报》，2017 年 12 月 2 日，第 2 版。

③ 苏忻：《习近平总书记关于公安工作论述的理论维度解读》，载《河南警察学院学报》2021 年第 1 期，第 101-108 页。

（三）始终坚持以人民为中心的根本立场，切实做到人民公安为人民

马克思主义唯物史观认为人民群众是历史的真正创造者。列宁指出："在人民群众中，我们毕竟是沧海一粟，只有我们正确地表达人民的想法，我们才能管理。否则共产党就不能率领无产阶级，而无产阶级就不能率领群众，整个机器就要散架。"①马克思主义的政党属性决定我们党始终站在最广大人民的立场上。中国共产党人把马克思主义群众史观转化为党的思想方法和工作方法，并作为党的群众路线。党正是靠始终如一地践行群众路线，最终成功地领导中国人民经历了从"站起来""富起来"到"强起来"的曲折征途。党在领导公安事业的进程中，也始终要求公安工作坚持"以人民为中心"的价值立场。即要求公安工作的基本立场为"一切为了群众，一切依靠群众"，公安工作的根本方法为"从群众中来，到群众中去"。② 这是党的群众观点和群众路线在公安工作中的必然体现。

早在1927年毛泽东同志在井冈山革命根据地就提出巩固根据地要依靠群众的思想，1931年中央苏区政府制定的《国家政治保卫局工作原则》专门提出将群众工作作为公安保卫工作的重要原则和工作内容。

中华人民共和国成立初期，毛泽东同志亲自倡导在全国城乡建立群众性的治安保卫委员会，1963年11月他指示公安部领导"最重要的一条，是如何做群众工作，教育群众，组织群众，做一般性的公安工作"，"不要忘记动员群众"。③ 罗瑞卿同志1958年在《关于九年斗争总结的几个问题》中说，由于"强调党委领导和群众路线，就使肃反斗争有了两个方面的保障，其一，是得到了全党和全国人民的支持，防止打不赢敌人的危险；其二，得到全党和全国人民的充分了解和监督，防止了犯大错误、犯难以纠正的错误的危险"。④ 1958年

① 《列宁专题文集——论无产阶级政党》，人民出版社2019年版，第343、344页。

② 葛志山：《公安群众工作制度化规范化建设研究》，中国法制出版社2017年版，第22页。

③ 杨学科：《弹性治理：枫桥经验生发的阐释》，载《治理研究》2018年第5期，第27-34页。

④ 马文元编：《人民公安优良传统》，广东高等教育出版社1994年版，第102页。

第九次全国公安会议作出的《关于公安人员八大纪律十项注意的决议》中，明确提出“不准侵犯群众利益”“多办好事，服务人民”“说话和气，办事公平”“纠正违章，不准刁难”等具体要求。全国各地公安机关此后经常开展爱民月活动，进一步密切了警民关系，树立了“警爱民，民爱警”“人民公安为人民”的优良传统。

2013 年 10 月，习近平同志就坚持和发展“枫桥经验”作出指示，要求充分认识枫桥经验的重大意义，发扬优良作风，善于运用法治思维和法治方式解决涉及群众切身利益的矛盾问题，坚持贯彻好党的群众路线。党的十八大以来，以习近平同志为核心的党中央站在以人民为中心的根本立场，把人民对美好生活的向往作为党坚持不懈的奋斗目标。2020 年 8 月习近平同志在向中国人民警察队伍授旗时并致训词，要求人民警察坚持以人民为中心，坚定贯彻执行党的群众路线，维护人民利益，全心全意为增强人民群众获得感、幸福感、安全感而努力工作。

（四）始终坚持以自我革命精神持续加强公安队伍建设

勇于自我革命是马克思主义政党的本质属性。中国共产党作为马克思主义政党从诞生起一直具有勇于自我革命的政治品格。习近平同志指出“中国共产党的伟大不在于不犯错误，而在于从不讳疾忌医，敢于直面问题，勇于自我革命，具有极强的自我修复能力”。① 我国公安机关和人民警察拥有法律赋予的社会治安管理和刑事执法的专门权力，容易受到外界不良的影响和侵蚀。因此铸造一支有理想信念、有过硬本领的公安队伍，防止其脱胎于人民军队的红色基因褪色变质尤为重要。为此，党在领导公安事业发展的进程中，时时以自我革命精神持续加强公安队伍的思想教育、纪律作风、反腐倡廉、教育整顿等工作，坚持从严治警，确保人民警察队伍对党忠诚，纪律严明，纯洁可靠。

我国公安工作长期坚持将政治工作摆在“生命线”位置，“公安姓党”是公安机关的根本政治属性，讲政治是公安机关的第一要求。早在 1950 年 3 月，

① 中共中央党史和文献研究院编：《十八大以来重要文献选编》（下），中央文献出版社 2018 年版，第 589 页。

中央政治局会议研究公安工作时，毛泽东就提出公安部队数量不宜太大，但质量要精。① 他还指出，在公安系统内“有计划地开展反官僚主义、反命令主义、反违法乱纪的斗争是完全必要的”。② 改革开放初期，邓小平提出要“大力加强政法、公安部门的建设和工作，提高这些部门人员的政治素质和业务素质”，“除了必须通晓各项法律、政策、条例、程序、案例和有关的社会知识以外，特别要求大公无私、作风正派”。③

伴随我国市场经济的发展，公安队伍中的违法违纪现象也明显增多，严重影响了公安机关的执法公信力和战斗力。为贯彻从严治警方针，公安部在出台实施《人民警察纪律条令》、“五条禁令”等规章制度的同时，持续推动纪律作风建设。党的十八大以来，党中央先后在全党开展了“群众路线”教育实践、“三严三实”专题教育、“两学一做”学习教育、“不忘初心、牢记使命”主题教育、党史学习教育等专项活动。上述活动有力推动我国公安机关和人民警察继续发扬自身的优良传统，形成良好的政治风气和纪律作风。2021 年全国政法机关开展教育整顿工作，突出筑牢政治忠诚、清除害群之马、整治顽瘴痼疾、弘扬英模精神四项任务，公安队伍通过教育整顿，全面正风肃纪、反腐强警。

三、我国公安工作的现代化发展路径

习近平总书记在党史学习教育动员大会上指出：“我们党一步步走过来，很重要的一条就是不断总结经验、提高本领，不断提高应对风险、迎接挑战、化险为夷的能力水平。”④在新的时代我国社会主要矛盾已经转化人民日益增长的美好生活需要和不平衡不充分的发展之间的矛盾。新时代我国公安工作要进一步加强政治建设，贯彻落实好党在新时代的工作中心；要树立以人民为中心

① 毛泽东思想生平研究会，陕西师范大学马克思主义学院编：《毛泽东与人民军队新论》，陕西人民出版社 2018 年版，第 759 页。

② 公安部政治部编：《毛泽东公安工作理论》，群众出版社 1993 年版，第 129 页。

③ 《邓小平文选》(第二卷)，人民出版社 1994 年版，第 286、371 页。

④ 《学党史悟思想办实事开新局，以优异成绩迎接建党一百周年》，载《人民日报》，2021 年 2 月 21 日，第 1 版。

的发展理念，主动适应社会主要矛盾变化，以改革创新精神大力推动法治公安、智慧公安建设以实现公安工作现代化。

（一）发扬人民公安为人民的优良传统，推进党绝对领导下的公安机关政治建设

以人民为中心是马克思主义政党的执政理念和宗旨，在新的时代我国公安机关和人民警察仍然需要将“人民公安为人民”当作立警的座右铭。习近平指出，人民警察来自人民，心系人民、植根人民、服务人民是公安机关的优良传统。公安机关要努力让人民群众在每一起案件办理、每一件事情处理中都能感受到公平正义。① 无论何时，我国公安工作都要坚持人民主体地位，顺应人民群众对公安工作的要求和期待，把党的群众工作路线落实在公安执法活动和社会治安治理的过程中。

我国公安事业成长于军队保卫工作，“党指挥枪”决定了公安机关的根本和持久的政治属性。在深化改革的进程中，当前我们要提防一些“警察中立论”的声音干扰，要更加深刻地认识公安机关是人民民主专政重要工具的政治属性，牢牢把握坚持党对公安工作绝对领导的根本政治原则。为此，需要大力提升公安机关和人民警察的政治站位、政治素养、政治能力、党性观念和纪律作风。

2021 年开展的“坚持政治建警全面从严治警”教育整顿工作为纯洁队伍，从严治警提供了坚强的政治、思想和组织保障。在新冠肺炎疫情防控、脱贫攻艰等重大攻坚战中，人民公安在党的领导下，听令而行，成绩斐然。正是这种党领导下的“全国一盘棋”式的战时组织和动员机制，才确保我国公安机关能发扬优良传统，应对重大疫情时具有强大的组织力和行动力。今后公安机关仍要进一步贯彻落实好党中央的重要决策部署，在履职尽责中履行好党和人民赋予的新时代使命任务。

（二）以习近平法治思想为指导，大力推进新时代法治公安建设

新时代党中央提出全面依法治国的方略，我国社会主义法治取得了历史性

① 参见习近平总书记在会见全国公安机关爱民模范集体代表和爱民模范时的讲话（2014 年 10 月 28 日）。

成就。我国公安机关是国家重要的行政执法和刑事司法力量，负有维护宪法尊严、保证宪法实施的职责，在全面推进依法治国、建设社会主义法治国家中担负着重大职责使命。打造法治公安需要深入学习贯彻习近平法治思想，坚持党对公安工作的绝对领导作为根本政治原则，将捍卫党的长期执政地位作为建设的首要职责任务。同时，需要大力培养公安机关和人民警察的法治思维与法治方式，以严格规范公正文明执法为生命线，坚持不懈推进执法规范化建设。而且，通过提升公安机关的执法能力和执法公信力，让人民群众切实感受到公平正义，可以进一步推动在全社会形成办事依法、遇事找法、解决问题用法、化解矛盾靠法的良好法治环境，这也是公安机关提高社会治安治理能力，实现公安工作现代化的必由之路。

(三)推进新时代智慧警务、数字警务建设

当前信息技术发展日新月异，科学技术从来没有像今天这样深刻影响国家前途命运。随着大数据、云计算、人工智能等信息科技的快速发展和普及应用，我国公安机关警务工作初步实现了警务智慧化变迁。新时代公安机关要紧跟现代科技发展前沿和数字智能化发展趋势，进一步加大公安科技创新和科技成果应用力度。要特别注重信息科技与公安工作的深度融合，充分发挥现代信息科技在公安机关风险防控、打击犯罪、网络治理和管理服务中的功能。与此同时，要注重借重信息科技的支撑，构建系统完备、科学规范、集约高效的现代警务体系，以推动公安工作数字化高质量发展。比如探索建立“情指勤舆一体化中心”，优化实战运行机制，有利于打破警种部门壁垒、集成专业手段资源，有利于提高合成化能力。

(四)推进新时代公安工作的风险应对能力建设

与传统社会相比较，现代社会重要特征之一就是“风险”无处不在。当前我国社会的全面深化改革正进入深水区，内外部的发展环境和安全形势更为复杂，我们党审时度势提出要以总体国家安全观来应对新的安全局面。公安工作在社会风险事件的应对处置中发挥着不可替代的作用，2020年的新冠肺炎疫情应对中，我国公安机关和人民交出了一份让党和人民满意的答卷。未来我国公安工作需要牢牢树立总体国家安全观，紧紧围绕打好防范化解重大风险攻坚战，全力做好矛盾排查调处和风险化解工作。这要求公安机关必须进一步加强自身的应对风险挑战的能力建设，一方面要不断提升队伍的综合能力，特别是以“枫桥经验”化解基层矛盾的能力，另一方面更要注重建立各种风险的防控、应对和化解综合机制，促进社会治安治理模式更加适应新发展阶段需求，推进更高水平的平安中国建设。

第二节 公安执法规范化的问题与改革路径

本节提要：公安执法规范化是公安机关落实全面依法治国的必然要求，是法治公安建设的重要环节。目前的执法规范化建设存在不平衡、不精细、不透明现象，执法规范化水平与公众期待存在差距，尤其在新媒体时代，一些执法不规范的典型性事件严重影响执法公信力。为此，公安机关要积极适应全面依法治国的要求，贯彻“以人民为中心”的发展理念，主动适应新形势下执法规范化的新要求。公安机关和民警要深刻认识公安执法规范化的现实内涵，着力构建系统的执法规范化管理体系，探索应用现代信息技术打造执法管理平台，强化执法监督、责任追究和执法质量考评，推进公安执法规范化工作的良性发展。

党的十八大以来，以习近平同志为核心的党中央从中国特色社会主义事业发展的战略高度，从全面建设社会主义现代化国家的战略目标角度，提出全面依法治国，并将其纳入“四个全面”战略布局进行系统谋划、整体推进。十八届四中全会对推进全面依法治国进行专题研究部署，提出要建设中国特色社会主义法治体系、建设社会主义法治国家的总目标。十九届三中全会决定组建中央全面依法治国委员会。2020 年 11 月中央全面依法治国工作会议确立习近平法治思想在全面依法治国中的指导地位。习近平法治思想的内核是始终坚持以人民为中心，坚持法治为了人民、依靠人民、造福人民、保护人民，把法治国家、法治政府、法治社会一体化建设提高到一个新水平。

我国公安机关作为行使行政权和侦查权的执法主体，其公权力往往与公民的私权利形成对立，而现代法治的精髓——“良法善治”“尊重与保障人权”“公权力必受约束”等观念已经逐渐被普通民众所接受并深入人心。在新的历史条件下，我国公安执法工作需要在习近平法治思想的科学指引下，坚持总体国家安全观，坚持以人民为中心的发展思想，大力提升执法规范化水平和执法公信力，从而回应好人民群众对公安执法的新要求和新期待。

2019年5月全国公安工作会议指出，“公安执法规范化是全面推进依法治国、加快建设社会主义法治国家的客观要求，一直以来都作为评价公安队伍建设与公安工作进步的重要标准之一。”①事实上，近年来人民群众对警察执法规范的关注也与日俱增，比如，2019年4月24日，上海交大附属仁济医院胸外科主任医师赵某因医患冲突被警方铐走，现场视频很快在网上引起广泛关注，公众对警方执法行为产生大量争议。当前我国上下正在大力推进法治公安建设，公安执法规范化是法治公安建设的重要基础和关键环节，研究新形势下如何推进公安执法规范化具有重要的现实意义。

一、我国公安执法规范化建设的发展历程回顾

(一)公安执法规范化建设的历时发展

我国公安执法规范化建设的工作经历了一个相对较长的发展历程。从20世纪九十年代起，公安部陆续发布了《公安机关办理刑事案件程序规定》《公安机关办理行政案件程序规定》和《公安机关人民警察盘查规范》《公安机关适用继续盘问规定》《公安机关执法公开规定》等一系列文件，这些文件力图通过公安机关内部管理和监督来提高执法质量，实现执法规范化的目的。

2014年10月的十八届四中全会通过了《中共中央关于全面推进依法治国若干重大问题的决定》，指出我国当前执法体制仍存在较多问题，“执法司法不规范、不严格、不透明、不文明现象较为突出，群众对执法司法不公和腐败问题反映强烈”，提出要坚持严格规范公正文明执法，提高执法效率和规范化

① 卞建林：《论公安刑事执法规范化》，载《东方法学》2019年第4期，第4-13页。

水平，并作出了一些具体的要求，如全面落实执法人员责任追究机制，加强执法监督，以及通过公正执法来提高执法公信力等。

2015 年初中央出台《关于全面深化公安改革若干重大问题的框架意见》以及相关改革方案，提出我国公安工作要实现“基础信息化、警务实战化、执法规范化、队伍正规化”，明确将提升人民群众的安全感、满意度和公安机关的执法公信力作为公安机关工作效能的重要目标。同时期公安部在全国公安机关开展包含“执法规范化”内容的“四项建设”活动，并出台《公安机关深化执法规范化建设工作任务和阶段目标》等规范性文件。

2016 年中央办公厅、国务院办公厅印发《关于深化公安执法规范化建设的意见》。公安部为此加大了全国性的执法规范化培训工作，2016 年 7 月和 2017 年 1 月分别举办两期全国公安机关规范执法视频演示培训会。2019 年 5 月的全国公安工作会议上，习近平总书记提出公安机关“要抓住关键环节，完善执法权力运行机制和管理监督制约体系，努力让人民群众在每一起案件办理、每一件事情处理中都能感受到公平正义。要严格规范公正文明执法，把打击犯罪同保障人权、追求效率同实现公正、执法目的同执法形式有机统一起来，努力实现最佳的法律效果、政治效果、社会效果”。应该说，从中央到各级公安机关，这些年已充分意识到执法规范化存在的问题和面临的严峻形势，执法规范化问题解决得好不好，关系到人民群众对公安工作的满意度，关系到公安执法的公信力，对我国公安工作的现代化发展以及贯彻“以人民为中心”的发展理念都具有重要意义。

（二）公安执法规范化的研究现状

近年来学术界对公安执法规范化问题进行了多角度的研究，主要分为两大方面的研究，一是着重研究执法规范化的内容和重点，二是研究如何提升公安执法规范化的水平。法学界有学者将刑事执法规范化作为为重点和核心，提出执法规范化的目标应当是“践行程序法治、保障基本人权、尊重司法规律，重点包括落实证据裁判原则、完善侦查监督体制和保障犯罪嫌疑人辩护权”。①

① 卞建林：《论公安刑事执法规范化》，载《东方法学》2019 年第 4 期，第 4-13 页。

张伟珂、李春华认为执法规范化建设的根本点是提升公安执法能力，提出“执法能力-执法规范化-执法公信力”递进式的逻辑框架，通过问卷调查方式，分别对群众关于执法状况的评价认识，当前执法环境，执法主体及法治意识，执法行为规范状况与执法水平状况，化解社会矛盾能力状况，与媒体沟通合作情况，公安机关和公安民警自身导致的影响执法公信力因素等进行分析。① 张江伟认为公安执法规范化建设的核心是完善警察权力运行机制，其他内容包括构建完备的公安执法制度体系、建设专业化的执法队伍等。②

在公安执法规范化的实施策略方面，袁周斌、张君萍从规范和约束警察权力角度出发，提出要健全完善公安权力清单制度，厘清公安权力、优化公安权力清单构成内容，强化监督保障、构建公安权力清单配套机制等措施。③ 向达从外部视角考察公安机关的执法活动，将执法规范化的内涵界定为执法程序的规范化和民警自由裁量权的规范化，提出“不能过于强调对民警执法时的强行性约束，而要建立起指引性规范，在控制自由裁量权的同时尊重执法民警的自由裁量权”。④ 张英龙在调查公安基层派出所执法工作的基础上，提出基层民警的素质和警力不足严重制约了执法规范化建设，提高的途径主要在于努力实现警力增长和民警的能力素质的提升。⑤ 裘有度结合新媒体时代舆论格局发生的变革，认为以微博、微信、新闻客户端为代表的“两微一端”实现了传媒业的融合和重塑，这一变革使大众化、互动式地信息发布与传播得以快捷实现，这对于公安执法工作既是机遇也是挑战。公安执法工作要注重与新媒体之间的

---

① 张伟珂、李春华：《法治公安视域下公安执法规范化实证研究》，载《中国人民公安大学学报》(社会科学版)，2015 年第 4 期，第 114-124 页。

② 张江伟：《论公安执法规范化建设》，载《北京警察学院学报》2017 年第 3 期，第 7-13 页。

③ 袁周斌、张君萍：《公安权力清单制度的实践困境与完善路径》，载《湖北警官学院学报》2017 年第 5 期，第 11-19 页。

④ 向达：《外部视角下公安机关执法规范化问题思考》，载《湖北警官学院学报》2018 年第 1 期，第 72-77 页。

⑤ 张英龙：《推进公安基层派出所执法规范化的思考》，载《湖北警官学院学报》2016 年第 2 期，第 66-70 页。

良性互动，执法队伍的专业化建设、执法程序的精细化建设、执法监督的信息化要提上日程，以此推动实现公安执法规范化。①

综合以上研究，笔者认为，公安执法规范化中既要关注重点难点，也要在整体的工作布局中谋划推进；既要强调人的观念与思维要素，更要强化管理机制的作用，特别是要更加注重研究新媒体环境下如何进一步推动执法规范化，真正践行“以人民为中心”的执法理念。

二、我国公安执法规范化建设的不足和问题

党的十八大以来，全面依法治国已经成为推进国家治理能力现代化的必然选择，党的十九大报告重申了“科学立法、严格执法、公正司法、全民守法”的十六字方针，建设法治国家、法治政府、法治社会的建设已成为共识性的目标。公安执法规范化建设顺应了形势发展的现实需求，我们对取得的成绩和存在的问题都需要有一个客观的认识。

（一）公安执法规范化建设总体上在不断推进

自2008年公安部将执法规范化建设列入“三项建设”以来，② 我国公安规范执法工作持续推进，全国各级公安机关及各部门、各警种进行了系列探索，采取了诸多措施开展执法规范化建设。公安部先后出台或修改下发了办理案件的程序规定、《关于大力加强公安机关执法规范化建设的指导意见》《公安机关执法规范化建设阶段目标和成效标准》《公安机关执法细则》等重要文件。

近年来公安执法制度建设进程加快，公安部修订《公安机关执法细则（第三版）》《公安机关受理行政执法机关移送涉嫌犯罪案件规定》《公安部关于实施公安行政处罚裁量基准制度的指导意见》等规定及近500项，为公安执法规范化提供

① 裘有度：《新媒体时代公安执法规范化研》，载《公安海警学院学报》2016年第3期，第71-75页。

② 2008年底公安部出台《关于大力加强公安机关执法规范化建设的指导意见》，各地公安机关纷纷在执法规范化建设方面出台了大量的改革举措。在改革的过程中出现不少有新意的做法，多以“样本”“模式”命名，如北京样本、浙江杭州样本、江苏东台样本、山东“五位一体”建设模式、浙江嘉兴模式等。参见沈国琴：《公安执法规范化建设中的改革变量分析》，载《山东警察学院学报》2018年第3期，第140-146页。

了法律和规章制度的依据。[1]以审判为中心的诉讼制度改革确立后，各地公安机关更加注重证据意识，严格落实讯问全程录音录像制度。公安机关也及时出台了执法权力和责任清单，各地公安机关结合实际，出台了较多简化、优化公共服务流程的若干措施。“阳光警务”建设以及公安微博、微信公众号、手机App等信息化建设，有力推进了公安执法公开和执法监督。公安机关的执法细则培训、执法规范化培训以及执法过错责任追究等措施都取得了较为明显的实效。

（二）公安执法规范化建设存在不平衡、不精细、不合法现象

客观地看，我国公安工作由于机构层级较多、地区地域广大，经济和文化发展不平衡，警察人数众多、来源不一，个体素质能力参差不齐，不同警种业务差别较大、具体业务复杂琐碎、日常事务繁杂等因素，目前公安执法规范化还存在比较明显的不平衡、不精细、不透明的现象。公安部和各省级、比较大的城市公安机关在法规制度建设、标准制定、业务培训、考评监督上，做了相当多机制性的建设和优化工作，但对于基层机构如县市公安局、基层派出所来说，有效落实贯彻这些规范化机制尚有待时日，尤其基层派出所对于执法规范化的认识还不到位，民警素质能力跟不上，存在较多的执法主体不当、执法流程简单化、执法行为粗暴化、执法标准粗放化等现象。

中西部地区由于经济、文化上与东部发达地区存在较大差距，经费保障、警力资源和警察培训等存在不足，执法规范化建设较为落后。2010年公安部确定北京、浙江、江苏、山东四省市为全国公安执法规范化的“领头羊”，以期对其他省市起到表率和引领作用。2014年以来，上海、江苏、河北、湖北等省公安机关深入推进执法公开，出台执法公开规定的制度规范，搭建依托互联网的“阳光警务执法公开平台”。湖北省提出要推动执法监督管理与现代科技应用深度融合，开展“阳光警务”建设，深化“放管服”改革，为经济社会发展提供优质高效的服务环境。但各地执法规范化建设实践中也出现过不少违背法治要求的做法，[1] 某些做法甚至对公民的人格尊严造成侵犯，某些执法举措

① 据媒体报道，全国一些地方出现“体验式执法”，形式多样，如2014年长沙交警启动的“体验式教育”，要求对闯红灯的行人“罚站”20分钟。2015年深圳交警尝试“体验式执法”，罚闯红灯者戴绿帽穿绿马甲执勤。2016年天津交警针对酒驾人员，要求其到医院太平间门口接受交通安全教育。2017年江西吉安交警让闯红灯者持喇叭喊100遍“我不再闯红灯”。

违背了《行政处罚法》的行政处罚法定原则。

(三)公安执法规范化水平与人民群众的期待存在差距

公安执法规范化的本意是“公安机关及其工作人员应当严格依照法定授权行使职权、履行职责，以自我克制的职业伦理、按照法定的规则和法定的程序开展其行政和刑事执法活动，以便实现其执法目的，即保护个人的权利和自由、维护公共安全和稳定的社会秩序、捍卫国家宪法和法律尊严”。①

一方面，公安机关近年来出台的各项执法规定和细则，一般来说都是良好的规范标准，具有较强的科学性和实践性。公安执法办案细则在设计初衷上，一来使得执法决策、程序和行为尽可能做到有章可循，二来可以起到指导和支持下级公安机关和基层民警执法，同时也可以为部分容易引起争议的执法行为提供制度性的防护。但从有关方面的调查发现，公安基层民警大多数则认为当前公安执法权受到了比较严格的制约。有调查发现，认为十分严格的约占27.6%；认为比较严格的所占比重最多，约占53.7%；认为权力与制约程度合适的约占10.2%；认为不严格，滥用执法权现象时有发生的则只8.4%。② 在现代法治社会中，执法权作为公权力受到合理的制约是理所当然的，但在我国的政治和文化环境下，公安机关和人民警察在实践中承担了过高的法律责任和社会道义，二者的不相匹配很容易导致在复杂的个案环境下，即使是规范化的细则也并不容易得到很好的贯彻实施。

另一方面，公众对公安执法规范化的期待也在逐渐变化。传统上中国公安与民众是鱼水关系。市场经济促进了契约观念的深入，教育大众化和信息网络化带来了社会大众权利观念的突涨，先前的鱼水关系现在转化为行政服务与被服务关系。公安执法在很短的时间内就进入“闪光灯下执法”的新情境。公众对执法有自己的期待和评议权，而且新媒体的广泛使用，使得每一次执法中的瑕疵都可能被放大而置于媒体评论的焦点中心。可以说，现阶段公安执法与公

① 张彩凤、刘洋：《公安执法规范化的法理逻辑》，载《中国人民公安大学学报》(社会科学版)2011年第5期，第104-112页。

② 张伟珂、李春华：《法治公安视域下公安执法规范化实证研究》，载《中国人民公安大学学报》(社会科学版)2015年第4期，第114-124页。

众的期待之间的差距还不可能在短时间内填平。

（四）新媒体环境下执法不规范的典型性事件严重影响执法公信力

我国现有人民警察170万，各地公安机关还聘用了大量辅警人员来解决警力不足的问题。全国公安机关每天处理不计其数的警情、案件和各类求助事件，这当中必然会出现一些处理不当事件。公安机关需要在内部的管理上引起高度重视，需要加强考评机制和监督机制建设。但在当前新媒体迅猛发展的大背景下，个别执法不规范的典型性事件放大了公安机关存在的问题和不足，对公安执法公信力构成严重损害。“不论涉警舆情事件性质如何，执法活动天然的‘对立性’被网络无限放大之后产生的初步负面评价远多于正面评价是不争的事实。”①

涉警网络舆情事件大多数与警察执法直接相关联。公安机关治理涉警网络舆情首先面临的是自身话语有无说服力的问题，实际上就是警察的执法是否存在不当的问题。近年来北京昌平雷某非正常死亡事件、北京和颐酒店女子遇袭案件、太原警察暴打市民事件、深圳宝安两女逛街遭强制传唤、上海交警抱摔带娃女子以及上海警方铐走外科主任医生等事件，都在网络上形成巨大的舆情轰动效应，既引发公众对警方执法是否规范的质疑，也严重影响公安机关和人民警察的执法形象，严重影响公安执法的公信力。

三、新形势下公安执法规范化现有问题之成因

（一）法治公安建设需要持续加强

当前公安执法规范化的问题集中显现于具体的执法规定得不到执行或执行不到位，执法中不重视程序规范要求，群众工作尤其是社会矛盾化解工作效率不高等方面，部分基层执法民警法治意识淡薄，滥用强制措施，随意侵犯民众合法权利等现象仍较突出。上述现象背后的实质是法治公安还有待持续建设的问题。建设法治公安在公安改革的顶层设计中居于统领性、目标性的地位，也

① 王欢：《新时代网络涉警舆情的内蕴风险及治理方向》，载《湖北警官学院学报》2018年第4期，第120-127页。

与当前推动国家治理现代，建设法治国家、法治社会的宏大战略相适应。

法治公安要求发挥法治的引领和规范功能，运用法治思维和法治方式破解制约公安工作的难点问题。对于公安执法规范化而言，其核心工作的着眼点就是不断健全规范化的法律制度，把公安执法活动纳入法治化轨道，提升民警的依法执法的能力和水平，解决民众反映强烈的执法不规范问题。“国家治理的现代化，在某种意义上即是国家法治的现代化。这是因为，国家治理与法律运用有着同样的治理方式，法治化不仅是国家治理现代化的核心内容，也是国家治理民主化、科学化、文明化的重要保障。”①可以说，未来我国法治公安建设的成效如何，直接关系着公安执法规范化的水准高低。

(二)公安执法环境有待优化，法治政府与法治社会建设仍在途中

与此同时，法治政府与法治社会的建设成效也对公安执法规范化有着直接影响。公安执法工作在实践运行中会涉及政府其他部门以及具体的执法对象，部门间的配合、民众的支持、理解和配合程度构成了实际执法的社会环境。《中共中央关于全面推进依法治国若干重大问题的决定》中，“法治社会”与“法治国家”“法治政府”一起纳入了全面依法治国的建设框架。

公安机关作为政府职能明确的部门之一，但有时却不得不承担诸如维稳、应急、调解等非法律规定的职能，近年来为公安减负一直成为业界的强烈呼声，“传统上，整个社会都普遍缺乏法治意识，政府也就不可能有法治观念，只有在改革开放的过程中，随着人们的权利意识的增强，反过来倒逼着政府为增强其自身行为的规范性，开启了法治政府建设的巨大动力”。②

从社会视角来看，当前我国正处在社会转型和社会变迁过程中，各类复杂矛盾交织，现代社会的规范体系尚未完全形成建立。市场经济的盛行使传统社会中的“单位人”逐渐转变为相对独立和自主的“社会人”，“与改革开放前社会主要是‘国家-集体-个人’结构不同，在城镇化程度已然过半的当下中国，通过

① 吴汉东：《国家治理能力现代化与法治化问题研究》，载《法学评论》2015年第5期，第1-9页。

② 夏正林、马良全：《改革开放以来法治观念的嬗变与启示》，载《广东社会科学》2019年第3期，第225-233页。

单位或者集体实现的简单型社会控制方式正趋于疲弱。公权机关对社会的控制能力在下降，社会成员则呈现为散沙化的状态”。[①] 而且，部分民众对现实不满的心态也容易导致在执法过程中与警察产生冲突，以此宣泄个体情绪，这种缺乏尊法、守法意识的执法环境也很容易导致民警不同程度地消极执法。

（三）公安执法主体的法治理念和风险意识亟待增强

执法主体是制约执法规范化水平的重要因素。在我国公安执法规范化的内涵并不是十分清晰，通常意义上讲，不规范就是不符合法律法规的明确规定，但事实上，由于人民公安的“人民性”政治属性，规范化还要接受民众在道德层面的审视。党和国家对公安工作提出了“提升公安机关依法履职能力，努力让人民群众在每一项执法活动、每一起案件办理中都能感受到社会公平正义”的要求，这要求我国公安执法主体需要具备较高的综合素质、业务能力和风险意识。

当前从执法素质来说，人民警察执法资格等级考试提升了执法主体的法律知识和法律意识，但很多人的法治理念并没有跟上，一些公安机关的领导在执法决策中仍存在以人治代法治的现象，把法律授予的执法权力理解为“我个人特有的权力”，执法决策中既缺乏对自我权力的约束，也缺乏对他人合法权利的应有尊重和保护。随着我国民主法治建设的不断推进，民众的依法维护自身权益的意识不断增涨。近年来以微信、QQ 等手机 App 为代表的新媒体的迅猛发展，公安执法活动几乎无时无刻不处在媒体聚光灯之下。对此，执法行为中稍有不当都可能引发舆论炒作，导致民众对执法公信力产生置疑。

（四）执法规范考评不尽合理、执法监督不够有效

考核和监督对于执法规范化起着内在和外在的双重约束作用。当前各地公安机关普遍实行绩效考核机制，尽管很多地方将执法质量考评纳入公安绩效考核的重要内容，但在其他考核细项中却设立了诸如发案数、刑事拘留人数、罚没款数额等考评指标，导致二者之间产生冲突。在一些考核的时间节点，为了完成指标会出现突击执法来完成指标，很容易造成执法失当，影响执法规范化

① 王静：《法治社会建设的理念与举措》，载《理论视野》2016 年第 7 期，第 53-58 页。

的初始要求。而现有的监督机制主要是事后的追责，过程监督和源头监督还比较缺乏。

四、新形势下公安执法规范化的改革路径

当前我国公安机关要积极适应全面依法治国的要求，不断深化法治公安改革，主动适应新形势下执法规范化的新要求，为此必须充分认识公安执法规范化的现实内涵，不断完善警察权力运行机制，着力构建系统的执法规范化管理体系，探索应用现代信息技术打造执法管理平台，强化执法监督、责任追究和执法质量考评，努力深化、细化和实化执法规范化的各项工作措施。

(一)深刻认识公安执法规范化的“依法、为民、公正、文明”内涵

公安执法规范化建设是贯彻全面依法治国战略、全面深化公安改革和法治公安建设的重要内容。随着我国经济社会发展进入新常态，我国社会结构发生转型，社会矛盾发生转变，执法环境受新媒体影响等方面发生了深刻变化，我国公安工作亟须主动适应形势，大力推进执法规范化建设。

对公安机关来说，认识执法规范化的内涵具有先决性和先导性的意义。简单地说，就是要深刻认识到现阶段的执法必须做到“依法、为民、公正、文明”。首先，全面推进依法治国要求公安机关和人民警察的一切执法行为必须于法有据，这要求一方面执法行为和执法过程都应在法律规定下进行，另一方面也必须严格依法执行，不得超越法律或枉法。

其次，每个领导干部和每一名基层执法者都要树立“以人民为中心”和保障人权的执法理念。“以人民为中心”是执政党的宗旨，自然要落实到公安机关的目标宗旨中，要体现在具体的执法活动中，只有这样才能让人民群众在每一次执法行为中感受到“为人民服务”。

再次，公安执法规范化不是为规范而规范，其实体是体现法律的权威和公正，而且公正也是执法的内在价值取向，一旦失去公正这个价值砝码，公安执法的权威和公信力必然受到严重质疑。最后，执法文明也是执法规范化的题中应有之义。文明执法一方面体现的是执法者的职业素养，另一方面也是社会道德建设的重要内容。上海警方铐走外科医生事件被媒体曝光后，面对公众的质

疑，尽管警方正面进行了回应，称“现场使用手铐强制传唤，符合《公安机关办理行政案件程序规定》等法律规定”，但是公众仍会觉得“用手铐强行把一个德艺双馨的著名胸外科专家拷走，这个做法是缺乏考虑的”，甚至发问“铐走医生，就不怕伤到那双手吗？”上海警方执法固然从法律规定上可以找到依据，但其执法方式是否理性、平和、文明，确实值得商榷。

（二）构建完善、科学的执法规范化管理体系

首先要进一步完善执法制度和执法细则。近年来我国公安执法制度不断完备，目前已经基本形成一套科学、系统的办案体系。各地公安机关也因地制宜地推出了一些配套性的执法细则。需要关注的是，随着国家司法改革的推进，公安机关必须落实以审判为中心的诉讼制度改革要求，现有的一些办案规定需要及时跟进和动态调整。比如在刑事诉讼中，以审判为中心要求公安机关的侦查行为必须重视过程证据的收集和运用。公安机关侦查过程包括录音录像、询问和讯问笔录、提讯登记、体检记录均具有过程证据的性质，司法改革对上述过程证据的合法性与规范性也提出了更高的要求。因此，让办案民警明确自身的职责和权限，知悉并执行执法标准，细致运用取证规则，是执法规范化的重要基础性工作。

其次要建立完善、高效的执法管理机制，进一步推进“阳光警务”。公安机关内部管理是执法规范化管理的核心内容，当前各地警务改革风起云涌，新警种、新业务、新模式不时出现，但在执法管理上，确实需要进一步统筹各警种执法职能，整合执法监督力量，实现对执法活动的专业化、集约化、精细化管理。警务公开、“阳光警务”要求以公开为原则、不公开为例外，最大限度地公开执法依据、执法进度和执法结果。在新媒体普及的现时环境下，公安机关应着力建设既有利于警务公开，又有利于与人民群众沟通的新媒体平台，如微博、微信、抖音等，一方面可以增强公安执法的透明度和说理性，另一方面也会提升公众对公安执法的认同度和信任度。

最后，要加大现代信息技术在执法管理中的应用。以数字化、网络化、智能化为特征的现代信息技术是未来公安基础建设的主要方向，也应当在执法管理中发挥重要作用。比如可以将新技术应用在办案流程智能化设计，现场执法智能装备的配置使用，当事人报案、查询、参与、评价模块的智能设计等方面，可以探索建立智能化执法办案中心平台，通过数据资源整合，将公安、检察院、法院、司法行政部门和企事业单位的数据资源进入整合，开展网上执法、管理和服务，构建起一种智慧型的执法闭环全流程管控体系，这样可以尽量减少人为执法中的非规范因素。利用方兴未艾的大数据技术，还可以分析现有执法中存在的重点、难点、薄弱点，以及公众的敏感点，从而有利于公安机关作出针对性的回应和治理。

（三）提高警察队伍的执法综合素质

执法规范化与执法主体的素质紧密相连。执法主体素质既包括基层一线民警的综合素质，也包括公安机关领导干部的决策和管理素质。从宏观上看，二者均需与时俱进地不断接受执法教育培训，从而动态化地适应规范化的新要求。执法培训不仅是培训执法的标准、流程和技巧，更需要培训执法者对法律的信仰。具有法律信仰尤其重要，伯尔曼说过，“没有信仰的法律将退化为僵死的教条”，“没有法律的信仰……将蜕变成为狂信”。①

近年来公安机关的执法资格等级考试制度以及执法主体资格准入制有力促进了公安民警和领导干部通过学习来提高执法素质和水平，这一机制今后仍需坚持和加强。各类执法培训要注意引导执法思维的转向，“以人民为中心”的理念要求执法者既讲法治又讲德治，既能严格执法，又能保障人权。“以审判为中心”要求执法者进一步强化程序意识。比如在刑事取证过程中，要全面客观及时收集证据，进一步明确非法证据排除、瑕疵证据补强的范围、程序及标准，要培养证据意识，锻炼证明思维，既要说服自己，更要说服别人。教学培训中要注意总结正反两方面的案例，关注执法规范化的重点和关节点，做好巡逻盘查、现场处置、窗口管理服务、调查取证、办案场所使用和管理、出庭作证、信息采集、警械使用等实战内容的训练。

此外，要紧跟现代信息技术的发展进程，不断加强全体民警的信息技术和媒体素养培训，提高民警的信息技术能力和适应新媒体的素质。乔雪、吕向文

① 伯尔曼：《法律与宗教》，梁治平译，中国政法大学出版社2003年版，第38页。

的一项调查显示，“移动互联网已经成为现代公安民警主要接触和使用媒介的手段，公安民警普遍对媒介信息持谨慎态度，借助媒介互动、解决问题的频率较低，应对媒体能力较弱，学习意愿没有得到充分满足”。① 因此，进一步强化民警的媒介素养十分必要。

（四）优化监督体系，改进执法质量考评方法

建立科学、系统、全面的执法监督体系是促进执法规范化的重要保障。执法培训对于提升执法者的专业化水平具有重要的意义，同时也需要与执法者的主体意识、责任意识结合起来，才能开成合力以提升执法质量。

公安机关执法规范目前主要依靠内外两套监督体系。内部日常监督主要依托警综平台进行执法办案的实时监督，其他的纪检、监察事实上属于追责型监督，起的是事后惩戒功能。外部监督因为自媒体的涌现，社会公众的监督比以往更为便捷、有力。但要看到的是，有些方面本应发挥重要的作用的监督，如检察监督、人大监督、社会组织监督、第三方机构评议监督的作用还未有效发挥出来。②

此外，在监督之余，还要全面落实执法责任制和办案质量终身负责、错案责任倒查问责机制，只有这样，才将执法职责细化分解到每个具体的执法个案和执法流程。当然，实行“办案质量终身负责制”并不意味着不存在责任豁免问题，执法警察只对其在履行法律职责的范围内的办案质量终身负责。“发现错案后应当纠正与有错案需要追究责任，是两回事。”③因此，办案质量终身负责制是有条件的、相对的，而不是无条件的、绝对的。执法警务人员依法履行

① 乔雪、吕向文：《我国警察媒介素养调查分析》，载《湖北警官学院学报》2018 年第 6 期，第 130-135 页。

② 对于公安外部执法监督体系建设，有学者提出借鉴域外有关制度的有益经验，将人大系统内现有的专司公民投诉机构改造为中国特色的人大监督专员制度，提升人大监督的至上性、权威性和专业性，便于对公安执法重大决策、违法行为进行经常性的审查，以收监督可持续之效；建议由全国人大常委会制定颁行《人民监督法》，人民可据之以行使监督权，增强人民监督公安执法工作的法律效力。参见张立刚：《公安执法规范化监督管理体系建设》，吉林人民出版社 2020 年版，第 4 页。

③ 王敏远：《破解司法责任制落实中的难点》，载《人民法院报》2015 年 9 月 26 日。

司法责任的行为应当受到法律保护。

与此同时，各项执法质量考评工作也要根据执法工作的规律，制定科学合理的执法绩效考核办法，强化民意评价指标在绩效考评中的权重，改革不科学的运动式考核指标。“如果警察不能高度认同自己的职业，不能从职业中获得尊严，不能保持理性平和的心态进行执法，那么怠惰、愤懑、充满怨气、与公众形成对立的状态就会出现，在这样的状态下执法显然难以保证执法的质量。”①因此，只有保障执法人员的权利，优化完善执法考评制度，才能有利于推进公安执法规范化工作的良性发展。

第三节　我国社区警务的建设现状与改革路径

本节提要：在全面深化公安改革、社会治理创新的宏观格局下，谋划我国社区警务的发展进路是现实形势发展的要求。现代社区警务与社会治理理念高度契合。当前我国社区警务建设存在社会治理理念有待加强，社区警务观念有待更新；社区警务机制僵化，基层警员工作积极性不高；信息化建设不平衡，依托信息技术治理存在短板等问题。为此，需要从社会治理的视角加强顶层设计，需要以信息化手段提升社区警务的治理技术；需要强化公安机关与社会的密切合作，协同治理，从而提高社区警务工作的整体效能。

一、社区治理的理论溯源

社区是城市的基本空间单元和社会单元，从管理或治理的视角看，社区也是各层级结构中最基层、最基本的组织单位。“社区”一词最初来自德文Gemeinschaft(一般译为“共同体”“团体”“集体”“公社”或“社区”)，意思是共

① 沈国琴：《公安执法规范化建设中的改革变量分析》，载《山东警察学院学报》2018年第3期，第140-146页。

同的东西或亲密的伙伴关系。“社区”这一概念最早是由德国社会学家裴迪南·滕尼斯在1887年出版的《共同体与社会》(*Gemeinschaft and Gesellschaft*)一书中提出来的,① 标志着社区研究的开始和社区理论的诞生，并在后来逐步发展出类型学理论。美国社会学家罗伯特·帕克最早对社区进行了界定，一是有一定的有组织的人口，二是拥有一定的土地，三是个人生活在互相依赖的关系里。中文“社区”一词是我国著名社会学家费孝通先生从英文“Community”翻译过来的。“Community”这个词介绍到中国来的时候，译法是“地方社会”，而不是“社区”。当翻译“Community”和“Society”两个不同概念时，费孝通想到了“社区”。费孝通先生认为社区“以全盘社会结构的格式作为研究对象，这对象必须是具体的社区，因为联系着社会的是人民的生活，人民的生活有时空的坐落，这就是社区”。②

我国有悠久的国家社会治理传统，远在尧、舜、禹的先民社会，就有管理者“公而忘私、精心治水、禅让传位”的故事。其中，如何领导和动员群众、如何管理社会、如何运用公共权力等方面的实践，都表明中国人在遥远的古代就开始思考和实践治国理政这样重大的政治命题。③ 在漫长的封建社会中，儒家文化主张的“内仁外礼”“三纲五常”等普遍性原则发挥着重要的社会治理功能。

现代社会治理(Governance)理论一般认为发源于20世纪90年代。西方政治学和经济学家赋予了“治理”不同于此前“统治、管理”的新含义。治理理论的主要创始人之一罗西瑙(J. N. Rosenau)在著作《没有政府统治的治理》中认为：治理与统治不同，前者指的是一种由共同的目标支持的活动，这些管理活动的主体不一定是政府，也不需要依靠国家的强制力量。④

---

① 裴迪南·滕尼斯:《共同体与社会》，林荣远译. 商务印书馆1999年版，第95页。

② 费孝通:《乡土中国生育制度》，北京大学出版社1998年版，第91页。

③ Lewis Coser: *The Functions of Social Conflict*, New York: FreePress, 1956.

④ Elinor Ostrom: *Governing the Commons: The Evolution of Institutions for Collective Action*, New York: Cambridge University Press, 1990.

北京大学俞可平教授认为，“治理”与“统治”主要有五个方面的区别：一是权威主体不同。统治的主体是单一的政府或其他国家公共权力，治理的主体则是多元的，包括企业组织、社会组织和居民自治组织等。二是权威的性质不同。统治是强制性的，治理更多的是协商。三是权威的来源不同。统治的来源就是强制性的国家法律，治理的来源还包括各种非国家强制的契约。四是权力运行的向度不同。统治的权力运行是自上而下的，治理的权力更多是平行的。五是两者作用所及的范围不同。治理所及的范围以公共领域为边界，比政府统治的范围要宽得多。① 从上述治理的特征来看，在当前经济和信息化发展加快、民主和法治意识深入人心的社会形势下，社会治理的观念更加契合时代要求。

《中共中央　国务院关于加强和完善城乡社区治理的意见》提出城乡社区是社会治理的基本单元。城乡社区治理事关党和国家大政方针贯彻落实，事关居民群众切身利益，事关城乡基层和谐稳定。社区治理有利于实现党领导下的政府治理和社会调节、居民自治良性互动，有利于全面提升城乡社区治理法治化、科学化、精细化水平和组织化程度，从而促进城乡社区治理体系和治理能力现代化。

二、契合治理理论的社区警务

何谓社区警务（Community Policing）？美国司法部的社区导向警务服务（COPS）将社区警务定义为“社区警务是一种促进组织战略的哲学，支持系统地使用合作伙伴关系和解决问题的技术，以主动解决导致公共安全问题的直接条件，例如犯罪、社会混乱和对犯罪的恐惧”。社区警务的概念由来已久，在美国可以追溯到19世纪时期。其最初主要目的是让警察与社区接触，以在其成员和执法部门之间建立牢固的关系。

社区警务最早和主要的策略之一是警察在他们所服务的社区进行徒步巡

① 俞可平：《中国的治理改革（1978—2018）》，载《武汉大学学报》（哲学社会科学版）2018年第3期，第48-59页。

逻。后来演变为警务部门结合社交媒体协同社区居民一起共同参与安全系统的一项不可或缺的战略。社区警务正式发端于20世纪70年代的英美等西方国家，其核心理念是“警察应该与社区合作并且应该利用警察之外的资源来预防和解决犯罪问题”。这也被称为第四次警务革命。① 美国警学界认为，20世纪90年代的社区警务意味着美国的警务工作重新返回到警察学鼻祖罗伯特·比尔在19世纪20年代之初提出的“警察就是公众，公众就是警察”的理念。其基本原则就是立足社区，直接为社区居民服务；立足预防犯罪，注重解决社区治安环境问题；立足责任共担，寻求与社区结成密切的伙伴关系；立足充分发挥社区警察的独立性和自主性，提倡和鼓励社区警察从实际情况出发处理辖区事务。

社区警务内含有系统性、合作性、技术性、前瞻性和组织性若干要素，这表明社区警务的主体不再是单一的警方主体，而是警方与社会多元合作的主体。警务运行模式也发生了改变，更多强调的是系统化的、以预防为主的治安战略。在此理念指导下，美国就社区警务提出了一些具有鲜明特征的战略，比如旨在增强社区居民之间相互监护能力的“邻里守望”战略很快在世界多地获得了广泛的应用。另外一些战略，如召集社区会议、警务人员社区走访、通过互联网沟通犯罪信息、犯罪地图标记、911电话通知和回访等，也在实践中取得了良好的效果。

我国自20世纪80年代中后期引入“社区警务”这一概念，并根据我国现实社会的国情特点进行了本土化的改造和创新。我国社区警务在使用中根据语境不同往往具有三重含义：其一是作为源自西方第四次警务革命的一种警务理论；其二是我国公安工作的基础性的支撑战略，即植根于基层、与人民群众相

① 一般认为，第一次警务革命以1829年伦敦大都市警察机构的建立为标志，职业制服警察从此诞生。第二次警务革命是以美国的警察专业化为标志，其核心是通过专业化摆脱地方政治对警察的控制，使警察成为一支独立的、高效率的文职队伍，这是新警察独立与成熟的标志。第三次警务革命以欧美各国警察现代化为标志，使警察成为“打击犯罪的战士”。第四次警务革命是现代化后欧美各国的“新警察模式改革”，主要内容是社区警务运动。

结合的公安工作战略；其三是指公安机关基层民警在社区的全部警务工作。三者都强调了以社区为基础，以治安预防为目标，以群众为重要的主体力量的基本原则。

社区警务是现阶段城乡社区安全较为有效的保障手段，我国社区警务的实施主体主要是公安机关及其工作人员，主要是社区民警。社区警务以预防和打击犯罪及维持社区治安为目的，发动社区内部力量和提升社区内部安全防范手段，进行社区内部的自卫互助和适度的安全前置干预。

社区警务也是我国公安工作的基础性工作，早在 2000 年，国务院多个部门就联合出台了《关于在全国推进城市社区建设的意见》，其中社会治安是社区建设的重要内容，其对社会大局的稳定、基层政权的稳固和执政党在人民群众中的形象具有重要意义。自 2002 年以来，公安部大力推行的以预防为主、重在治本的社区警务战略，被认为是“关系整个公安工作全局的系统工程，是公安工作的一次革命”。在全面深化公安改革的大背景下，作为公安工作基础性战略的社区警务，有必要进一步强化改革意识和治理意识，积极探索适应新形势的发展路径。

我国公安工作长期坚持群众工作路线，在发展中形成了具有自身特色的依靠群众、联系群众、服务群众、融入群众的系统性工作方法。20 世纪 90 年代以来，随着我国改革开放和经济体制改革的不断发展，社会生活领域，形态变迁，社会结构、社会观念、人们的居住形态、生活方式等都随之发生了深刻变化。城市里以前的“单位人”变成了“社区人”，以前由单位管理的单一生活居住区变成了社会化的社区。由此，社区建设的任务变得日益繁重复杂，密切联系群众、解决问题矛盾、动员社区力量、消除社区隐患等成为社区管理的重要任务，其管理职能的核心就是如何实现对社区人员的有效管理。公安机关开展的社区警务就是通过社区民警融入社区、密切联系群众的方式。通过这种方式能够及时发现和解决各种治安预防和管理工作中存在的问题。社区警务“一方面把公安机关的治安管理和防范工作转变为基层政权的组织行为，另一方面扩大了社区管理工作的影响力，使公安基层基础工作得到巩固和加强，使基层政权的功能得到延伸和扩展，从而使政府管理社会的职能作用得以充分发挥”①。从总体上看，我国各地社区警务工作近年来成效明显，有力提高了公安机关驾驭社会治安的能力，增强了社区居民的凝聚力和认同感，提高了公安工作的满意度和人民群众的安全感。

可以说，实施社区警务战略，确立社区警务工作的基础性地位是我国公安机关顺应形势发展的必然选择，为我国公安机关在新形势下开展社会治理打下了坚实的基础。

三、社会治理视角下当前社区警务建设的现状

我国社区警务战略的有效实施对预防、减少和打击犯罪，维护我国经济社会发展重要战略机遇期的大局稳定，发挥了重要作用。但是，在推进国家治理体系和治理能力现代化，全面深化公安改革的新形势下，社区警务也需要改革创新、适应新形势的挑战。在经济加快转型发展、社会信息化程度加快、群众利益诉求复杂、舆情传播方式深刻变化的新常态下，现阶段社区警务建设还普遍存在着一些与现代化的治理要求不相适应的突出问题，需要认真分析和研究。

（一）社会治理理念有待加强，社区警务观念有待更新

尽管社会治理的概念现在已经广为人知，但真正树立治理理念并在现实中的贯彻落实并不是一件容易的事。客观而言，由于思想观念、思维习惯、体制传统等多方面的原因，我国各级政府及公安机关尚没有树立起很强的治理理念，而是习惯于对社会进行“威权统治型”的管理和控制，缺乏与公众合作、服务公众、发挥基层民主力量的意识；习惯于依靠行政命令逐层推动，而不善于通过对话协商和交流合作方式来解决问题。公安机关由于自身具有武装性质的特点，下级机关日常工作内容主要围绕上级的任务部署，完成上级下达的指标任务，缺乏自主性解决问题的动力。这种弱化的治理理念必然对治理机制和治理行为的优化产生阻碍，也会影响社区警务的良性发展。

① 崔亚东：《实施社区警务战略是公安工作的里程碑》，载《公安研究》2002年第9期，第16页。

从社会治理视角来看，社区警务至少在三个层面上发挥着作用。首先，社区警务是公安派出所基层民警的一种警务工作模式，强调民警常态化地在与社区民众相结合的状态下工作；其次，社区警务还是一种战略，在公安机关社会治理框架里具有基础性、先决性地位；最后，它是一种公共安全治理的哲学，在国家治理的顶层设计框架里发挥作用。而在现实中，公安机关各层级的领导思想意识里，多数人的认识只停留在第一个层面，即把社区警务全部等同于派出所社区民警的工作。这样社区警务发挥治安治理作用的意义便相当有限。在社区警务的主体认识上，大多数局限于基层派出所和社区民警。这种单一主体的情况，必然会造成责任单一，难以承担复杂的治安治理任务。在警务观念比较前沿的上海市，2008 年 12 月出台了《关于进一步加强社区和农村警务工作的指导意见》。该指导意见明确指出，加强和改进社区和农村警务工作是公安机关的一项重大战略性工作，各警种都是社区和农村警务工作的主体，而类似这种认识时至今日在全国其他地方尚不多见。

（二）社区警务机制僵化，基层警员工作积极性不高

公安部对各地社区警务提出了“发案少、秩序好、社稳定、群众满意”的总体目标，但在现实中各地公安机关的工作重心并不在社区警务。由于社区警务在助推严打整治、保障公共安全、维护社会稳定等方面往往难以发挥显性的、不可替代的支撑性作用，由此造成派出所的社区警务难以得到各部门、各级领导的高度重视，“投资与回报不相对应，实战价值没有得到一线部门充分认可，是造成社区警务处于食之无味、弃之可惜这一‘窘境’最主要的原因”。①其实，社区警务没有得到重视的主要原因并不在于其显性的实战价值问题。作为一种战略和一种基础警务，其价值是内在的、隐含的，对社会治安具有久久为功的长期效用。

现有的社区警务机制中有一些与社会治理要求不相适应的突出问题需要检讨。在当前城市化、信息化、网络化的大环境下，很多地方的社区警务除了存

① 黄传军、张军、杨逸波：《略论全面深化公安改革背景下社区警务建设》，载《上海公安专科学校学报》2016 年第 3 期，第 42 页。

在前述认识不到位的现象外，还存在组织管理松散、警力人手难以得到有效保障、工作责任模糊、人员考评机制不规范、警务运行僵化不科学、警务保障乏力等问题。

从组织管理上来说，从公安部到各省市公安厅(局)，缺乏专司社区警务工作的专门机构，难以从整体上思考、谋划、推进社区警务工作。从警力资源配置来说，多年来各地公安机关都在力推“警力下沉”和社区民警专职化，但事实上下沉到社区的警力非常有限，即使是名义上的专职社区民警，也常有因工作需要被随意调动、调用的现象。由于警力不足社区民警难以将走访群众、问题发现、即时回访、安全防控等基础工作做深、做细、做准、做精。从考评机制来说，当前各地公安机关业务考评多由上级各业务警种主导，大多有数和量的规定；而社区民警的工作责任比较笼统抽象，工作内容又比较琐碎庞杂，既有安全检查，信息采集，警情通报，又有组织巡逻、走访群众，宣传教育、调解纠纷等。这些工作内容很多难以量化，部分信息采集存在虚假现象，以至于相关民警职责清晰度不够，工作积极性和热情难以为继，也容易产生职业倦怠感。

近年来，公安机关推进了问责管理机制，出台了涉及反恐、涉黄涉赌、规范执法办案等的一系列问责制度，有力地推进了各警种工作质量的提升。然而，有关社区警务以及作为社区警务责任主体的社区民警的问责机制却较少提及，由此导致考核的导向性和制度约束性难以充分彰显，实际上也影响了基层派出所和社区民警的工作积极性。

有学者通过梳理卢梭、滕尼斯和吉登斯等人关于“社会是通过认同和情感联结起来的制度化群体”概念，提出社区安全的核心在于认同的安全。① 社区警务的结构是以社区民警为圆心，社区成员为圆周的“中心—边缘”结构，其本质是通过社区民警将社区居民组织化以代替单位曾经发挥的作用。相应地，曾经的单位认同感需要被社区认同感代替。社区民警在为社区公民提供服务的

① 周延东：《嵌入联结领域：后单位社区安全治理的新框架》，载《公安学研究》2018年第2期，第25-46页。

同时也应为其提供与公共体制连接的通道。[①] 但目前大多社区的警民之间是弱联系，社区居民难以有效参与社区治理以及社区重大事项的决策，民警没有动员意识，居民缺乏参与热情，警民情感联结薄弱，社区认同感缺乏。

(三)信息化建设发展不平衡，依托信息技术治理存在短板

当代社会信息化水平与日俱增，信息科技不仅能助推经济发展，也是提高社会治理的重要工具。习近平总书记指出，“当今世界，信息化发展很快，不进则退，慢进亦退。我们要加强信息基础设施建设，强化信息资源深度整合，打通经济社会发展的信息‘大动脉’”。[②] 近年来公共安全领域内犯罪手段智能化、技术化、隐蔽化趋势日益明显，公安工作必须适应信息时代发展带来的挑战。

我国公安机关历来重视信息化建设，早在 1998 年公安部就提出了旨在实现“科技强警”、增强公安系统统一指挥、快速反应、协同作战、打击犯罪的能力的“金盾工程”，其目标就是适应信息科技时代社会治安的动态管理，为各项公安工作提供强有力的信息支撑。近年来各地公安机关先后推出了电子警务、信息警务、情报信息主导警务等新型警务模式。

但与当前信息时代社会治理的要求相比，社区警务在信息化方面还存在以下短板：

一是信息化建设发展不平衡。公安部、省厅等上级公安机关研发的信息系统平台较多，各地公安机关根据自身特点自行研发的应用系统平台较少，发挥作用不大。经济发达地区和大中城市的公安信息化建设经费投入较大，信息化应用程度较高，而一些经济社会发展落后的地区则明显滞后。

信息化建设中与公安机关“打防管控”这些主业相关的警务信息系统建设较为完善，而与社区警务密切相关的服务群众、警民联系、内部监督的系统建设则较为缺乏。有些信息系统在设计上存在明显缺陷，脱离社区警务实际，不

---

① 刘江斌、陈慧君：《中国警务模式本土化思考——基于中西方社区警务对比研究》，载《湖北警官学院学报》2021 年第 2 期，第 45-57 页。

② 习近平：《在网络安全和信息化工作座谈会上的讲话》，载《人民日报》2016 年 4 月 26 日。

符合基层社区民警需要，推广难度很大。

二是海量的信息数据及信息数据质量不高问题，对社区警务造成干扰。近年来各地公安机关信息采集量成倍增长，同时还接入了大量外部数据信息。但是，海量的信息并不一定切合公安工作的实际需要，海量的信息数据需要处理，超过了基层民警的正常处理能力，有时甚至会干扰社区民警的日常基础性工作。

三是信息共享机制不畅，信息应用与社会信息化水平存在差距。当前各地公安机关建立了大量的案件、违法人员、机动车辆和其他数据资料数据库，然而使用时普遍存在使用跨地区权限屏障。

各地的公安网与政务网及互联网之间也存在互通障碍。随着手机4G上网的普及，各种微博、微信类社交软件和手机客户端在商业化的大环境中迅速扩展，相形之下，公安机关的信息系统升级换代缓慢，前些年各地推广的移动警务通已经明显落后，难以跟上社会信息化的步伐。这也使得社区民警在应对诸如网络诈骗、网络赌博、网络色情、网上传销、社区突发群体性事件、社区内医患纠纷等复杂问题时，受到限制，无法迅速、有效地处置。

四、社会治理视角下我国社区警务的改革路径

社区警务在维护社会治安大局稳定中发挥着不可替代的基础性作用，在当前社会治理工作的大系统中具有重要的地位。为了能主动融入全面深化公安改革的大局，更好地应对当前我国经济社会发展赋予社区警务的新任务、新要求，努力提高传播信息化、观念多元化、治安动态化条件下公安机关驾驭治安局势的能力，加强和改进社区警务建设，必须重视从社会治理视角加强顶层设计；必须以信息化手段提升社区警务的治理技术；必须强化公安机关与社会的密切合作，协同治理，从而提高社区警务工作的整体效能。

（一）从社会治理视角加强顶层设计

习近平同志提出，“全面深化改革需要加强顶层设计和整体谋划，加强各项改革的关联性、系统性、可行性研究”。“任何一个领域的改革都会牵动其他领域，同时也需要其他领域改革密切配合。如果各领域改革不配套，各方面

改革措施相互牵扯，全面深化改革就很难推进下去，即使勉强推进，效果也会大打折扣。”①现代社会的治安治理比传统社会要复杂得多，信息时代加剧了这种复杂性和高度不确定性。因此，现代社区警务的变革需要从系统性、结构性、整体性的角度来长远筹划，需要从顶层设计(topdown)这个战略制高点来做好谋划。只有如此，才“不会陷入对枝蔓问题的关注中，更不会把改革庸俗化为头痛医头、脚痛医脚的行动，而是会去寻求基本制度的变革方案”。② 当前社区警务的顶层设计需要解决好三个方面的问题，即治理的主体、治理的主要途径和治理的根本方式问题。

第一，确立多元化的治理主体。传统上，在社会治安综合治理的体系中，各级党委政府和各政法部门名义上均负有责任，但实际上真正专司社区治安职责的只有公安机关和社区居民委员会两家。“治理的主体是多种多样的，治理就是为实现共同的目标而采取的集体行动。”③社区警务的主体也要回归到社区治理的层面，党组织要总揽全局、协调各方；政府和公安机关要转变职能，主动适度放权；公安机关要探索建立与基层政府协调联动的勤务工作机制和社区警务管理的专职机构。社会组织和社区居民要在政府和公安机关引导下加强集体自觉和自治，“在一个良性运行的社会中，自治应当是社会治理的基本方式，而管治则是规制、纠察与矫正社会失范、失序行为的补救方式”。④

第二，确立治理的主要途径为依法治理。“法治是现代社会最核心的价值、最突出的标志，也是现代国家治国理政的最基本方式、最鲜明特征。”⑤社区警务的长久建设和发展必须依靠法治力量，只有通过法治和制度化的方式，

① 《中共中央关于全面深化改革若干重大问题的决定辅导读本》，人民出版社 2013 年版，第 87 页。

② 张康之：《论高度复杂性条件下的社会治理变革》，载《国家行政学院学报》2014 年第 4 期，第 52 页。

③ Elinor Ostrom. *Governing the Commons：The Evolution of Institutions for Collective Action*, New York：Cambridge University Press，1990.

④ 郑功成：《新时期社会治理的挑战与机遇》，载《光明日报》2015 年 1 月 26 日。

⑤ 辛鸣：《依法治国：历史自觉与国家治理新路》，载《文汇报》，2014 年 10 月 24 日。

才能把社会治安的预防和管控纳入法治轨道。从社区警务的体制机制建设来说，也需要在法治框架内的具有活力的长效机制。各级领导和公安民警必须牢固确立宪法至上、法律权威的意识，不断提高信法、依法、用法的能力，绝不能因维稳和地方政府的利益需要等理由而突破法律的底线。同时，要注意相关的制度建设，防止因制度的缺失导致基础工作松散化。

第三，确立治理的根本方式是源头治理。社区警务的治理重点在基层，源头也在基层。政府和公安机关要主动适应经济社会发展的新要求，要将社区警务工作纳入社区治理体系，建立起与新型社区管理体制相适应的警务工作机制。公安机关要善于依靠基层组织和广大群众，进一步对接基层社会治理和社区治理，提高预防和化解社会矛盾的能力和水平。公安机关要紧紧围绕地区平安建设中心工作，充分体现社区警务融入群众、共创平安、共享平安的本质要求，全面发挥社区警务在基层社会治理中的重要作用。

（二）以信息化手段提升社区警务的治理技术

社区警务建设有了科学的顶层设计，还需要有实现顶层设计目标的科学路径。当前学术界在社会治理方面提出了治理技术的概念。所谓治理技术，就是“最为具体、最具应用性的层次上积淀的诸多有关制度安排、实践技能和操作技术的知识的总和。同时也包括对于科学技术新成果在治理过程中的转化与应用”。① 治理技术依据其原理与机制分为科技型技术、规则型技术以及行为型技术三个层面，三者都能够对治理过程施加积极而有效的影响，推动治理能力的提升。对于社区警务而言，以信息技术为代表的科技型技术的应用是当前颇为重要的提升思路。在公安部提出的基础信息化、警务实战化、执法规范化、队伍正规化的“四项建设”中，基础信息化起着支撑和引领的重要作用。向信息化要警力、要战斗力，以信息化带动基层基础工作，以信息化推动警务机制创新、提升警务工作效能已成为公安学界的共识。

社区警务信息化，首先要加大对信息科技的投入，提高公安信息化的硬件

① 张小劲、于晓虹：《推进国家治理体系和治理能力现代化六讲》，人民出版社 2014 年版，第 200 页。

设施和软件系统水平。实践证明，这些年各地智慧城市、天网建设、警务 e 通、互联网+等的建设，降低了警务工作成本，提高了公安机关协同作战的水平和快速反应能力。一些基于互联网的新型应用系统提高了警务服务效率，广受民众欢迎。如湖北省武汉市公安局与支付宝合作开发的“电子身份卡”在支付宝的武汉城市服务中上线，武汉市民使用“电子身份卡”即可在网上预约办理身份证、出入境证件等事项。该局还开通了“武汉公安网上警局”，目前已可在线办理 148 项公安业务。类似的这些信息科技的开发和应用也有力支持了社区警务建设。

其次要建立一套适应现代警务需求的信息主导警务机制。公安机关要将科技信息化手段与公安基层基础工作紧密结合，“催生基础信息采集更新机制、实战应用反馈激励机制，建立完善信息环路，促进信息流与工作流更紧密的有机结合，促进基础工作信息化、信息工作基础化，促进公安工作流程与警务机制不断合理化”。① 与此同时，需要改革一些表面化、形式化的信息采集和应用机制，真正做到依靠信息技术将民警从大量繁重而低效的劳动中解放出来，让智能化的信息系统真正辅助警务，实现警力依托信息科技而带来的“无增长改善”。

再次是加强信息资源的整合、共享和开发应用。目前我国公安信息通信网各类基础设施基本建成，接入公安网的计算机数量快速增长，各种信息系统以及公安基层的动态信息采集机制提供了大量准确、鲜活的动态信息。据统计，目前公安网上运行的各类信息系统已达 100 多种 7000 多个，涵盖公安机关各部门、各警种业务，这些信息系统汇集了大量信息资源。要让这些信息资源服务于警务工作从预防、研判和指挥决策、打击处置、服务群众的各个层面，则必须加强信息的整合和共享，破除各系统间的信息壁垒。

对于社区警务工作而言，海量的信息资源要变成真实的、方便可用的资源，还需要加强技术开发和深度应用。中国人民公安大学的彭知辉教授提出，

① 谭代雄：《古典与现代双重视角下的公安信息化刍议》，载《广东公安科技》2014 年第 3 期，第 5 页。

要建立为各层次用户提供一站式服务的情报工作平台，“为加强信息资源的关联度，减少信息查询、比对工作量，可建立一个通过人员、案件、物品、时间、空间等基本要素串联整合的平台，实现海量信息资源的自动化汇集整合、关联查询、统计分析、情报发布、深度挖掘”。[①] 这样的工作平台显然有利于提高社区警务的警务工作效能。

（三）强化公安机关与社会的协同治理

社会治理创新就是要实现政府从社会管理向社会治理转变，由单向度的管控向合作治理转变。面对当前信息化、智能化、动态化的社会局面，越来越多的国家在社会治理包括治安治理方面，强调并施行合作治理、协同治理，“即从过去一个主体管理转向一个主体引导的多个主体管理，从过去单向的自上而下管理转向各个方向的协同治理”。[②] 协同治理倡导的是多元主体在治理过程中平等参与、协同合作与达成共识。公安机关作为社区警务建设的主力军，履行好自身打击犯罪、维护治安大局稳定的天职，自当责无旁贷。与此同时，要自觉主动地谋划通过协同治理来促进社区警务的长久效能。

首先，公安机关日常社区警务工作要做到规范、扎实、精细。这是社区警务协同治理的基础和前提。在我国现行的权力分配格局的传统下，虽然说社会治安治理需要多元主体，但无可否认的是，公安机关的权威、能力和效率是其他组织无法替代的，也是无法与之平衡的，任何时候公安机关都将居于主导性地位。

公安机关平时需要积极开展各类治安管理工作，严格落实人防、物防、技防等社区治安防范措施，筑牢维护社会治安的基础防线，以每一个社区的平安促进社会治安大局稳定的实现。基层派出所要扎实当好社区治安的组织者、发动者和宣传者，平时注重广泛发动群众、宣传教育，依靠群众共同做好社区基础防范和动态管控工作，注重社区矛盾纠纷和安全隐患的排查化解工作，组织

---

① 彭知辉：《公安信息化建设对当前公安情报工作的影响》，载《中国人民公安大学学报》2012 年第 2 期，第 125 页。

② 高小平：《借助大数据科技力量寻求国家治理变革创新》，载《中国行政管理》2015 年第 10 期，第 12 页。

指导社区安全防范，最大限度地把各类隐患化解在苗头阶段、把违法犯罪防范在发生之前。社区警务室或警务站要坚持以民意为引领，把自身打造成警民联系点、警务服务点、信息采集点和防范宣传点，尽可能地让群众感受到"警察服务在身边"。社区民警要保证在社区工作的时间和精力，确保能将掌握社情民意、管理实有人口、组织安全防范、维护治安秩序的细化职责落到实处。

其次，要努力建设多层次的协同治理体系。社会治理理念强调多元参与和良性互动，要求政府、企业单位、社会组织和个人之间的共同参与、协同互动。十八大报告明确提出了"要发挥基层各类组织协同作用，实现政府管理和基层民主有机结合"。公安机关要充分发挥辖区内单位组织、群众组织、社会机构的优势和力量，特别是小区物业公司和代表社区居民个人实际利益的业主委员会的力量，统筹整合各方面资源，探索符合社区实际的治安管理模式，促进社区警务工作的优化升级。

公安机关要协同社区党组织开展好治安防范和社区维稳工作。虽然在目前我国城市的行政管理体系中，社区居委会属于城市居民的自治组织，但其在组织功能上却发挥着"准行政功能"，即上级政府部门的各项职能工作都需要通过社区居委会来落实。同时，社区居委会也是所属区内单位组织、居民个体联系政府部门的重要桥梁和纽带。当前我国很多地方都在推进"网络化管理"，这也为公安机关与当地城管、房管等行政执法部门建立联勤联动巡查机制提供了契机。

公安机关可以联合相关部门开展针对电信诈骗、黑车、黑诊所、违法建筑、火灾隐患等影响社会管理秩序和群众安全感问题的综合整治。比如在处置辖区内的医患纠纷时，可以积极主动与卫生行政部门、相关专业调解委员会等联系，促其发挥好各自的职能作用。防范电信诈骗是当前的一个需要全社会齐抓共管的系统工程，在打击和防范电信网络诈骗的行动中，开展警银、警企合作就非常必要。2016 年 9 月以来各地公安机关通过与银行、电信部门的通力合作，已经形成了一些行之有效的防范工作模式。

再次，要创新协同治理机制。创新是民族的灵魂，是国家兴旺发达的不竭动力。社会治安形势的发展和变化决定了社区警务工作需要与时俱进，协同治理机制也要及时跟上变化的节奏。

一是要突破既有的"为维稳而维稳"的思维惯性，考虑协同相关部门建立"安全阀"机制。美国社会学家刘易斯·科塞认为社会冲突有时具有正功能，是一种安全阀，有利于社会高度整合。① 公安机关以及相关部门都要认识到小规模的良性冲突本身是释放社会负能量、促进社会治安稳定的重要手段。社区中一些正当的利益诉求、利益表达、情绪宣泄不需要占用已显紧张的警力资源。

二是要有跨区域、系统性的协同治理机制。社区警务的协同治理不能局限于单个的、零散的社区，要有跨区域、系统性的视野。在当前严峻的反恐形势下，跨区域、系统性的统一规划、指挥、调度和统筹协调尤显重要。

三是创新信息共享和决策机制。当前存在跨部门、跨区域和跨行业的区域和城市管理的庞大数据信息，通过共享、开发、整合和挖掘，可以实现数据融合和业务协同，从而为社区警务和社区治理决策提供强有力的支撑。此外，今后需要更加重视社会组织和民间机构及志愿者的信息化水平和信息支持作用。他们"通过其灵活多样的工作方式、民众基础和志愿者队伍以及现代化的技术手段来满足公众的信息需要和构建公众与政府的交流平台，在危机管理、公共安全处理和环境治理方面尤为明显"。②

党的十九大报告提出"打造共建共治共享的社会治理格局，加强社区治理体系建设，推动社会治理重心向基层下移，发挥社会组织作用，实现政府治理和社会调节、居民自治良性互动"的重大战略部署，这也为我国社区警务治理指明了方向。总之，只要坚持在社会治理的大局下谋划创新，大力夯实基层社区的基础根基，创新社区警务方式，提升社区治理水平，就能构筑起共建共治共享的新格局，提升人民群众的安全感和幸福感，同时也不断推进警务工作迈向现代化。

---

① Lewis Croser：*The Functions of Social Conflict*，New York：Free Press，1956.

② 高小平：《借助大数据科技力量寻求国家治理变革创新》，载《中国行政管理》2015年第10期，第12页。

第四节　公安机关应对突发公共卫生危机的经验与启示

本节提要：公共卫生是关系公众健康的公共事业，近年来，一些突发重大公共卫生事件，对我国广大人民群众的身体健康和社会生产、生活秩序带来严重影响。危机期间，我国公安机关迅速投入危机应对战斗，贯彻落实中央和国家的统一决策部署，认真履行自身职责职能，全力以赴完成各项危机应对任务取得了显著的成绩和经验。公安机关应当正视公共卫生危机应对工作中存在的不足，不断总结现有的经验，在总体国家安全观下深入谋划我国的公共卫生安全治理工作。要坚持以人民为中心的理念，深入推进法治公安建设和“智慧公安”建设，以提升安全治理能力为重点，推进公安工作现代化。

突发公共卫生危机是指突然发生的，并且可能对社会公众健康造成严重威胁的重大传染病疫情、群体性不明原因疾病、重大食物中毒以及其他可能严重影响社会公众健康的事件。突发公共卫生事件往往因其不可预见性而难以得到及时应对处理，进而诱发社会性的危机，对社会秩序和稳定构成较大冲击。世卫组织自2007年颁布了管理全球卫生应急措施的《国际卫生条例》以来，已经宣布过2009年的甲型H1N1流感、2014年的脊髓灰质炎疫情、2014年西非的埃博拉疫情、2015—2016年寨卡疫情，2018年开始的刚果(金)埃博拉疫情，2020年1月30日，世卫组织发布新冠肺炎为国际关注的突发公共卫生事件，2022年7月23日，世卫组织宣布，在多个国家和地区发生的猴痘疫情构成“国际关注的突发公共卫生事件”。

2003年暴发过的一次波及全球性的公共卫生事件(SARS)和2020年初发现的新冠肺炎疫情在我国都曾产生相当大的影响。重大公共卫生事件或危机能导致全球性的社会混乱、经济衰退、秩序失衡，给普通民众带来了巨大的健康伤害和风险威胁，也会严重冲击我国公共卫生安全和社会生产生活秩序。

我国公安机关担负着保障国家安全、保障人民群众生命财产安全、维护社会稳定秩序的重要职责，每当公共卫生危机发生后，全国公安机关会全力以赴地投入到这场前所未见的重大疫情防控战争中，出色地完成党和人民交托的重任。与此同时，公共卫生危机及其造成的损失也要求公安机关需要进一步加强组织建设和能力建设。恩格斯曾指出："没有哪一次巨大的历史灾难不是以历史进步为补偿的。"①公安机关应对突发公共卫生危机，既是对我国践行总体国家安全观，推进国家治理体系和治理能力现代化的一次综合检验，也是对我国公安机关工作能力、工作作风、工作方法和工作成效的实践检验。回顾疫情暴发以来我国公安机关面临的挑战，总结公安机关应对公共卫生危机的经验和存在的不足，对我国公安机关进一步践行总体国家安全观，优化工作方法，转变工作作风，提高安全治理能力，更好地做好重大疫情防控和以后的公共卫生安全工作都具有重要的现实意义。

一、突发公共卫生危机事件的社会影响

自20世纪后期以来，艾滋病、疯牛病、埃博拉病毒、口蹄疫、禽流感、严重急性呼吸道综合征(Severe Acute Respiratory Syndrome，国内又称"非典型肺炎")等疾病接连而至，使全世界各国人民的生命健康遭受到严重的威胁。类似上述的公共卫生危机事件都有一些共同的特点：难以预测，突如其来，迅速扩散，应对困难。2003年的SARS传播对我国的影响最为直接、最为显著，并直接导致了我国政府危机处理方式乃至执政思维的重大转变。②

突发重大公共卫生事件在短时间内对社会构成强大的冲击，一般集中呈现出以下四个特征：

一是时间上具有突发性。历史上人类的传染病大多具有突发性，往往在人们还不明白发生什么的时候，疫情实质上已经进入规模性传播阶段。一些传染实证性资料有限，同时医学研究跟进也需要时间的情形下，这种突发性的疫情令公共卫生防疫部门和医学专家难以给出确定性的判断。这对公安机关来说，

① 《马克思恩格斯全集》(第39卷)，人民出版社1974年版，第49页。

② 赵冰梅、刘晖编著：《危机管理实务与技巧》，航空工业出版社2007年版，第186页。

如何处置起初的个别的网络流传的疫情信息更是难题。

二是公共卫生事件的传播具有快速性。据统计，在本次疫情暴发后的约两个月时间里，全球累计已突破 100 万人感染病毒，死亡人数超过 4 万。很长一段时间里医学界对新冠病毒的特性仍处于探索阶段，已知新冠病毒的传播方式有接触传播、飞沫传播、空气传播三个方式。飞沫传播和空气传播意味着病毒具有超强的传播能力，而且医学观察表明所有年龄群都是新型冠状病毒的易感人群。从传播力来看，本次 COVID-19 病毒远远超过了 2003 年的 SARS 病毒。在短短的几个月时间里，新冠肺炎在中国和全球各地均呈现出快速暴发趋势。2020 年 1 月 20 日国家卫生健康委员会决定将新型冠状病毒感染的肺炎纳入法定传染病乙类管理，1 月 25 日全国 30 余省、自治区、直辖市迅速启动"重大突发公共卫生事件一级响应"，采取甲类传染病的预防、控制措施。一级响应是发生特别重大突发公共卫生事件，各省指挥部根据国务院的决策部署和统一指挥，组织协调本行政区域内应急处置工作。

三是公共卫生危机后果具有巨大伤害性。此类疾病对民众的身体和心理都带来了巨大伤害，对社会经济生产和社会生活也会产生严重的影响。

由于突发公共卫生事件本身规模较大、危害严重，为防止危机事件的进一步扩大，事件发生地区往往会采取严格的公共卫生措施，而在缺乏相关科学依据时，未发生事件的其他地区也不得不从保护公众健康利益的角度出发，做出较为强烈的反应，往往会采取预防性应对措施，如交通检疫、限制进口等。①这不可避免地对经济发展和社会稳定产生进一步的严重影响。一些防疫措施会对广大民众的日常生活造成较大的负面影响。

四是公共卫生危机应对的短期被动性。尽管伴随现代科学技术的发展，人类对疾病的认识和防控水平得到了大幅提高，但还是有一些新出现的病毒和传染病，人类在短时期内尚难以了解其特性，由此进而导致社会组织管理方在短期应对过程中处于被动状态。首先，因为对新的疾病认识上有滞后性，医学专家及政府疾控部门难以及时作出明确的"明显具有人传人"的判断，这种误判

① 张晓玲主编：《突发公共卫生事件的应对及管理》，四川大学出版社 2016 年版，第 16 页。

必然会付出疫情防控失当的代价。其次，当感染者数量急剧上升时，当地的医疗部门会面临巨大的压力。再次，各项应急管理措施的仓促出台，对普通民众的日常生活造成较大影响，这些新状况促使政府管理部门，特别是公安机关要急剧转变工作内容和工作模式，各部门的指挥协调和联防联控需要在短时期内迅速运转，同时一些应对措施的缺陷也暴露出来，如此一来，应急处置的仓促性和被动性就显而易见。

二、突发公共卫生危机中公安工作面临的压力和挑战

公安机关的职责属性决定了面对社会出现的任何急难险阻，公安机关和广大干警都必须尽快冲到一线，当突发重大疫情到来时，即使在准备不足的情况下，公安部门也要背负巨大压力勇担使命。

（一）对突发公共卫生事件的风险认知不足

突发公共卫生事件在我国偶有发生，2003 年暴发的“非典型肺炎”是一次相当严重的类似疫情，累计报告临床诊断病例 5327 例，死亡 349 例。这次事件中，我国公安机关积累了一些经验，但此后类似规模的重大疫情并未出现，而且，疫情研究本身是医学界和疾控部门的专业性工作，因此，各地公安机关对突发公共卫生事件的风险认知也存在很多局限。长期以来，公安工作是一项系统内较为封闭的安全性工作，大多数干警容易陷入封闭的知识系统中，对新知识的学习吸纳缺乏动力，从而容易造成对突发公共卫生事件风险认知不足，决策失当。个别基层派出所在对于公共卫生安全风险的认知不到位、毫无处置经验的情况下，容易出现风险认知不足，进而产生执法偏差。

（二）战时高等级勤务模式运行压力

突发公共卫生事件发生时，我们党和政府把人民群众生命安全和身体健康放在第一位，制定周密方案，组织各方力量开展防控，采取切实有效措施，坚决遏制疫情蔓延势头。① 可以说疫情就是命令，防控就是责任。实际上在重大

① 《习近平对新型冠状病毒感染的肺炎疫情作出重要指示》，载《人民日报》2020 年 1 月 21 日第 1 版。

疫情应对过程中，社会最主要的两支力量就是医护人员和警察。中央和国家层面紧急调动全国各地医护人员驰援疫区，各地公安机关更必须迅速响应要求，立即启动高等级勤务模式，迅速进入战时状态，以做到守土有责、守土尽责。突然而至的工作增量、工作内容以及防疫工作的特殊要求，这些对我国公安机关特别是疫区公安机关形成了巨大的压力。短期内公安机关运行高等级警务模式对人力、物力、指挥协调能力都提出了很高的要求。

一方面，公安机关常规的社会面管理、行政服务、节日期间的交通和生产保障需要正常维护；另一方面，疫情导致的病患救治、转运、医疗单位等重点场所的治安保护、各类涉疫人员的查找和隔离、与政府其他相关部门的协调联系等都需要增加大量警务工作。

（三）警察队伍管理和执法规范化的压力

在突发公共卫生事件的一级响应机制下，公安机关的民警和辅警人员正常的工作节奏被打断，正常的休息得不到保证，不得不随时接受各种疫情防控工作新任务。由于时间紧急，防控物资紧张和自身防护设备短缺，大量民辅警身处一线，直面病毒感染风险，部分会出现身体或心理上的不适，一些民警感染病毒甚至英勇地倒在抗疫一线工作岗位上。与此同时，在防控疫情过程中，由于缺乏明确的法制和规定，同时疫情环境下民众心理也容易失衡、过激，再加上一些地方的防控规定本身存在模糊和不一致，导致一些民警处理矛盾纠纷时存在执法不规范现象。因此，如何科学用警，优化警力调配，如何规范执法，保证警察权力在疫情应急处置中规范行使，对公安部门来说构成了严重的挑战。

（四）网络信息管理和处置的压力

突发公共卫生事件往往会产生巨量的网络舆情，这也给公安机关带来网络上信息管理和处置的压力。公安机关担负着网络空间治理的重要职责。在当前新媒体环境下，网络自媒体信息生产量巨大，信息内容泥沙俱下。一方面，一些网络质疑的声音可能被放大，产生对政府以及公安机关“信任危机”的风险；另一方面，一些不实信息甚至谣言的出现，容易造成当地民众的恐慌，给防疫工作带来干扰。有关疫情信息的数据、人员身份、接触地和接触者都需要有权威机构统一发布，但事实上自媒体上的道听途说的小道消息众多，有的消息严重干扰本地防疫工作，有的泄露个人隐私信息，给社会秩序和社会心理造成严重不良影响。

部分不法分子甚至虚构疫情信息，利用疫情哄抬医疗防护用品价格。另外，由于大量民众对疫情有恐慌心理，一些自媒体和非医疗专业人员，利用微博、微信、移动 App 等传播鱼龙混杂、真假难辨的病毒防护信息，造成不必要的“药物抢购”“食品抢购”和社会紧张。此外，在疫情高发区部分病患或生活困难群众通过新媒体发布求助信息，这些求助中的相当一部分都需要大量警力跟进。总之，疫情时期的网络信息管理对公安工作提出了高难度的挑战。

三、公安机关应对突发公共卫生危机的现实经验

在 2019 年全国公安工作会议上习近平总书记指出，“在实践中，我们深化对公安工作的规律性认识，积累了许多宝贵经验，必须总结好、运用好成功经验，确保公安工作坚定正确政治方向，坚持改革创新，坚持全面从严管党治警，按照对党忠诚、服务人民、执法公正、纪律严明的总要求，锻造一支让党中央放心、人民群众满意的高素质过硬公安队伍”。总结公安机关应对突发公共卫生危机的经验，具有重要的现实意义。

（一）迅速贯彻落实中央和国家的统一决策部署，是我国公安机关应对突发公共卫生危机的行动指引

我们党中央和国务院高度重视突发公共卫生危机，全面加强对疫情防控的集中统一领导，组织全国各方力量开展救治和防控。我国公安机关和广大干警认真贯彻党和国家的决策部署，坚持把人民群众生命安全和身体健康放在第一位，把疫情防控工作作为这一时期最重要的任务。公安部强调“疫情就是命令，防控就是责任”，要充分发挥职能作用，严阵以待、全力以赴，坚决维护社会大局稳定，坚定不移把党中央各项决策部署落到实处。

全国各级公安机关积极行动，迅速投入到危机应急处置行动。各级领导都强调要切实提高政治站位，全警动员、全力以赴，切实把思想和行动统一到中

央和国家的决策部署上。正是这种“全国一盘棋”式的集中统一领导、迅速贯彻落实的战时组织和动员机制，确保了我国公安机关应对重大疫情时具有强大的组织力和行动力，这也是我国公安机关长期以来每当面对艰难险阻都能取得最终胜利的关键因素。

（二）认真履行自身职能职责，做到守土有责，守土尽责，全力以赴完成各项突发公共卫生危机防控任务

我国公安机关担负着打击犯罪，保护人民群众生命安全，维护社会稳定的神圣职责。突发公共卫生事件发生后，全国各地公安机关认真履行自身职能职责，广大干警能在最短时间内冲到一线，展现了新时期人民警察临危受命、忠职尽责的良好形象。各地公安机关坚决落实疫情防控指挥部的决策，维护社会秩序管理与防控措施相协调。

各级公安机关全力以赴支持防疫中心工作，全力保障应急物资和保护专业医护人员。同时严厉打击各类涉疫犯罪，维护社会安全稳定。

此外，各地公安机关积极做好疫情期间的政务服务工作。如公安部交管局指导各地交管部门改进服务，对疫情防控期间不能按期办理驾驶证审验换证、机动车检验等业务的可延期办理。湖北武汉警方作出“网上办、超期办、延期办”服务承诺。北京市公安局交管局、出入境管理、人口管理和基层工作总队结合自身职责，创新服务方式，陆续出台一系列便民服务措施。市交管局推行车管业务网上办、自助办、延期办，陆续推出延长尾号不限行、设立疫情防控“应急窗口”、开通网上临时号牌服务等举措。市局利用“网上北京市公安局”“北京公安出入境”微信公众号、“交管 12123”App 等网上办事平台，推行“不见面”审批工作。

另外，各地公安机关全力护航经济社会发展，做好复工复产的服务工作。各地公安机关一方面严密社区疫情防控网络，加强社会面治安防范，为企业复工复产创造良好的社会治安环境，另一方面立足基层公安工作岗位，严打各类违法犯罪行为，保障企业用工安全，全力服务企业复工复产，为疫情防控和经济社会的恢复提供坚强保障。

(三)加强统筹协调，紧盯工作重点，联防联控，持续推进重大突发公共卫生危机防控工作

公共卫生危机应对是一项系统工程，公安机关的各种应对决策都需要在当地党委政府的决策部署框架下进行，因此，做好统筹协调，联防联控，对于公安机关来说至关重要。我国公安机关根据上级部署，及时把握公共卫生事件发展的不同阶段及其新变化新特点，动态调整各时段的工作重心。

各地公安机关因时因势调整工作着力点和应对举措，制定科学精准的应对措施，抓实抓细常态化疫情防控，防止出现防控工作“一刀切”的僵化现象。在整个突发公共卫生事件应对期间，公安机关都在不断加强与卫生健康、交通运输等部门的联防联控，配合做好疫情监测、排查、预警等工作。

重大突发公共卫生事件应对防控工作需要动员所有社会资源和社会力量参与进来。“鉴于突发公共卫生事件的突发性、高度不确定性、强破坏性等特点，其应对的核心思路是一旦危机出现，必须及时有效地救助或控制，以实现减少人民生命、健康损失，防止疫情扩散，预防并发性危机事件发生的目的。”①为此，突发公共卫生事件管理的组织机构设置，必须具备快速、高效、广泛地整合资源的特殊功能。各地公安机关为此联合物价、工商等部门加强市场集中整治。面对医疗和防护用品的紧缺，各地公安机关的警务保障部门也积极行动，多方筹集，有力地保证了公安民警的防护需要。

(四)利用现代信息技术，有力提升警务效能

与平时的社会治安治理不同，本次新冠疫情的应对涉及的社会面广泛，人员众多，动态状况复杂多变。我国公安机关利用现代信息技术，发挥公安信息化多年积累的经验，在防控工作中加强应用和创新，探索出许多有效的方法措施，有力提升了警务效能。

一是在打击各类涉疫违法犯罪上，各地公安机关利用信息技术快速、精确地打击网络谣言、电信网络诈骗等类型犯罪，提升涉疫犯罪治理的智能化、专

① 张晓玲主编：《突发公共卫生事件的应对及管理》，四川大学出版社 2016 年版，第 86 页。

业化水平。

二是在联防联控工作中，充分利用网络平台、微信公众号、微信群、App客户端等信息技术手段，加强监测预警，畅通信息沟通。

三是在行政服务中，根据本次新冠疫情的传播特点，尽量采取线上服务、远程服务方式，为人民群众和企业生产复工提供各种便利。

四是各地公安利用微信微博，公安抖音号，或开发公安服务平台，加强疫情防控相关法律法规宣传，宣传防疫抗疫知识，增强群众守法意识，提升群众自我约束、自我防护能力，推动群众依法支持配合疫情防控工作。可以说，与2003年的SARS应对相比，本次新冠疫情应对有力检验了我国多年来的公安信息化成果，值得今后进一步研究和推进。

四、我国公安机关应对突发公共卫生危机的若干启示

当前我国公安机关应对突发公共卫生危机取得了阶段性胜利，但我们更要放眼长远从体制机制上创新和完善公共卫生危机应对举措，提高应对突发重大公共卫生事件的能力和水平。

(一)在总体国家安全观下深入谋划公共卫生安全工作，努力做好公共卫生安全的风险防控

突发公共卫生危机对我国公共卫生安全造成了严重威胁。党和国家历来高度重视公共卫生安全，毛泽东同志曾告诫全党，“中央认为各级党委对于卫生、防疫和一般医疗工作的缺乏注意是党的工作中的一项重大缺点，必须加以改正。今后必须把卫生、防疫和一般医疗工作看作一项重大的政治任务，极力发展这项工作”。① 党的十九大报告提出要“坚持总体国家安全观。统筹发展和安全，增强忧患意识，做到居安思危，是我们党治国理政的一个重大原则”。习近平同志指出，“我国是一个有着14亿多人口的大国，防范化解重大疫情和重大突发公共卫生风险，始终是我们须臾不可放松的大事。要健全国家重大疫情监控网络，完善法律法规体系，加大前沿技术攻关和尖端人才培养力度，尽

① 《毛泽东文集》(第6卷)，人民出版社1999年版，第176页。

快提高我国应对重大突发公共卫生事件能力和水平”。① 对我国公安机关来说，更要通过一次次的危机应对，进一步在总体国家安全观下谋划好今后的公共卫生安全工作。

为此，公安机关需要进一步提高认识，从战略高度上将公共卫生安全纳入总体国家安全框架。要加强公共卫生事件的应急预案和处置对策研究，提高公共卫生安全的风险认知；要总结每一次危机应对的经验和不足，不断提升公安机关应对突发公共卫生事件的能力。

公安机关“在防控疫情重大风险的同时，要严密防范不同领域风险的叠加共振，掌握风险的内在机理，切断风险的联动逻辑，尤其是严防风险向政治安全领域聚集，筑牢维护国家安全和社会稳定的铜墙铁壁”。② 这要求公安机关在应对公共卫生安全风险时，具备更加全面的大局观念和忧患意识。公共卫生安全风险不仅具有“灰犀牛”“黑天鹅”的风险特征，而且在互联网时代更有可能带来风险的“蝴蝶效应”，一个不起眼被忽略的小风险就有可能演变成为重大风险。这更要求我国公安机关真正深入领会总体国家安全观，从本次重大疫情事件中吸取教训，更加增强责任感和自觉性，在自己职责范围内做好公共卫生安全的风险防控。

（二）坚持以人民为中心的理念，紧紧依靠人民群众打赢“抗疫战争”

我们党的宗旨是为人民服务，以人民为中心是我们党的一切工作的出发点和落脚点，也是我国公安工作的立足点和出发点。这一理念是我国公安机关政治属性的内在要求，是人民警察根本宗旨的本质体现。

本次疫情发生后，中央和国务院迅速要求各级党委和政府“要把人民群众生命安全和身体健康放在第一位”，在中央的集中部署和调动下，全国各地医护人员紧急驰援湖北省及武汉地区，尽最大努力救治疫区病患者，生动诠释了我们党和政府“以人民为中心”的执政理念。党和人民对公安机关及人民警察

① 《协同推进新冠肺炎防控科研攻关，为打赢疫情防控阻击战提供科技支撑》，载《人民日报》2020年3月3日第1版。

② 孙东方：《将总体国家安全观贯穿抗疫斗争全过程》，载《学习时报》2020年3月9日第2版。

提出“对党忠诚、服务人民、执法公正、纪律严明”的期望，公安机关广大干警必须时刻牢记自身的“人民卫士”职业角色，在疫情应对工作中坚持把人民的生命安全和身体健康放在工作的重中之重。

与此同时，我国公安工作长期以来有着依靠人民群众，与人民群众水乳交融的优良传统。我国公安工作长期坚持群众工作路线，在发展中形成了具有自身特色的依靠群众、联系群众、服务群众、融入群众的系统性工作方法。中华人民共和国成立以后，党十分重视贯彻执行群众路线，并从事关党的生死存亡的高度指出坚持群众路线的极端重要性。①公安机关在党的领导下，坚持专门工作与依靠群众相结合，强调要紧紧地依靠群众，密切联系群众，群众工作也是公安工作的出发点和归宿。

在公共卫生危机应对中，我们更需要紧紧依靠人民群众来打赢“抗疫战争”。以“SARS”和新冠肺炎为代表的急性传染病具有人传人的典型疫情特征，“任何人都可能成为感染者和传染源，任何环节的疏漏都容易造成聚集性疫情”。因此，公安机关在预防、监测、宣传、控制疫情的工作中需要密切联系人民群众，阻断病毒的肆意传播。公安机关应当充分相信人民群众中蕴藏着无穷的智慧，相信人民群众的觉悟，要在职责范围和条件许可范围内千方百计调动广大人民群众的主观能动性，齐心协力做好防控工作。

（三）深入推进法治公安建设，推进公安工作法治化水平，不断提升执法公信力

在全面依法治国的时代背景下，我国公共卫生安全必须在法治层面得到强化和保障。2003 年“非典”疫情之后，国家先后出台了《突发公共卫生事件应急条例》《突发事件应急预案管理办法》《中华人民共和国突发事件应对法》等一系列法律法规，根据这些法律法规，我国建立并完善了传染病网络直报系统和传染病早期自动预警系统，此后的甲型 H1N1 流感、人感染 H7N9 禽流感等新发传染病疫情都得到了较为成功的应对。本次疫情发生后，全国人大常委会决定全面禁止非法野生动物交易，同时野生动物保护法的修订已列入年内议程。

① 罗锋、李建和主编：《中国警学理论》，群众出版社 2017 年版，第 120 页。

我国公安机关在落实全面依法治国基本方略中担负着重大的职责使命，在抗击重大疫情的战斗中更要将“法治公安”的理念贯彻实践。公共卫生安全的相关法律法规的出台是公安机关应对重大疫情的执法依据。同时，在抗击疫情的执法活动中，公安机关必须严格执法、公正司法和规范化执法，公安执法规范化是法治公安建设的重要基础和关键环节。

为此，必须深入研究如何在公共卫生事件中构建完备的执法制度体系、规范的执法办案体系、系统的执法管理体系、实战的执法培训体系、有力的执法保障体系，不断健全完善执法权力运行机制，确保执法权力始终在正确轨道内运行。而且，法治公安与执法中的人文关怀并不相悖，“法治之所以被信仰不仅是它具有国家强制力作为后盾，现代法治还必须具备权利保护的人文关怀”。① 因此，全国公安机关应当不断推进法治公安建设，推动公安改革向纵深发展，以此提高公安机关公共卫生安全治理的能力、应对公共卫生事件的水平，以及在公共卫生事件中的执法公信力。

（四）以提升安全治理能力为重点推进公安工作现代化

一是要充分发挥科技创新“第一引擎”的作用，坚定不移地推进“智慧公安”建设。公共卫生安全是“风险社会”的特征之一，“抗击重大疫情属于高度精细化的社会治理，党要推动全社会对超越传统安全的新风险进行科学再启蒙，通过大数据等新技术强化社会治理，预先构筑突发风险防控堡垒，确保社会领域的高组织性和安全性。”②信息科技也是公安工作的核心治理能力。当前信息科技日新月异，“向科技要警力、向信息化要战斗力，找准科技创新与公安工作的结合点，进一步推进公安大数据智能化建设，实现公安机关核心战斗力和公安工作智能化水平大提升”，③ 信息技术的发展与应用为公安机关推进

① 黄文瀚：《突发公共卫生事件中舆情引导与社会信任建设研究》，载《江南大学学报（人文社会科学版）》2020 年第 2 期，第 14-19 页。

② 粟锋：《新中国成立以来党领导人民抗击重大疫情的历史回顾与经验启示》，载《思想教育研究》2020 年第 3 期，第 3-7 页。

③ 席文：《以科技创新助推公安工作跨越式发展》，载《人民公安报》2020 年 1 月 2 日第 3 版。

安全治理能力跨越式发展提供了有利契机。本次重大疫情应对中，公安机关应用无人机宣传、健康二维码登记、微信工作群沟通、大数据疫情信息比对查找等，都取得了不俗的成效。

二是要不断加强基层安全治理，社区安全治理。突发公共卫生安全治理的根基在基层社区，立体化社会治安防控体系建设的根本也在基层社区。我国每次公共卫生危机应对能在较短时期内取得明显成效的一个因素，就是“关键时刻，中国基层和社区治理的巨大资源配置和调配能力得到了快速的激活”。①

近些年来随着市场经济的发展，我国基层社区的一些治理功能已经弱化，但从安全治理角度来看，需要更加重视基层社区的“第一道防线”功能。公安机关一方面需要不断加强警力下沉，充实基层所队，落实社区民警责任和工作机制，以此强化内部的基层治安力量。另一方面需要加强与基层社区治安力量的联动协调，在公共卫生安全治理中，疫情知识宣传、通道管控、人员登记、体温测量、生活物品运送以及大量的求助事项处理，非公安机关一家能独立承担，因此更需要调动基层、村镇和社区的干部、社工、网格员、志愿者等力量。另外，必须看到本次疫情防控中，一些落后地区的基层和社区还存在信息化手段落后，人力和财力严重不足，基层公共卫生队伍、基层防控能力和社区自治能力薄弱等欠缺，今后需要有针对性地进行提升改善。

三是要高度重视公安队伍的现代化建设。技术的现代化、机制的现代化都离不开人的现代化，公安现代化的目标最终要通过公安队伍的现代化建设来落到实处。本次重大疫情应对是对我国公安队伍素质、水平和能力的一次检验，各地公安机关也在实践中形成了一些有效的队伍管理的措施，比如加强以党建引领队伍的思想建设和作风建设，加大对民警的战时激励，关爱民警的身心健康，注意培训民警的病毒防护和执法规范等。实践也不断证明，抓好公安民警战时思想政治工作，是公安机关顺利完成各项重大任务的根本保证，是加强公安队伍建设的有效途径。

---

① 陈柏峰：《风险社会的技术治理与应急决策》，载《中国法律评论》2020年第2期，第2-17页。

从更长远的目标要求来看，我国公安队伍建设仍有很长的路要走，比如从业务技能这个层面来说，民警的公共卫生专业知识和运用新媒体的能力都需要进一步普及和增强。一定的公共卫生专业知识既会加强民警的自我保护，又会使民警的防疫抗疫工作具有专业化水准。新媒体运用能力在今天更是做好群众工作的必备技能，也是展示新形势下警察形象的必修课。

当然，良好的队伍素质培养更需要久久为功的坚持，有学者指出，“有必要采取多种举措，不断增强执法者的人本主义精神、法治精神、专业素养与心理素质，使其在复杂高压态势下作出最符合客观实际的最佳决策。只有高素质的执法者才能体现法治精神，才能在复杂情况中作出接近最优的行动抉择”。① 为此，公安机关需要在政治建警、组织领导、培训学习、考评激励、监督追责等方面不断推进，从而打造出一支能力优良、人民满意，并且有信心应付各种公共卫生安全风险的高素质队伍。

① 刘龙：《论大型赛事突发事件的预防与处置——英国希尔斯堡事件的教训与启示》，载《湖北警官学院学报》2020 年第 1 期，第 15-21 页。

第二章　网络涉警舆情的治理策略论

第一节　网络涉警舆情的应对困境及治理路径

本节提要：网络虚拟空间的治理是社会治理的重要环节，当前涉警网络舆情分布空间广泛，舆情传播偏态化增强，舆情的内蕴风险性因素复杂。涉警网络舆情的治理面临多重困境，网络话语环境进入了浮躁、失序的新状态，警察队伍执法规范化问题继续存在，现有治理机制发挥作用有限。为促进有效治理，警方需要转变观念，提高网络治理意识和网络风险意识；需要注重发挥法治功能，构建动态化的涉警网络舆情治理机制；需要积极主动，合作协商，努力形成涉警舆情治理的多重合力。

一、网络新媒体带来的舆情挑战

英国文化研究学派认为，媒体在现代社会中充当着一种核心角色，不同的亚文化和社会阶级过着非常不同的生活，存在着不同的世界观，大众媒体为不同群体理解其他群体的生活提供了重要手段。① 随着互联网技术的飞速发展，各种网络新媒体如 BBS 论坛、微信、微博、微视频、QQ 群、手机客户端等迅

① ［美］黛安娜·克兰：《文化生产：媒体与都市艺术》，赵国新译，译林出版社 2001 年版，第 90 页。

速扩展并为公众所熟悉掌握。可以说，当前的网络已经不仅仅是一种工具性的信息技术手段，更是人们的一种生活方式和生活内容。

网络新媒体颠覆了传统媒体的消费方式，受众不再是单纯的信息消费者，更被媒体赋予有信息生产者的权力。受众在网络空间的信息传播行为，不仅是思想观点的展现，也很大层面上打破了传统媒体的话语垄断地位。普通公众通过网络新媒体发表观点，甚至形成舆情，可以介入到重大社会事件的发展过程，并可能进而影响相关公共政策的出台和实施。《新闻传播学大辞典》认为舆情“是舆论情况的简称，泛指公民社会中的公民意见，也可称为群众看法、群众意见，简称群情、民情”。网络新媒体及其产生的舆情打破了官方的话语垄断权，对传统治理模式提出了挑战。传统社会的管理理念已经难以应对网络民意的高涨。诸多事例表明，政府有关职能部门如果不重视网络民意，就很可能失去控制事态发展的话语权。网络舆情往往涉及行政体制、官员道德和公共价值等方面问题，在媒体、民众、官方三者的博弈中，官方一旦处于不利位置，便会使其公信力受到广泛质疑，极大地损害其社会形象。

党的十九大报告从战略高度对国家治理体系和治理能力现代化提出了一系列新要求，十九届四中全会通过的《中共中央关于坚持和完善中国特色社会主义制度推进国家治理体系和治理能力现代化若干重大问题的决定》，对国家治理体系和治理能力现代化进行了战略部署，我国“十四五”时期经济社会发展主要目标中明确提出“国家治理效能得到新提升”的要求，2035 年基本实现社会主义现代化远景目标中明确提出“基本实现国家治理体系和治理能力现代化”。毫无疑问，舆情治理是国家治理的重要内容。因之，从公共治理角度来说，充分认识网络的二重属性，将其虚拟空间作为社会治理的重要场域就显得非常必要。

所谓涉警网络舆情，笔者的定义是以互联网为渠道，在网络虚拟空间中形成的与公安工作或警察执法行为有密切联系，带有主观认知、是非评论和情感倾向的话语言论。一般来说，涉警网络舆情是公安工作与社会公众之间重要的联系纽带和感知窗口，既反映出公安工作的即时状态，也表征着社会公众对公安工作效能的认知与评价，是现实中社会公众对公安工作和民警执法产生的带有主观性意见的网络投射。由于网络具有传播速度迅捷性、传播主体身份隐身性、网民权利诉求自由散漫性等特点，一旦一些涉及警察的热点或具有敏感性的案件、事件在网络平台引发大量围观，往往经过短至数小时的酝酿、发酵和扩散，很快就会形成强大的舆论声势，进而对社会秩序安定、社会心态平稳和警方公众形象、公安执法公信力等造成深刻的影响。

近期北京昌平的雷洋非正常死亡事件、北京和颐酒店女子遇袭案件、山西太原警察“暴打市民”事件、江苏兴化交警溺亡事件、广东深圳宝安两女子逛街被强制传唤事件、甘肃兰州和河南郑州两地拍摄警察执法事件等，都在网络上引起了巨大的舆情轰动效应，产生了广泛而持续的社会影响。

网络传播方式致使舆情演化始终处于不稳定、不确定的状态，而且很容易从网络空间蔓延至现实社会。“现实问题的爆发会导致舆情事件产生，互动产生的负面情绪堆积也会使普通事件发酵为舆情危机，继而引起社会秩序的不稳定，因此舆情治理是社会治理的重要内容。”①中央十八届三中全会作出全面深化改革的部署，提出要完善和发展中国特色社会主义制度，推进国家治理体系和治理能力现代化。2015 年初中央通过《关于全面深化公安改革若干重大问题的框架意见》及相关改革方案。这预示着我国公安改革未来将在国家治理现代化的框架下进行多向度的重构。从近期这些带有典型意义的涉警网络舆情来看，当前公安机关在对其治理方面，仍需进行更深刻的理论思考和更有效的治理路径探析。

二、涉警网络舆情的发展新动向

近年来移动 4G 网络快速发展，基于移动智能终端的社交应用如微信、微视频、手机新闻客户端等普及形势如火如荼，2015 年度我国社会出现“互联网+”热潮。2016 年 8 月中国互联网络信息中心（CNNIC）发布的第 38 次《中国互联网络发展状况统计报告》显示，截至 2016 年 6 月中国网民规模已经达到

① 李明德、王含阳：《新媒体传播模式及其对舆情治理的新要求》，载《西北大学学报》（哲学社会科学版）2021 年第 2 期，第 151-159 页。

7.1亿名，人均每日上网3.8小时，手机网民数量达到6.56亿名。2021年2月中国互联网络信息中心发布的第47次《中国互联网络发展状况统计报告》显示，截至2020年12月，我国网民规模为9.89亿名，较2020年3月增长了8540万名，互联网普及率更是达到70.4%，其中，手机网民的规模达到9.86亿名，较2020年3月增长了8885万名，网民使用手机上网的比例达99.7%。① 毫不夸张地说，今天的智能手机已经真切地成为大多数人生活的不可缺少的一部分。与此同时，具有事件新奇性、话题敏感性的涉警案、事件也频频刷屏各类手机社交媒体。和若干年前的形势相比较，近期的涉警网络舆情呈现出了一些值得注意的新动向。

（一）涉警网络舆情分布空间广泛，呈现全媒体弥散化趋势

所谓全媒体，是指包括传统的纸质媒体和广播电视媒体、以网页形式为主的各门户网站，以及近年来基于移动客户端的各种新媒体。在互联网兴起之前，涉警舆情主要停驻在传统广播电视和报纸新闻媒体上，这类舆情一般来说容易发现，由于媒体主办者和采访者的主体身份确定，也容易进行针对性地引导和化解。互联网兴起之后，涉警网络舆情主要起源于BBS论坛、微博空间和一些网络新闻评论空间，公安机关在应对此类舆情时已有应接不暇之感。同时传统媒体出于自身生存和发展需要，也都开设了网上传播渠道，实际上也实现了网络化。近两年来，随着移动4G技术的推广，以微信为代表的手机客户端的快速普及，涉警网络舆情的分布空间得到了进一步拓展，呈现出铺天盖地、网上网下的弥散化趋势，公安机关面临极大的舆情应对挑战。

2013年始微信成为继QQ之后影响极为广泛的新型社交媒体。微信具有文字、语音、图片、小视频等多样化的实时交互分享的自媒体特色。相对于传统的社交平台，微信具有更直观的信息交流功能，可以进行实时群聊，可以对有关信息进行一键分享。微信朋友圈设置有评论权限，允许任何网民发表评论；微信公众号可以引发大量人员关注，人们可以在微信公众号发布文章从而向特

① 中国互联网络信息中心：第48次中国互联网络发展状况统计报告，http://www.cnnic.cn/hlwfzyj/hlwxzbg/hlwtjbg/202109/t20210915_71543.htm。

定关注人群实时推送，其发布的信息具有瞬间扩散性。传统的纸质媒体为了吸引受众读者的关注，一般来说也善于从这些媒体上获取新闻消息来源，进而深度跟进报道。

以北京昌平雷洋非正常死亡事件为例，2016年5月9日距雷洋非正常死亡仅一天时间，知乎网站上出现网帖《刚为人父的人大硕士，为何一小时内离奇死亡》一文；同日下午2时许水木论坛网站出现《昌平派出所打死人！求还我同学一个公道!!! 求扩散》网贴，经微信等自媒体大量转发后一天内引爆各种媒体舆论场域。在昌平警方通过公安微博发布信息后，传统的权威媒体如人民日报、中央电视台、新华社、新京报等及时跟进采访，南方都市报5月11日还发表社论《雷洋事件：让过程可见，用证据说话》。距有关监测统计，自5月9日事件被曝光至11日下午4时，累计监测到互联网新闻、博客、论坛、平面媒体、微信等相关舆情2462条，各媒体间相互交叉影响，不断推动舆情整体走势极速攀升。面对如此炽热的全媒体舆情形势，雷洋事件的舆情应对已非昌平警方能力所及。由此足以表现了当前涉警舆情的全媒体弥散化趋势。

（二）涉警网络舆情传播偏态化增强，网民集群情绪呈现狂热化、偏执化趋势

所谓偏态传播，是相对于正态传播而言的。正态传播即舆情按照新闻信息的真实性、新奇性特点和大众传播基本规律进行公众人际传播，这种传播一般不会带来恐慌性的社会效果。而偏态传播则指“关于同一对象的不同方面的信息在互联网上的传播能力和传播效果存在差异。某些方面的信息的传播范围、传播速度以及形成的社会影响力明显大于其他方面的信息”①。网络舆情由于传播主体多样化，道德素质参差不齐，价值观念多元化，以及网络本身的虚拟性和隐匿性等多种因素，为谣言的产生和传播提供了方便之门。2015年一些网民围绕股市波动、天津港爆炸事故等重大突发事件，在互联网和微博、微信、QQ群、个人空间上大肆编造和传播谣言，诸如“天津港爆炸死亡1300多

---

① 罗俊、罗教讲：《互联网舆情偏态传播与引导》，载《人民论坛》2015年第36期，第26页。

人”“某高层领导亲属恶意做空股市”等。手机 4G 上网便捷化后，很多网络道德素养不高、思维方式简单化、心理状态不够健全、社会责任意识缺乏的人员也融入进来，其中不乏一些网络造谣者蓄意蛊惑人心、误导社会公众，带有制造社会恐慌的不良企图。

涉警网络舆情由于相关事件容易与暴力执法、警察形象、人身伤害、权利公平等相联系，加上一些事件在自媒体上出现的现场画面极具视觉冲击力，传播开去极容易引发公众的心理共鸣和对弱者的同情。很多舆情事件中的当事人出于自身特定的利益诉求需要，积极利用普通公众无法获知全面事实的特点来炒作相关事件，一些不明真相的传播者热衷分享和发表个人化的无根据猜测和情绪化的个性评论，由此导致出现的舆情偏态传播现象相当严重。雷洋事件在“水木论坛”多个版面出现《昌平派出所打死人！求还我同学一个公道!!! 求扩散》一文后，仅在“家庭生活”版，短短数小时后即出现 1340 篇跟帖评论。这些评论不乏“屁民依然还是蝼蚁，想弄死你的理由都这么的随意”之类的偏执言论。在昌平警方发布基本事件信息后，大量舆情关注点脱离基本事实，缺乏尊重事实真相、遵守法律规范的态度。一起警方抓嫖过程中因当事人反抗而致非正常死亡的事件，因偏态传播引发纷纷质疑、围观、评论。一些言论除了打上当事人是“人大硕士”“新晋娃爸”，事发当天为其“结婚纪念日”的情感标签外，更有甚者提出“人大硕士嫖娼是阴谋论”的怪谈，明显可见其中一些质疑和评论缺乏应有的理性思维和逻辑判断，而是集群性狂热和偏执的表现。

（三）涉警网络舆情风险性因素复杂难测，有效治理难度增大

现代社会在进入现代化的同时，也制造了现代性的风险；现代警务的持续建设一方面促进了社会公共安全，另一方面也容易通过网络舆情的渲染生成新型安全风险。如同现代社会具有风险社会的特征一样，网络涉警舆情也是一种人为的传播风险，这种传播风险一方面影响公众对自身安全的担忧，另一方面也干预公安机关的常规警务工作。涉警网络舆情是多种要素内外相互作用的产物，其中涉警事件、事件信息、媒体报道、网民反应等都是蕴含风险要素的来源。

首先是舆情事件本身的风险性。涉警舆情事件大多属于高敏感的轰动性事件，往往存在有暴力、人身伤亡、道德伦理等引发社会关注的热点因素，对社会公众的心理具有其他事件难以比拟的强烈刺激性，因此相关事件比较容易在互联网中迅速弥散并转化为舆论焦点和热点。如江苏兴化交警张某勇溺亡事件，因为涉及警察失踪死亡，家属质疑张系被报复杀害，从而刺激大量网民几无根据地猜测事件背后的“警方黑幕”。

其次是舆情信息特征的风险性。一般社会公众能够掌握的往往是网帖发帖者言论和照片等碎片化的信息，无法全面了解事件的真实过程。社会公众对于涉警舆情事件的认知和情绪反应主要源于接触到的信息本身，而信息本身与事件的原生态难以完全吻合，信息传播者的视角、话语风格、价值观念、情感态度对传播接受者起着很大的影响作用。近年来社会各行业善于制造各种噱头来营销，各类炒作风气对互联网舆情的传播策略产生了很大影响。当前大量涉警网络舆情传播中都不乏炒作手法。比如2016年5月网上出现《太原警察，暴打市民》的网帖，经调查后其事件真相为民警处理堵车纠纷时，当事人拒不配合，强制传唤过程中警察遭到当事人侮辱、谩骂、殴打，实属暴力抗法。

再次是媒体报道的风险性。一些重要媒体包括各门户网站、传统新闻媒体、各新闻通讯社在获取网络舆情信息后，往往会在第一时间跟进采访报道。但有的媒体记者采访不够深入，或者带有较强的主观态度，存在迎合普通受众心理而不顾及事件是非曲直的现象。一般来说，传统媒体具有更大的舆情声望，如果其不够客观公允或者没有虑及传播的综合效果，其产生的风险效应往往是难以估量的，甚至对法治进程产生强烈的负面影响。

最后是网民反应的风险性。涉警网络舆情的社会效应归根到底是网民对涉警事件的认知和思想情感上的集中反应。当前社会正处于整体性的转型过程，社会思想观念混杂多元，人们的价值取向存在不同层面的分裂，社会各阶层在利益分配、格局认知、价值理念、思维模式等方面存在巨大差异。对于网上涉警舆情事件，网民中相当一部分人存在有情绪宣泄性的表达。德国著名的传播学理论家诺依曼提出过“沉默的螺旋”理论①，认为人们在表达自己的观点之

① ［德］伊丽莎白·诺埃勒·诺依：《沉默的螺旋：舆论——我们的社会皮肤》，董璐译，北京大学出版社2013年版。

前，首先会判断和比较别人的意见，如果觉得自己观点与群体意见一致处于“优势”时，就会踊跃地参与到讨论中去；相反，如果发现自身的观点与大多数人不一致或处于“劣势”时，就会产生“被社会孤立的恐惧”心理，使得他们宁愿选择保持沉默。这样一来，就容易造成舆情表达中一方愈来愈强大，另一方却愈越来愈沉默的螺旋式发展过程。

这种现象在涉警舆情中较为常见。即使警察并无过错的舆情事件，也常会引发网民对警方公信力的质疑；对于因警察执法失当而引发的网民强烈反感，自然难以获取网民同情和理解。前者主要源于网民群体庞大，其中普通民众对法律法规并不熟悉精通，部分利益相关者和别有动机者极力主导网上议题，因而引起多数网民跟风，而能代表警方的舆论相形之下显得人少、声小、力微，形成了“沉默的螺旋”。在雷洋事件中，尽管有一些主张尊重事实真相，尊重法律程序的声音，但在昌平警方两次微博发布事件处理进展后，更多网民的直接反应还是质疑警方有意掩盖了真相，对警方存在较强的不信任感。这种呈现一边倒的超量网民声音掩盖了其中相对来说较为理性的声音，催生了一种看不见的风险。

三、当前涉警网络舆情的治理困境

网络的开放性、即时性、虚拟性和匿名性使得传统的信息过滤机制难以发挥很大作用。现实中每个手机移动终端的网民都是舆情信息的生产者、传递者、接受者，在网民指间轻快地复制、粘贴和转载的过程中，大量涉警网络舆情往往能以几何级数扩张弥散，这给作为舆情危机治理主体的公安机关造成了巨大的压力。当然，从警方的角度来说，其面临的治理困境是社会、组织自身和体制机制多种因素的复合叠加。

（一）社会转型期网络话语环境进入浮躁、失序的新状态

中国社会的改革正在步入深水期，伴随着社会各层面体制机制的改革转型，公众的价值观念、伦理道德、思维模式、心理情感也在发生转变。受城市化进程加快、高等教育大众化和网络普及化影响，近年来在网络化语境中成长起来的年轻一代有着超出前人的个性意识和网络能力。一方面他们大多懂电脑

常上网会玩手机，另一方面他们平日面对经济增长放缓、房价高企、就业压力增大、交通堵塞、环境污染、利益分配不公等问题时，尚难以理性、客观、平静地分析看待，因而作为网民的主体成员，他们主导的话语很多带有情绪化、暴力性、非理性化，甚至具有煽动性。

随着全面深化改革的步步推进，一些利益主体在改革进程中受到了影响和触动，在政治或经济上的利益受损使得其在思想上也会产生不满情绪，对政府的牢骚不满甚至怨气，也会通过网络这个宣泄口以网络话语的形式传达出来。“在虚拟网络话语空间中，话语主体可以摆脱现实语境的控制来讲述自己的故事，表达自己的观点。网络身份的虚拟性为话语主体的自由表达降低了风险，提供了便利。”①在这种大的话语背景下，涉警舆情事件必然容易成为多种话语的舆论聚焦场。

这种浮躁、失序的网络话语在当前已经成为一种常态现象，在涉警舆情中常表现出群体极化、暴力化和反权力化倾向。传媒学者詹姆斯·斯托纳提出类似于“沉默的螺旋”的群体极化(Group Polarization)，指的是“团体成员一开始即有某种偏向，在协商后朝偏向的方向继续移动，最后形成极端的观点”。雷洋事件经短期发酵后，在网上很快形成了铺天盖地的质疑警方执法正当性的声音。网络为多元话语权表达提供便利的同时，也滋生了法不责众的心理，理性网民的缺失使得涉警网络舆情中容易出现暴力化话语，警方某些失当的言行很可能引爆舆论，部分非理性网民在虚拟公共场域通过话语暴力、符号暴力进行大肆谩骂抨击、人肉追杀、道德审判，造成网络空间秩序混乱，这些都给现实社会秩序稳定带来了间接冲击。“充满不满情绪的个体就会变成破坏中国社会稳定的‘燃烧物质’，在一定突发事件‘导火索’的作用下，就可能形成破坏性的危机事件。”②

近年来各地公安机关都开通了网上公安微博，以此作为官方的话语主阵

① 赵林栋：《虚拟政治场域中网络话语的失序危机及其化解之道》，载《理论导刊》2014年第3期，第14页。

② 薛澜、张强、钟开斌：《危机管理——转型期中国面临的挑战》，清华大学出版社2003年版，第19页。

地，而在涉警舆情事件中，警方的话语权往往受到反权力话语的挑战。雷洋事件中昌平警方的两次微博发布，都受到网民的围观、怀疑、质疑、追问、指责、批判，这表明在涉警网络舆情中公安机关的话语权威很容易受到挑战，给公安机关的舆情治理带来了巨大压力。

（二）警察队伍执法规范化问题继续存在

涉警网络舆情事件大多数与警察执法关联。公安机关治理涉警网络舆情首先面临的是自身话语有无说服力的问题，实际上就是警察的执法是否存在不当的问题。应当承认当前警察执法的总体水平还不适应全面依法治国的目标要求，与网络时代执法监督公开化、透明化的现实要求，与社会公众的法律意识、权利意识要求还有不小的差距。有些公安机关工作机制与现实脱节，有些基层公安机关内部管理和考评机制松弛，一线警察素质参差不齐，执法过程中常表现出特权意识，方法简单，作风粗暴甚至恃强凌弱，徇私枉法等。在“人人都有麦克风”的自媒体时代，由此产生的涉警网络舆情必然会造成公安机关难以化解的严峻局面。

2016 年 5 月 21 日，深圳宝安两女子逛街途中遇到民警盘查，民警以两人未带身份证为由强制带离，并在警车上与两名女孩发生语言冲突，警察质问谩骂女孩“怀疑你是个男的，你上女厕所干吗?”“今天就是你自己犯贱”“我要把你们跟那些小偷、艾滋病、强盗关到一起去，让你们享受去……”事件视频在微博公开后，宝安警方官方微博瞬间被网友引爆，引起社会广泛关注。宝安分局局长也坦承“大跌眼镜大失所望，满口胡言乱语，连一个公民的形象都不如”。此事件中不排除民警为完成盘查采集任务而进行随意盘查的可能，但民警执法的低素质低水准确实令人担忧，

公安部对警察执法规范化问题早有重视，从 2008 年的“三项建设”到当前的“四项建设”，一直在强调执法规范化。虽然近年来在执法主体规范化，执法行为规范化，执法工作保障规范化，执法工作考核规范化，执法工作监管规范化等方面做了大量工作，但由于警察在执法时并不是孤立的，时常会受到多种不可测因素的影响，仅靠明确的执法行为细则仍难以保证实质的规范化。有学者认为，在执法规范化建设中公安民警之所以存在各种问题，不仅仅是因为

制度不完备，监督不到位等，更重要的是警察群体内心法律信仰缺失的结果。[①] 这种警察群体的法律信仰属于“内功”建设，此困境的破解确非短期可以见效。在甘肃兰州和河南郑州等地出现拍摄警察执法等网络舆情事件之后，公安部于 2016 年 7 月及时举办全国公安机关规范执法视频演示培训会，其目的显然是在短期内解决一些基层警察较为迫切的执法规范化问题。

(三)涉警网络舆情的现有治理机制作用发挥有限

公安机关日常工作重心是承担行政执法和刑事司法的职责，受警力有限和工作超负荷的压力影响，多数公安机关要么没有建立健全的舆情处置机制，缺乏预案机制，要么处置机制多数还停留在自媒体尚未兴起的若干年前的状态。一些地方公安机关已经意识到问题的重要性，并建立了网络安全的相关机构，但人员素质、技术水平在面对诸如微信之类自媒体时还有待完善、强化。

事实上很多涉警网络舆情的治理并非警方能独立处理的，需要政府其他相关部门或其他有关组织机构共同合作，但在现实中公安机关与其他机关以及各类社会组织间缺乏密切的联系和合作机制。长期以来公安机关承担着许多本不该自己承担的事务，承担背负着额外的工作压力和舆情风险。2016 年 3 月贵州省兴仁县一位女子程某苗因和银行发生存款纠纷，被当地警方以扰乱单位秩序治安拘留 18 日，拘留首日夜晚即被急送医院抢救，十多天后不幸死亡。事件引发了搜狐、网易、腾讯等大型门户网站的密切关注，检察机关随之介入调查涉案警察有无渎职行为。[②] 本来一起常见的银行柜台纠纷小事，如果处理妥当根本不需要动用强制手段，然而事态的发展却引发了轰动性的舆情。仅网易新闻显示，该条新闻一天内就有超过 15 万名网民参与讨论，无疑该事件令当地警方形象和公信力受损严重。

警民关系本来应当是治理网络涉警舆情的重要环节，但在自媒体面前，警方除了在官方微博上自说自话以外，很难与网民开展面对面的互动性交流。和

---

① 李富强：《以先进的执法理念指导公安机关执法规范化建设的认识与思考》，载《公安研究》2010 年第 1 期，第 66 页。

② 网易网：《安徽女子被警方拘留后死亡派出所所长被立案侦查》，http：//news.163. com/16/0806/07/BTP5C2RI00014SEH. html. 2016-08-07.

网络上的意见领袖、网络推手及网络水军的影响力比较起来，警方微博、微信公众号之类的影响力比较有限，特别是对于一些案情复杂，涉及法律规定的事件，网络意见领袖主导了话题，而且形式上显得有理有据，难以说服。对此，警方必须要有较高理论水平的专家学者才足以应对，因此建立专家咨询机制已非常迫切。

四、涉警网络舆情治理的改革路径

涉警网络舆情的治理是网络虚拟空间治理工作的重要内容之一。公安工作传统上讲究“打防管控”，突出了自身的武装属性和威权力量，这在维护社会治安秩序和打击刑事犯罪方面是很有成效的做法。随着当代社会的发展，国家治理现代化理念的提出，网络虚拟社会与现实社会一样需要树立治理型思维，依托法治方略，构建新型机制，打造治理合力。

(一)转变思想观念，提高网络治理意识和网络风险意识

“治理”(Governance)概念在20世纪后半期随着新公共管理理论的风行而得到学界和政界的青睐，主要强调“过程”“调和”“多元”“互动”等不同于传统管理的特点。传统上公安管理工作以对社会的“管控”为主，“管控”强调的是公安机关主动式的掌握和控制，要求自身具备足够的力量、能力、权威和信息，并且确保不会引起公众的质疑，执法公信力不会受损。在自媒体发达的网络时代，单纯依靠“管控”手段已经难以为继。“以往的社会管理已经暴露出很多的认识误区和制度缺陷，诸如一刀切、运动式、压制型、填堵式、恩赐性、排斥性、一言堂、功利心……不一而足。”①“治理”是指“政府行政系统作为治理主体，对社会公共事务的治理。就其治理对象和基本内容而言，其包含着政府对于自身、对于市场及对于社会实施的公共管理活动”。② 对于公安机关而言，网络空间涉警舆情的“治理”更强调的是以全局的战略性视域来思考网络

① 唐钧：《社会治理与政社分开》，载《党政研究》2015年第1期，第97-101页。

② 王浦劬：《国家治理、政府治理和社会治理的基本含义及其相互关系辨析》，载《社会学评论》2014年第3期，第14页。

问题，在理念上要理解并尊重当前信息社会的发展规律和网民的正当利益诉求，在实践中既要管理好现实社会，也要管理好网络虚拟空间，还要管理好自身组织和队伍；面对问题，既要治标，也要治本；既要积极跟踪过程，也要注重源头治理；既要善于借鉴经验，也要敢于反思不足。

网络风险意识在当前社会无论如何强调都不为过。从宏观角度来说，网络安全与国家安全、政权稳定息息相关，“网络空间作为陆、海、空、天之后的第五维空间，既是拓展国家战略利益的新领域，也是维护国家战略安全的新疆域，围绕网络空间而展开的激烈斗争已经成为维护国家战略利益和安全的重要方式”。[①] 从个案层面来说，现代社会的风险化特征在涉警网络舆情事件中表现得尤为突出，稍有疏忽就可能引起舆情中蕴含的“风险点”发生“爆燃”。事实上每一次的涉警网络舆情都会对警方的形象和公信力产生长久的影响。因此公安机关上至领导下至每一位基层警察思想中都要时刻绷紧“风险”这根弦。

当然，强调“风险”意识并不意味着一看到有网络涉警舆情就如临大敌、草木皆兵，“人们有时偏好对某种风险进行规制，是因为不知道引起这些风险的行为所带来的补偿性收益。因而对这些行为来说，根本就没有进行成本收益的权衡。人们知道危险，但并没有看到收益。注意，这并不是因为这些行动实际上真的没有收益。而是由于认知上的错觉，一种认识问题”。[②] 因此，面对每一次新出现的舆情，警方需要的是正确的感知、判断、介入和得当处置，需要从舆情中汲取经验教训、推动警务工作及治理策略的进步和发展。

（二）依法治理，着力构建动态化的涉警网络舆情机制

网络舆情是公众监督的重要渠道，但网络也不能成为法外之地。网络舆情治理既要符合社会发展的潮流，符合公众的利益，同时也要通过有效治理规避其带来的负效应。舆情治理的基本逻辑就是要“通过主动干预网络舆情，防范

---

① 郭若冰、陈肖龙：《国家网络空间治理面临的基本形势》，载《中国信息安全》2013年第9期，第44页。

② ［美］凯斯·R. 孙斯坦：《风险与理性——安全、法律及环境》，中国政法大学出版社2005年版，第50页。

集体行动的发生，进而消除威胁现实社会稳定的隐患”。① 依法治理涉警网络舆情，就是要严格按照法律规定进行治理，不是简单地封堵了事，而是要在法律的框架内，促其处在有章有序、可控可化解状态。

鉴于涉警网络舆情容易衍生出网络谣言、网络暴力，造成网络恐慌，甚至会危及现实社会稳定，因之必须高度重视法治手段的运用。有学者提出可以借鉴美国、法国、俄罗斯等国的做法，将网络归类到传统大众传媒的管理之列，也可以效仿新加坡、韩国等国，逐步建立起专门的法律法规体系，辅以《刑法》《反恐怖主义法》的威慑效力，以打击网络谣言、网络恐怖主义等违法犯罪行为；要在相关网络传媒法律中规定网络舆情的原则、内容、程序、法律责任、救济措施、负责部门，消除现有法律法规中的立法冲突与空白，提高法律适用性与配合度，划清管理部门的职责界限，增强网络舆情规制的执行力。② 从当前的紧迫性来说，笔者认为要抓紧时间推进实名上网、内容审查和媒体自律的立法工作，在有法可依的基础上才能谈对涉警网络舆情进行善导、善管、善治。

当前公安机关的现有应对机制需要及时跟进、完善，其目标是建立动态化的、能适应自媒体时代特点的舆情治理机制。这种机制一方面要求有常规化的分级预案，预案包括监测发现、评估介入、处置善后等流程，另一方面要求不断总结经验教训，加强研判，动态化调整治理规程和治理措施。每起舆情都有具体的特点，要精准地消除舆情发生的可能触点、燃点，化危为机，就不能持有教条的思路和方法。治理涉警网络舆情的重要措施是主导舆情的话语权，介入舆情中的重要议题，说服舆情中有影响的意见领袖。

尽管各地公安机关建立了网络安全部门，但在话语权的引导和掌控方面，目前还没有相应的机制来发挥作用。另外，近年来大数据技术不断发展和成熟，相关机制建设中要考虑以大数据技术为重要的支撑。大数据分析在于“通

① 张权：《网络舆情治理象限：由总体目标到参照标准》，载《武汉大学学报》(哲学社会科学版)2019 年第 2 期，第 175-183 页。

② 陈媛、古丽阿扎提·吐尔逊：《论网络舆情法律规制的国外经验及其启示》，载《情报理论与实践》2016 年第 2 期，第 44 页。

过交叉复现，直抵事实的真相”，“交叉复现”为传统治理带来了新的思路，使信息传递更趋扁平化，更趋准确和全面，有利于提升科学决策的水平和精准度。目前很多公安机关成立有网络安全部门，相关人员要充分利用大数据技术做到实时监控，及时发现，研判精准，处置有力有效。

(三)积极主动，注重合作，努力形成涉警舆情治理的合力

习近平总书记在2018年的全国宣传思想工作会议上提出“必须科学认识网络传播规律，提高用网治网水平，使互联网这个最大变量变成事业发展的最大增量”。涉警网络舆情的治理是一项系统性的工作，对于警方来说，治理关口需要前移到舆情未发生状态，即要通过积极主动地做好警务工作，展示良好的自身形象，赢得公众的公信力。风起于青蘋之末，打铁还须自身硬，提升队伍的总体素质，努力实现执法规范化，加强内部的考评和监督机制等，都是很好的防患于未然之举措。

很多事例表明，当涉警网络舆情发生后，如果警方积极主动，治理得当，引导得法，常常能使坏事变好事，变减分为加分，能进一步提升警方形象，提高公众的安全感。深圳宝安警方在相关舆情出现之后，公安机关督查部门及时进行调查，分局领导和当事民警向当事人诚恳道歉，获得了当事人谅解和网民的肯定。反之，如果被动应对，则会手忙脚乱，令人心生疑虑，留下隐患，2008年的瓮安事件和2009年的石首事件几乎使瓮安县城、石首市陷入混乱瘫痪状态，教训深刻，足以为戒。

在高等教育大众化的时代背景下，我国网民正呈年轻化和高学历化趋势，网民的公共话语总体上也愈加成熟和个性化，网民对公共事件的知情权和表达权的诉求更为强烈，新媒体事件所带来的社会影响也将进一步彰显。在社会转型过程中，面对不断发生的新媒体事件，政府、媒体、公民如何利用网络平台构建一个和谐、理性、民主的共生关系，从而推进当下中国新媒体文化和政治文明的良性发展，是学术研究必须面对的一个重要“议程”。① 作为系统性的治

① 蒋建国：《新媒体事件：话语权重构与公共治理的转型》，载《国际新闻界》2009年第2期，第91-94页。

理工程，公安机关在涉警舆情的治理方面要想实现善治善引的良性循环，需要积极发挥政府相关部门、传统媒体、社会组织、有关机构、专家学者等方面的力量。

当代一些西方学者提出了“多中心治理”的社会治理范式，英国哲学家迈克尔·波兰尼(Michael Polanyi)、美国公共管理学家埃莉诺·奥斯特罗姆(Elinor Ostrom)等认为，在日益开放和活跃的现代社会中，任何单一的治理机制都难以独自完成善治或者良治的目标，即使是强大的政府也会力不从心，因此政府必须接受社会的配合，积极寻求来自社会组织各方面的合作。

“警力有限，民力无穷”，公安机关平时就要有目的，有计划地与相关单位进行沟通协商，建立常态化的合作协商、交流反馈机制。“由于具体舆情事件本身的性质、属性及其背后的结构特征迥异，政府和社会力量介入舆情治理的强度必然存在些许差异。政府公权力的力量何以介入，强制性干预还是合作式协商，取决于舆情的生成情境和背后的社会结构。”①当前我国公安院校发展迅速，各公安高校大多建有警务理论研究机构，拥有一批专家学者可供理论咨询，公安机关应当将其纳入舆情治理的智库，充分发挥专家的智力作用。网民中也有很多期待警方工作能够改进的意见领袖，只要公安机关以反思自省、平等真诚之心对待，主动沟通交流，是可以把他们纳入舆情引导的共同体中，最终形成舆情治理的多重合力。

第二节　风险社会视域下网络涉警舆情的机制建设

本节提要：网络涉警舆情是一种人为的传播风险，这种传播风险一方面影响公众对自身安全的担忧，另一方面也干预警方的警务工作。从风险社会视角看，“打错门”等网络涉警舆情事件的热化传播不仅显示出公众对警察暴力执法、执法不公的安全风险担忧，也给警

① 唐远清、吴雷：《舆情治理：制度逻辑与行动策略》，载《学术界》2021年第1期，第69-77页。

方带来了警务工作如何面对网络传播风险的新命题。警方的信任危机与公众对自身安全感受损的风险意识密切相关。建立在现代性社会机制基础上的现代警务一方面促进了社会公共安全，另一方面也通过互联网络生成新的风险，而且这种新风险具有从未有过的新型特征，亟待研究和防范。我们每一个人都生活在现代社会的风险环境之中，从风险社会角度权衡利弊得失，对于网络涉警舆情，我们既要正视、肯定，发挥其影响力量，而对于其潜在的弊端与负性因素，也应引起重视。未来应更加追求在民主协商、民意主导、公众参与的机制下实现舆情表达与警务建设的良性互动。

一、网络传播风险：警务工作面临的新命题

网络涉警舆情与警务执法形象密切相关，在网络媒体盛行的时代，警察执法无时无刻不在媒体的聚光灯下。2010 年 6 月 23 日，湖北省一副厅级官员 58 岁的妻子陈某在省委办事时，遭到公安分局 6 名警察的殴打。7 月 18 日，“江西论坛”网站首先出现署名“郑义”的网帖《省政法委领导的妻子在省委门口遭暴打》，帖文中引用武昌区公安分局政委的话“纯属误会，没想到打了这么大的领导夫人”。7 月 19 日，大旗网出现图文并茂的《惊爆！湖北省委门口领导家属被便衣误作信访对象暴打》的网文，并出现《警察打人，称“打错了”》的博客网帖。此后 2 日内，新浪、搜狐、网易、凤凰网、腾讯网、人民网、天涯、猫扑等网络论坛出现铺天盖地的警察“打错门”事件信息与网民评论。7 月 20 日，百度创立“打错门”贴吧，首份帖子以图片形式呈现国内一家网站近两万名的网民心情，其中表达“愤怒”心情的超过 70%。7 月 21 日，百度百科收入“打错门”词条，词条下列“基本资料、事件经过、全程记录、记者调查及网友评价”等目录，并且该词条更新一直持续至当年年底。

传统媒体也自 7 月 20 日起大量跟进报道，《南方都市报》《信息时报》《羊城晚报》《扬子晚报》《钱江晚报》等众多媒体连篇追问警察到底“错在哪里?”并配以大量图片和漫画。《钱江晚报》发表特约评论员文章《警察打错人，给的理

由太魔幻》，《南方都市报》发表评论《超越个案才能防止更多“打错门”》，《人民日报》23 日刊登《湖北“打错门”错在暴力维稳》的读者评论。《扬子晚报》21 日、22 日连续发表《九问湖北“打错官妻门”》和《“打错官妻门”私了就能关上?》的文章。

由于现代报纸媒体均有网络电子版，上述信息同期在网络上大量传播转贴，引起成千上万网民的跟帖和评论。网民纷纷以“太搞”“很魔幻”“生活比小说更有想象力”等话语发表评论。针对这起“打错门”事件，武汉警方对当事民警进行了处分，并追究相关领导责任。湖北省委和公安厅提出“确保公正、文明、规范、廉洁执法，坚决杜绝此类事件的发生”的纪律要求。至此，湖北警察“打错门”事件从一开始零星浮出水面，最终成为继 2009 年湖北“邓玉娇案”之后的 2010 年度网络涉警舆情的重要标志性事件。

事实上，类似的“打错门”事件近年来在我国网络舆情传播中频繁出现，影响很大的就有浙江乐清“钱云会”案、云南晋宁“躲猫猫”案、上海杨佳刺警案、哈尔滨 6 警察打死大学生案、贵州瓮安“6·28”案等。上述事件均经网络媒体得到快速传播，影响广泛，显示了网络媒体在涉警舆情传播中的巨大推动力量，而且传统媒体的声音在事件进程中也借助网络得到了成倍放大，二者之间相互激发，推波助澜，短时间内形成热点性舆情。在“打错门”等事件中，由于警方对初始舆情响应迟缓，直至成为网络热点舆情之后才引起重视，但大多数始终没有正式的网络发言人直面公众，在众多媒体和网民的各方面连续性追问之下，警方最终遭受到严重的信任危机，个别事件甚至引发严重社会后果。

从风险社会视角看，“打错门”等事件的舆情热化不仅显示出公众对警察暴力执法、执法不公的安全风险担忧，也给警方带来了警务工作如何面对网络传播风险的新命题。警方的信任危机与公众对自身安全感受损的风险意识密切相关。建立在现代性社会机制基础上的现代警务一方面促进了社会公共安全，另一方面也通过互联网络生成新的风险，而且这种新风险具有从未有过的新型特征，亟待研究和防范。

二、强化风险社会意识，重视网络涉警舆情的潜在风险

在现代知识、科技和产业的驱动下，人类社会已经从历史上的单一化、线性化的发展形态快速向多元化、非线性的社会发展形态演进。电子技术和互联网的兴盛使得当代社会具有更加宽泛的解读维度。当代社会时常被解读为知识社会、信息社会、网络社会、消费社会等。德国著名社会学家乌尔里希·贝克于1986年首次提出风险社会理论，指出现代社会分为古典工业社会与现代风险社会两大形态。在其代表作《风险社会》和《世界风险社会》中，贝克运用反思性论述，极富预见性地勾勒出现代风险社会与古典工业社会的不同图景。他敏锐地意识到当代社会正经历着一场根本性的变化，由此形成新的社会发展形态并称之为风险社会。

根据贝克的理论，风险社会不是某个具体社会和国家发展的历史阶段，而是对目前人类所处时代特征的形象描绘。当代社会提供了传统社会无法想象的各种物质便利，但也创造出众多新生危险源，导致风险日益扩散。现代社会越来越多地面临各种人为风险，从电子病毒、核辐射到交通事故，从转基因食品、环境污染到犯罪率攀升等，当代社会已经身不由己地突变为风险社会。①

风险社会理论已经成为当下观察和反思包括警务变革、舆情传播等在内的社会公共行为的重要途径。从世界警务变革的发展来看，早在20世纪70年代后期，欧美各国的“新警察模式改革”就已经意识到社会风险对警务工作的影响，“新警察模式改革”除了在警察装备、管理体制等方面变革以外，更为明显的特征有：一是在警务风格方面，从单一的被动警务转向重视主动提前警务，强调唤起社会与公众的参与。二是在衡量标准上，从单纯重视犯罪率与破案率到多种指标综合评估，既重视警察部门自己的统计，也重视社会的反应。评价指标有：被害人调查、安全感调查、公众对警察的满意程度调查、对警察工作的重点评价调查以及警民关系调查等。三是在力量的主体认识上，从以警

① ［德］乌尔里希·贝克：《世界风险社会》，吴英姿、孙淑敏译，南京大学出版社2004年版，第102页。

察为主体到以社会为主体，逐步认识到只有通过整个社会才能减少犯罪。公众参与、安全感评估、社会主体等观念的提出蕴含有应对风险社会的积极因素，有助于警务工作适应社会风险的持续增加。

随着全球一体化的发展以及公众的高期待值出现，当前世界范围内正在酝酿新一轮警务变革，本次警务的变革主要走向，一是警察内部运用企业化管理模式规划警务，进一步增强成本观念和绩效评估；二是利用市场和社会力量推行警务的社会化。从风险社会视角来看，本次警务变革进一步显示警方从内部和外部两方面化解公众舆情压力和社会责任风险的努力。

进入20世纪以来，在互联网的带动下，我国社会的风险特征愈加突出，如2003年的“SARS病毒”蔓延曾引起我国社会民众巨大的风险恐慌，2011年日本强震后的核辐射信息引起国内多地食盐抢购潮。网络涉警舆情近年来也呈现出风险化发展趋势，如2008年“贵州瓮安事件”中网络舆论对当地警方的“俯卧撑”发言表现出诸多质疑。2009年，云南一男子在看守所“重度颅脑损伤”身亡，当地警方调查结果称死者系“躲猫猫”致死，由此引发网民大规模质疑。

“打错门”事件从最初的一个论坛发帖开始，经一两次转载后就引起网民比较激烈的讨论，最终演变为对警方打人动机和工作机制的信任危机。人们从警方的“打错了”的表态中，更加担心警方“打对了”的执法方法和思维惯性。尽管大多数人与警察产生冲突的风险概率并不很高，但现代社会的风险本身具有非直接性和平等性。所谓“非直接性”，指现代风险不再是人们通过感官可以直接感受到的直接风险，而是潜在的、建构出来的风险。所谓“平等性”，指现代风险的分配以一种整体的、平等的方式损害着每一个人。由于当地警方和政府对事件本身长时间未全程公开，导致网上出现各种传言。一些文化人士以个人名义发表言论，表达他们的忧虑，如一位教授发表网文《警察误打厅官太太的看点在哪》。这样的言论已经超越对警方工作本身的质疑，引起人们关注风险构成的思维机制。

可以说，贝克、吉登斯等人提出风险社会理论，旨在反思和正视现代社会带来的社会风险，警务变革的趋势也表明必须适应风险社会的发展。在当前信息传播无比极速化之时，我国警务改革必须转换思维观念，反思存在的不足，必须树立风险意识并及时将网络涉警舆情置于风险社会视域下检视。

三、发挥警方网络发言人的“把关人”功能

上文分析表明，网络涉警舆情既是风险社会的一种表征，同时也带来公众安全心理和警方信任风险，已成为网络时代的一种重要风险来源。当前，风险社会已成为人类共同的境遇性特征，对当代风险的“诊断”和“治疗”已成为当前亟待解决的重要课题。由于涉警网络舆情能导致社会风险和警务风险，对其“诊断”和“治疗”具有现实价值。

贝克认为，关于风险的判断和认知是一种带有很强主观性的反思性判断，风险是现代社会里人为建构的产物，通过知识的因果推理和专家论证逐步确立起来的。因此，“不同风险文化中的不同的判断主体，甚至同一种风险文化中的不同判断主体，对同一种危险和风险进行反思后所作出的判断，无论从其判断方式还是从其判断结果上看，都往往呈现出很大的差异”。[①] 关注风险如何在特定的风险文化背景中被建构出来的斯科特·拉什认为，与其说当代人生活在一个真实的风险社会之中，不如说是生活在一种不断被建构的风险文化之中。[②] 因此，对于特定的组织、群体和个人而言，通过一定的建构方式应该可以达到对网络传播中相关风险的把握、引导和控制。在意识到风险社会的上述特征时，笔者认为，警方当下最先考虑的是，及时建立健全网络发言人制度，通过网络发言人对涉警舆情进行理性疏导，从而降低涉警舆情可能带来的风险。

美国社会传播学家卢因在《群体生活的渠道》(1947 年)一文中提出“把关人”(Gatekeeper)理论，他指出：“信息总是沿着含有门区的某些渠道流动，在那里，或是根据公正无私的规定，或是根据‘守门人’的个人意见，对信息或

① ［德］乌尔里希·贝克：《风险社会》，张文杰、何博闻译，译林出版社 2004 年版，第 115 页。

② Mary Douglass and Aron Wildavsky: *Risk and Culture*. Berkeley University of California Press, 1982: 160.

商品是否被允许进入渠道或继续在渠道里流动做出决定。”“信息传播网络中布满了把关人。”他认为，在群体传播过程式中，存在着一些“把关人”，只有符合群体规范或把关人价值标准的信息内容才能进入传播的渠道。20世纪50年代传播学者怀特将这一概念引入新闻传播，认为传媒组织成为实际中的“把关人”，由他们对新闻信息进行取舍，决定哪些信息最后能传达到受众那里。在互联网时代，以前单一的组织型“把关人”显然已经不存在，但从涉警舆情的网络传播途径来看，来自警方内部的声音往往起着推动舆情或发生转向的作用。云南晋宁的“躲猫猫”事件成为舆情热点，在很大程度上缘于警方发言缺乏“风险意识”。湖北“打错门”事件在发生后，面对媒体和公众的追问，警方缺乏积极回应。相反，警方声称“打错了”的声音被网络放大，成为这一事件的内涵标识。

警方建立网络发言人旨在以正确积极的对话促进网络涉警舆情的良态化发展，网络发言人是警方传统新闻发言人制度在互联网空间的延伸和拓展。网络发言人一般应由警方领导担任，代表警方发言。警方领导主动上网与网民互动交流是一种“亲民”行为，这种基于平等性、公开性、公正性的互动行为对于网民情绪的稳定能起到积极作用，为网络涉警舆情的进一步引导提供了可能。实践中，大多数网民对此类行为也持非常正面的评价态度。网络发言人的工作流程主要包括网络信息的收集、整理、汇报、交办、回馈，其形式主要是通过发帖、跟帖的形式对网民发布的帖子进行跟踪回复，旨在通过网络，及时、准确地发布权威信息。

网络发言人除了要拥有广博的知识修养，掌握网络语言的技巧以外，特别要求具有风险分析意识和能力。鉴于当前网民对涉警事项的高度敏感和高度关注，警方网络发言人应尽量做到在线回复，发言人要对网上的帖子时刻保持着舆情风险的敏感性，及时地做出反应并提出应对举措。

四、建立警务协商机制，实现舆情表达与警务建设的良性互动

从更深的警务机制建设来说，网络涉警舆情引导及风险化解更需要置于现代警务建设的视域下思考。作为信息传播、人际沟通的现代传播工具，网络不

仅带来了个体、群体与组织之间的密切联系，同时也形成复杂多样的新的社会关系。随着信息技术的发展，互联网正成为人类日常生活的重要组成部分，每个人都浸染其中，习以为常。从积极方面来看，网络建构了新型社会形态，而从负面角度来看，由于人们信息获取的无秩序性和庞杂性，网络对传统社会纽带进行大规模冲击，对各种先前稳固的社会关系构成了消解，也很容易产生系列风险。鲍德里亚指出，现代社会的真实已消失在符码中，资讯传输所生产的超真实已取代原有真实实在。因此，社会现实内真实的意义内爆，丧失了其原有社会意义的解释与功能。① 从整体上看，由于网络的出现，当代各国政府和从前相比，都处于一个更加不稳定的状态，网络舆情更加放大了这种状态的复杂性、不可知性和不可控制性。

20 世纪 80 年代以来，随着传统官僚体制的失效以及全球化、信息化、网络化的推动，许多西方国家相继掀起了“政府再造”运动。传统政府组织结构的僵化和效率低下，官僚体制中存在的墨守成规、反应迟缓、繁文缛节、不负责任、滥用权力、腐败以及组织文化的沉滞呆板等，已明显不适应迅速变化的社会。人们对政府管理和官僚体制的不满或敌视，在网络社会中通过网络舆情传播得到进一步延伸和放大。武汉警方“打错门”事件、上海“杨佳刺警案”、云南“躲猫猫”等事件的网络传播正是公众对政府及警方不满的集中体现。西方国家近些年相继展开公共行政改革，以改善政府与公众的关系，增强政府合法性，重塑政府的威信。这场深刻的变革应该给我国当前的行政体制改革，包括现代警务改革带来深刻启示——应当及时思考建立警务协商机制，实现涉警舆情的引导与风险分解。

警务协商首先意味着在服务型政府的理念框架下进行警务改革，关于“服务型政府”，国家行政学院刘熙瑞教授定义为，“在公民本位、社会本位理念的指导下，在整个社会民主秩序的框架下，通过法定程序、按照公民意志组建

---

① Baudrillard: *Simulation*, *Semiotext*. Columbia University Press, 1983: 5.

起来，以为公民服务为宗旨，实现着服务职能”。① 这里，公民意志成为政府和警务工作的出发点和落脚点。从警方角度来看，民意主导警务已成为当下警务改革和发展的新趋势。2010 年 10 月，浙江省湖州市公安局开设“警务广场”“警务 E 广场”是实现警务协商的有益尝试。据报道，湖州的“警务广场”是一个原生态、多元化的警民沟通平台，一个制度化、无阻碍的警民合作平台，一个民意主导警务的新创举。警方利用广场、街头、公园、企业等场所，不拘形式，不限对象，不定内容，与群众面对面交流座谈，搭建了一个与基层民众直接沟通互动的平台，在疏导群众情绪、密切警民关系、促进社会稳定上取得了显著效果，同时，警方还开通了网上“警务 E 广场”。湖州警方对网络涉警舆情的有效引导，表明警方对公众行使知情权、参与权、表达权、监督权的尊重，同时也是基于对当代大众的民主意识、风险意识的清醒认知。因此，警务协商机制是“服务型政府”建设和现代警务适应网络社会的必然走向。

从当前现实情况来看，在建立警务协商机制的同时，需要考虑建立公众参与警务的有效机制。公众的有效参与对于化解公众的风险感知以及警方的责任风险都具有重要意义。公众参与警务机制的建立需要通过多种措施来实现。

第一，要努力养成公众主动参与警务的意识，即通过广泛教育和宣传积极培养公众参与的主动性，通过发掘公众内在需求，让其认识到参与警务的益处。同时，警方也要转变观念，把公众参与警务作为具体措施纳入到自身工作运行过程中。

第二，要建立确保公众参与警务的运行机制，尤其应让受影响的公众全过程地参与到警务工作过程中。如果公众代表对警方某些具体决策、规划等有质疑时，则有权提请暂缓实施并重新形成新的计划。

第三，要建立公众参与执法质量考评的机制，可由警方、专家、第三方组织和公众代表共同组成评估团体，建立科学合理的评价体系，评估结果对外公布并反馈给参与公众，从而不断改善公众参与警务的方式。

---

① 李纯：《政府再造工程：建设服务型政府——访国家行政学院刘熙瑞教授》，载《中国青年》2006 年第 1 期，第 19 页。

总之，如同现代社会具有风险社会的特征一样，网络涉警舆情也是一种人为的传播风险，这种传播风险一方面影响公众对自身安全的担忧，另一方面也干预警方的警务工作。客观地看，网络涉警舆情的正常表达对约束警察依法执法具有积极意义，对警方反思警务工作、建设积极警务机制具有正面价值。我们每一个人都生活在现代社会的风险环境之中，从风险社会角度权衡利弊得失，对于网络涉警舆情，我们既要正视、肯定，发挥其影响力量，而对于其潜在的弊端与负性因素，也应引起重视。未来应更加追求在民主协商、民意主导、公众参与的机制下实现舆情表达与警务建设的良性互动。

第三章 社会治安治理的现实策略论

第一节 我国基层社区的公共卫生安全风险与治理策略

本节提要：风险社会的来临对我们社会风险治理能力提出了挑战。突发公共卫生事件对社会生活造成了系统性的冲击，构成了严峻的公共卫生安全风险。基层社区在公共卫生安全的风险治理中发挥着不可替代的作用。在新冠疫情的危机应对中，我国基层社区的公共卫生安全治理能力得到了较好的检验，但同时仍存在公共卫生安全的风险意识不足、公共卫生管理和服务能力总体上较弱、多元主体协同参与欠缺、公共卫生安全的风险应对机制不健全以及现代科技运用和智能化水平较低的问题。未来基层社区需要进一步提升公共卫生安全风险观念，强化法治思维和法治方式，优化应对机制和管理及服务措施，努力打造社区公共卫生安全治理的共同体，不断提高运用信息化手段的水平，以实现公共卫生安全风险治理能力的综合化提升。

科技进步与现代工业的巨大进步，推动了现代社会各领域的飞速发展，在人类对自然的征服进程中，自然也给人类设下了各类“风险陷阱”。21 世纪以来，突发性公共卫生危机事件多发趋势明显，引起全球性关注的公共卫生事件就有 2003 年的严重急性呼吸综合征(SARS)、2009 年的甲型 H1N1 流感、2020 年的新冠肺炎疫情(COVID-19)等。这些公共卫生事件对各个国家和地区的社会生活造成了系统性冲击，形成了严峻的公共卫生安全风险，对当地的公共卫生应急管理机制和社会治理构成了巨大挑战。

我国在应对新冠肺炎疫情方面积累了许多卓有成效的实践经验，但公共卫生安全这一现代社会的伴生风险仍然挥之不去。近年来，社区在突发公共事件应对和危机治理方面的功能作用在全球范围内得到了前所未有的关注。我国《突发公共卫生事件应急条例》第40条对基层社区组织在传染病暴发流行时的职责进行了明确的规定："街道、乡镇以及居民委员会、村民委员会应当组织力量，团结协作，群防群治。"2020年1月24日国务院发出《关于加强新型冠状病毒感染的肺炎疫情社区防控的通知》，明确社区作为疫情防控和公共卫生安全的主要阵地。2020年6月1日起施行的《基本医疗卫生与健康促进法》规定了国家在传染病防控时的治理原则与路径。

目前新冠肺炎仍在全世界大规模蔓延。本次疫情是对我国践行总体国家安全观，推进国家治理体系和治理能力现代化的一次全方位的检验和考验。基层社区处于公共卫生安全风险的最前线，进一步研究基层社区公共卫生安全风险的防范、应对和治理路径，在当下具有相当重要的现实意义。

一、问题的提出：现代社会面临的公共卫生安全风险

国家安全是我国现代化建设的大事。为推进国家治理体系和治理能力现代化，实现国家长治久安，我们党根据社会发展的实际情况，提出了总体国家安全观。总体国家安全观强调国家安全是一个整体体系，这一体系包括内外部安全、国土国民安全、政治军事经济文化社会安全、科技信息和生态资源安全、传统安全和非传统安全等。公共卫生安全关系人民的生命安全和身体健康，突发公共卫生事件对社会经济生产和生活秩序构成严重冲击。因此，公共卫生安全是现代社会中必须高度重视的安全对象，需要深入分析其内在机理。

(一)风险社会视角下的公共卫生安全风险

德国社会学家乌尔利希·贝克在20世纪80年代提出风险社会(risk society)的概念和理论，认为与传统社会相比，现代社会一个重要特征就是"风

险"无处不在。① 随着现代科学和技术的进步，现代社会在生产力快速发展的同时，也潜藏各类风险和隐患。从风险的类型来看，大致可以分为自然生成和人类社会活动生成两大类型。前者如 2004 年的印尼海啸、2005 年美国东部的卡特琳娜飓风、2008 年中国四川的汶川地区地震等，另外还存在一些超出人们感知或认识能力范围的自然因素风险，如放射性矿物、食物毒素等。后者是现代社会在发展进程中由于人类自身因素而直接导致的具有社会性和文化性的风险，如工业雾霾事件、化工厂泄漏事故、核电站事故等。由于现代技术的力量日趋强大，这一类风险形成的威胁也越发具有破坏力。

此外，现代社会中"人们创造了各种满足自身需求的制度和规范性框架，但制度本身也会因运转失灵而形成'制度化'风险"。② 这种风险实质上是人类的组织机构和决策行为不够合理而带来的风险，并且会隐性藏于自然风险与社会风险的应对过程。一些公共卫生安全事件在短时间内难以追溯其自然性或社会性的源头起因，但其中应对的制度化风险则是各级政府和机构应当预测和尽量规避的。

（二）基层社区应对公共卫生安全风险的研究现状

基层社区的概念主要有三种界定：一是从其功能定位上界定，即认为社区是由有着共同利益关系和共同目标的人群组成的社会共同体。二是从其地理空间上界定，即认为社区是某一地域空间范围内的人群共同体。三是从组织形态上进行界定，即社区组织（community organization），即被纳入政府管理架构中的基层组织。尽管不同的界定各有侧重，但其基本属性仍是作为社会基层的共同体单元，是应对公共卫生安全的直接主体和基础环节。在此次新冠疫情的危机治理中，我国基层社区的重要性得到高度认同，学界也高度关注如何提高基层社区的公共卫生安全治理能力以应对风险。

① 薛晓源、刘国良：《全球风险世界：现在与未来——德国著名社会学家、风险社会理论创始人乌尔里希·贝克教授访谈录》，载《马克思主义与现实》2005 年第 1 期，第 44-55 页。

② 陈家刚：《疫情危机治理与风险社会反思》，载《学习与探索》2020 年第 4 期，第 35-42 页。

一是研究公共卫生安全的风险特征，强调从治理思维转变上及时跟进。如陈家刚认为公共卫生安全具有风险的不确定性、平等性和全球性特征，风险管理要努力避免信任危机。风险治理不仅是关于风险的治理举措，还是治理思维和行动逻辑，其目的是找到解决风险问题的预防之道、可持续之道、长久之道。① 刘涛提出当前已经不可阻挡地进入了后新冠疫情时代，公共卫生领域的科技创新将重构全球政治、文化、技术生态，因而要推动新的风险文化生成。②

二是对基层社区的风险应对能力的关注。朱华桂提出“社区是社会组织‘金字塔’的奠基层，是社会、政府、个人联系的纽带”，因而要着力增强社区的抗逆能力，通过加强资源储备、完善社区运行机制等途径提高社区的自保自救能力和风险管理水平。③ 秦红岭提出增强社区韧性是应对公共卫生安全风险与的重要路径，应“重新认识社区韧性资源要素，有效发挥制度及组织环境优势，促进社区提升应对公共卫生危机的社会资本”，提出要加强社区韧性空间设计与社区空间治理有机结合，从公共卫生安全角度推动社区空间更新。④

三是从优化应对机制层面的研究。李雪琴提出基层社区在突发事件防范与应对中有独特的角色定位，应编织以科学技术为支撑的网状预警体系，打造以体制建设为主导的一站式应急体系，构建以群防群控为基础的联动体系。⑤ 胡业勋、王彦博从权力配置和多元主体共治角度提出，在突发公共卫生事件中，需要立足于权力冲突的内在机理，着眼于权力平衡要素，从机理更新、模式创

① 陈家刚：《疫情危机治理与风险社会反思》，载《学习与探索》2020年第4期，第35-42页。

② 刘涛：《从生产逻辑到生成范式：后新冠疫情时代的风险文化及其批评转向》，载《新闻界》2020年第6期，第28-38页。

③ 朱华桂：《论风险社会中的社区抗逆力问题》，载《南京大学学报》（哲学·人文科学·社会科学版）2012年第5期，第47-53页。

④ 秦红岭：《增强社区韧性应对公共卫生危机》，载《城乡建设》2020年第19期，第12-15页。

⑤ 李雪琴：《基层社区在突发事件防范与应对中的角色定位及能力建设研究》，载《理论月刊》2020年第7期，第127-132页。

新、结构延展以及导向过渡四个维度加以探索。① 这些研究层面不同，各有侧重，有助于提升基层社区的综合治理能力。

二、我国基层社区应对公共卫生安全风险的若干问题

基层社区在应对本次新冠肺炎疫情中发挥了重要作用。总体说来，大部分城市社区组织的抗击活力得到了激发，社区的风险应对能力得到了锻炼，社区常态化治理效能在应急治理进程中得到了较好的检验。“只有坚持不断地创新发展，将优秀经验的精髓融入到治国理政的理论与实际之中，促进优秀经验在理论与实践中的共同升华，才能使得经验历久弥新、长盛不衰。”②不过，在看到成绩的同时，也要关注基层社区在应对公共卫生安全风险时存在的一些突出问题。

（一）公共卫生安全的风险意识不足

吉登斯认为现代社会由于自身的复杂性，必然产生风险并与风险长期伴生。生活在现代社会就意味着必须具备相当的风险意识。公共卫生安全一旦实际发生，就会对社区核心价值或生活维持系统产生威胁，如安全、福祉、健康、整合、公平等都会变得不稳定。我国政府机构和卫生健康系统在面临公共卫生风险时，会按照《国家突发公共卫生事件应急预案》进行应急响应，而处于公共卫生安全应对的重要基层行动主体——社区，往往在感知认识上要落后于社会大众。其对公共卫生安全的风险感知一般首先来源于公共卫生专业机构，如疫情防控部门、医疗机构等。基层社区在日常工作状态下，公共卫生安全一般都没有被纳入重要治理内容，平时难以识别公共卫生安全风险并主动采取适当的应对措施。而且，社区的组织者和工作人员平时缺少公共卫生安全的知识学习和应对训练，其信息来源主要依靠上级地方组织和网络媒介，而网络媒体特别是一些自媒体在突发公共事件之后通常混乱无序，并伴生传播大量真

① 胡业勋、王彦博：《突发公共卫生事件社会共治路径构建——以公私权力冲突为视角》，载《北京行政学院学报》2020 年第 3 期，第 37-45 页。

② 王锋：《“枫桥经验”对加快建设创新型国家的启示》，载《湖北警官学院学报》2020 年第 1 期，第 126-132 页。

假难辨的信息。新媒体工具让各类谣言有了更快传播的平台，由此可能带来地方政府、基层社区与当地民众间的信息不对称，进而引发民众对基层社区产生信任危机。

（二）基层社区的公共卫生管理和服务能力总体上较弱

基层社区以及社区的医疗卫生机构是公共卫生安全和健康服务体系的网底，对做好类似新冠肺炎疫情的社区防控及关口前移工作具有重要作用。在重大疫情期间，社区需要根据突发公共卫生事件的响应机制，严格落实国家的传染病管理要求，实行严格的科学防控措施。在应对公共卫生安全事件中，需要承担诸如外来人员的健康筛查和重点人员健康监测、对密切接触者进行调查管理、家庭终末消毒及集中隔离转运等工作，同时还要承担公共卫生产品供给、矛盾纠纷调解、信息宣传发布、民生需求调研、困难群众帮扶、志愿服务活动等组织管理和公共服务工作。事实上这些工作千头万绪，而居民本身又存在高质量、均等化、公平化和个性化的服务要求，很多社区的组织管理和服务能力短时间内难以迅速提升。

目前我国基层社区工作普遍存在人手不足的问题。如武汉市硚口区韩家墩街道的公安社区，一个有 7000 多名居民的社区工作人员仅 12 人，仅在疫情期间承担大量人员往来摸排工作就力不从心。此外，根据访谈，社区与居区居民的常态化联系不畅，相当比例的居民从未去过社区服务中心，甚至不知道社区服务中心的地址，平时接受的社区服务主要是信息采集、宣传资料接收等。如何创新服务供给方式，提升社区的公共卫生管理和服务能力，是当前社区工作需要直面的现实问题。

（三）多元主体协同参与欠缺

近年来随着我国经济转型、社会转轨和城镇化的迅速发展，城镇社区具有人口流动性强、人员构成复杂多样的特点。城市社区也由传统的熟人社会向陌生人社会转变。因此，社会治理模式也需要及时跟进调整。① 社区治理的主体

---

① 魏嘉珩、李辉：《新时代公安品牌的建设与发展路径研究——以“漳州 110”品牌建设为例》，载《湖北警官学院学报》2020 年第 1 期，第 133-140 页。

应当多元构成，包括居委会、社区党组织、社区民警、驻区单位、物业部门、业委会、志愿组织等重要力量。“但对于它们各自的角色定位，传统的社区治理并没有进行系统的整合，各主体多是基于本体功能对社区的运行发挥影响。”①新冠肺炎疫情期间，很多基层社区暴露出工作人员数量严重不足、超负荷运转，社会力量特别是公共卫生专业化力量和志愿力量常态化参与不足等问题。一方面，作为地方政府的末梢单位，基层社区已经没有可以继续调动的下属人员力量；另一方面，一些社区居民既缺乏主动参与社区工作的意识，也难以形成有效的自我参与组织机制。近年来，一些发达城市的成熟社区通过动员驻区单位、物业公司、社会组织和志愿者等力量，积极参与管理和共同应对社区公共事务，有的在疫情防控应对工作发挥了较好的作用，但目前来看，大部分社区的组织动员工作尚处于临时性的或松散性状态，如何充分发挥多元主体效能是当前社区治理公共卫生风险时急需解决的问题。

此外，社区公共卫生安全风险的发生往往超出单一社区，社区间的协同以及社区警务人员的参与也非常重要。特别在城市社区中，由于资源的分散性，单个社区不可能完成公共卫生安全风险应对，需要建设跨社区甚至跨城市的协同机制以完成资源和力量的整合优化。在社区防控工作中，本社区的志愿者大多只能承担一般性的巡查守望、矛盾纠纷处理和宣传工作，而更加专业性的健康指导、心理疏导、法律援助等工作则需要多方面的协同力量。

（四）公共卫生安全的风险应对机制不健全

公共卫生安全的风险治理对现代社会的组织能动性提出了高品质要求，作为组织的基层社区也需要有相应的机制建设。“为切断传染源、阻断传播途径、防控新冠肺炎疫情的输入和扩散，我国各城市按照属地防控、联防联控、群防群控的任务，强调将小区管住、社区管好。”②目前社区公共卫生安全的风险应对机制尚不健全。

① 闫梦洁、陈光捷、高雪、宫紫星：《多元主体参与社区治理的策略选择》，载《党政论坛》2020年第3期，第42-44页。

② 高其才：《自我卫护：习惯法视野下非常时期的城市社区管控规范——以2020年初防控新冠肺炎疫情为对象》，载《法学杂志》2020年第4期，第1-11、21页。

首先，从法律法规和建设规划上来看，我国《城市居民委员会组织法》规定了居委会的任务，但缺少对社区内不同治理主体之间的职责分工进行规范。城市规划特别是社区公共设施规划方面缺乏对突发公共卫生安全事件的专项考虑，大多针对的是抗震、消防、人防、排水防涝、安全生产等传统安全领域。国务院安全生产委员会办公室发布的《国家安全发展示范城市评价细则(2019)》对公共卫生安全也没有作出细则要求。

其次，从公共卫生安全的风险评估来看，基层社区难以建立有效预警。在传统的突发事件应急管理中，风险评估往往由上级管理部门和专业人士来完成，同时可以较大程度地保证预警的科学性与严谨性。在实际生活中，基层社区即使面临一定的公共卫生安全风险，也往往会因其规模小、损失少而被忽视。社区民众还可能因担心生活受干扰而不愿意协同参与。

再次，从社区风险应对实践来看，社区在公共卫生安全的宣传及演练、民众的风险认同与参与积极性调动、社区弱势群体的救助等方面，要做的工作仍然很多。例如，平时需要组织突发公共卫生安全事件的应对演练是提升社区民众自我参与的有效手段。通过演练可以让民众降低恐惧心理，树立正确的应对观念和互助意识，快速掌握应对公共卫生安全风险的技能。

最后，从风险治理的预后工作来看，社区也需要建立一套能够有效控制恐慌局面、有序开展恢复生活秩序的机制。

(五)现代科技运用和智能化水平较低

与传统安全相比，公共卫生安全风险的应对更加需要现代医疗科技以及信息技术的支持。一般来说，基层社区在人力、物力以及技术等方面均存在不足。除了公共卫生专业技术的运用和普及工作外，一般性的公共卫生安全知识宣传、防护以及治理过程中的组织也需要通过智能化来缓解人力不足的问题。在新冠肺炎疫情期间，以微信等手机 App 和各种小程序为代表的智能应用为有效处置疫情提供了极大的帮助。但基层社区智能化应用的不平衡状态也非常明显，农村基层及城市落后社区存在较大短板。在全国各省份启动突发公共卫生事件Ⅰ级响应后，基层社区准确报送疫情信息数据时，如果仅依靠登门或电话登记排查，就很难及时发现瞒报人员，必须依托信息技术和大数据的应用来提高效率和准确率。缺乏智能技术对社区各处的监控和双向反馈，社区工作人员就难以做好公共卫生事件中的信息收集、整理、分析、更新等工作，既不利于积极回应社区居民的诉求，也不利于及时上报各种数据等突发情况。

三、我国基层社区应对公共卫生安全风险的现实策略

公共卫生安全风险对普通民众生命健康构成重大威胁，也对政府和社会的风险治理及危机应对能力提出了新挑战。基层社区应对公共卫生安全风险必须进一步提升风险观念，强化法治思维和法治方式，细化管理和服务，努力打造社区公共卫生治理的共同体，不断提高运用信息化手段的水平，实现公共卫生安全风险应对能力的综合提升。

（一）强化风险意识，强化法治思维和法治方式

公共卫生安全是人类发展进程中的核心议题。近年来的一系列突发重大公共卫生安全事件敲响了人类公共卫生安全领域的警钟。“在风险常态中，风险治理水平已经成为国家治理体系和治理能力的重要体现，公共卫生风险治理研究已然成为治理研究的新趋向。在系统性风险社会中，包括疫情防控在内的国家和地方治理，需要强化风险治理观。”①对于各级政府和社会组织来说，必须从观念上认识到公共卫生安全绝非卫生健康专业领域的问题，而是全社会的公共治理体系中亟须加强治理的风险问题。从国家顶层设计到基层社区乃至公民个体都应当强化风险意识和底线思维，有意识地防范公共卫生安全风险。

习近平同志明确指出，“疫情防控越是到最吃劲的时候，越要坚持依法防控，在法治轨道上统筹推进各项防控工作，全面提高依法防控、依法治理能力，保障疫情防控工作顺利开展，维护社会大局稳定”。② 基层社区的公共卫生安全风险治理同样离不开法治思维和法治方式。

在法律法规和规章方面，政府和基层社区工作人员要进一步学习《宪法》

---

① 张大维：《国际风险治理：分析范式、框架模型与方法策略——基于公共卫生风险治理的视角》，载《国外社会科学》2020 年第 5 期，第 99-111 页。

② 习近平：《全面提高依法防控依法治理能力健全国家公共卫生应急管理体系》，载《求是》2020 年第 5 期，第 4-8 页。

《传染病防治法》《基本医疗卫生与健康促进法》《突发事件应对法》《突发公共卫生事件应急条例》等与公共卫生治理直接或间接相关的法律规定。如《基本医疗卫生与健康促进法》第 20 条规定了国家在传染病防控时，坚持预防为主、防治结合、联防联控、群防群控、源头防控、综合治理的要求，一定程度上为特殊时期基层社区制定公共卫生安全管控措施提供了依据。基层社区作为居民自我管理、自我教育、自我服务的群众性自治组织，可以进一步依托法治方式，发挥市民公约、乡规民约、行业规章、团体章程等社会规范在社会治理中的积极作用。① 十八届四中全会《中共中央关于全面推进依法治国若干重大问题的决定》提出国家要"推进多层次多领域依法治理"，中共中央、国务院《关于加强和完善城乡社区治理的意见》也强调必须注重发挥基层群众性自治组织基础作用。

（二）压实属地责任，提升管理和服务水平

公共卫生安全治理的主体责任在政府部门。在我国，基层社区既是人民群众的自治组织，同时也是地方政府管理延伸的最基层单位。因此，地方政府需要切实负起属地责任，以增强社区治理能力为目标，通过不断细化管理和服务以应对公共卫生安全风险。2020 年 1 月 26 日中央应对新型冠状病毒感染肺炎疫情工作领导小组会议要求"压实属地责任""充分发挥基层组织作用""强化群防群控"。2020 年 9 月北京市出台的《北京市突发公共卫生事件应急条例》明确"党委统一领导、政府分级负责、社会共同参与，落实属地、部门、单位和个人四方责任"。

从基层社区自身的职责来看，各社区应根据自身特点和实际情形，努力提升管理和服务水平。其主要工作内容有：

一是要科学制订公共卫生事件中的管控规范。新冠肺炎疫情暴发期间，各地先后出台了加强社区（村）疫情防控工作的通告，严格对居住小区（村）进行封闭式管理，如武汉市 2020 年 2 月 11 日发布通告，自即日起在全市范围内所

---

① 高其才：《自我卫护：习惯法视野下非常时期的城市社区管控规范——以 2020 年初防控新冠肺炎疫情为对象》，载《法学杂志》2020 年第 4 期，第 1-11、21 页。

有住宅小区实行封闭管理。基层社区组织必须坚决落实各级党委、政府的要求，制定本社区的管控规范，以维护特殊时期的社区秩序，保护社区居民的健康和利益。

二是为了阻断传播途径，基层社区需要严格管理人员和车辆的通行，做好有关人员的隔离和公共场所的卫生防护工作。疫情期间要按规定进行防疫物资的配发，按规定对进入社区的人员进行体温检测、对公共场所进行日常消毒、对外来人员进行统计和居家隔离等；城市社区要督促物业公司每天对电梯、楼道等公共区域进行消毒并记录检查。

三是要做好公共卫生安全知识普及和防范措施宣传。特殊时期既要做好公共卫生的专业知识普及，也要做好特殊防控措施的宣传，以取得居民的普遍信任和支持。本次疫情期间，一些城市社区通过在小区门栋楼道等公共场所张贴、在社区微信群等网络媒介上通知、上门发放书面材料或组织宣讲等方式宣传专门知识和社区管控规范，使本地居民家喻户晓、及时知悉，取得了良好的防控效果。很多小区实行疫情防控日报制度，及时向居民报告小区疫情动态、重点人员行程动态等内容。

四是积极组织和动员多方力量，热心服务居民，为弱势居民提供帮助。有的社区联合属地企事业党支部、物业公司，组织党员、退役军人、志愿者、高校学生等积极为居民提供送菜上门、代购药品、送医转诊等服务。

五是社区在管理和服务工作过程中，务必要注意不得违反国家法律、严重限制居民自由以及侵犯公民个人信息等。要防止对疫情严重地区人员、医护防疫人员的歧视和不公正对待，树立“公共领域隐私权的概念并对其加以保护”。① 要真正树立以人民为中心的管理和服务理念，尽可能化解本区居民间的矛盾和冲突。

（三）激发多元主体治理活力，打造社区治理共同体

为促进基层社区风险治理和应对能力的提升，打造社区治理共同体是现阶

① 王欢：《警务监控情境下公共领域隐私权研究》，载《湖北警官学院学报》2020 年第 1 期，第 70-79 页。

段和未来很长一段时间内的必经之路。“激发多元主体的治理活力既是疫情防控期间社区政策和体系建设的方向，也是未来构建社区治理共同体体系的探索方向。”①目前全国一些省市正在修订或出台突发公共卫生事件应急条例，强调多元主体在治理公共卫生事件中的积极作用。北京市在相关条例中提出“街道办事处、乡镇人民政府应当按照市、区人民政府及其有关部门的部署，做好辖区内的突发公共卫生事件应急工作”。人民团体和群众团体等行业组织要按照各自职责，共同做好突发公共卫生事件应急工作。北京市对行政区域内的机关、企业事业单位、社会组织和个人也提出“应当积极参与”、对基层社区组织提出“应当组织辖区居民和单位参与、协助和配合做好突发公共卫生事件应急工作”的原则要求。

多元主体如何协作参与社区治理，学界已经有不少相关研究。笔者以为，在公共卫生安全的治理方面，应重点考虑人力的汇聚、资源的整合以及机制优化等三个方面的协同。人力汇聚既要激发社区居民的主动性和积极性，也要大力推动驻区单位向社区下沉人手。社区要营造居民自治的良性互动的氛围，发挥居民之间的熟人优势，努力将社区打造成新型熟人社区，树立“社区即家园”的治理共同体的共同理念。社区下沉人员可根据人员的实际情况，发挥各自优势，凝聚力量共同应对公共卫生安全风险。在资源整合方面，既要充分挖掘社区自身的资源，特别是社区公共卫生机构的专业资源，同时要有多元开放、共建共享的意识，要“以资源共享为联动目标，挖掘、整合、统筹全域资源，不断丰富、完善共享形式，建立以共享时间、共享物品、共享知识技能、共享公共空间、共享公益资金、共享数据等为内容的公益收益共享清单、公益资源开放清单、公益行动清单，实现多元主体合作共赢”。②

在机制优化方面，要努力建立“自上而下”与“自下而上”相结合的双向机制，即在公共卫生安全风险突发时，基层社区能自上而下迅速执行政府的防控

① 雷琼、喻卫斌：《常态化疫情防控中的社区治理：逻辑、困境与出路》，载《中共石家庄市委党校学报》2020年第12期，第27-31页。

② 孔娜娜：《辖区单位参与社区治理的机制创新》，载《人民论坛》2020年第11期，第64-65页。

政策，有效运用政府的资源如社区警务力量，维护社区的安全稳定；在需要社区自身发挥主动性和建设性的时刻，能充分整合并发挥多元主体力量和智慧，自下而上地为社区和本地域公共卫生安全防范提供力量。

（四）加强智慧社区建设，提升风险应对的现代化水平

当前我国在大力推进国家治理体系和治理能力现代化，习近平总书记在杭州城市大脑运营指挥中心指出，要“让城市更聪明一些，更智慧一些，这是推动城市治理体系和治理能力现代化的必由之路”。① 在公共卫生安全的风险治理进程中，打造智慧社区是提升基层治理能力的必经之途。

第一，加强信息技术在社区公共卫生安全治理中的应用，不断加大基层社区的智慧化建设。当前，物联网、云计算、大数据、人工智能等技术发展迅猛，建设智慧社区未来可期。新冠肺炎疫情期间，大数据在病源追踪、重点人员行踪监测和防控中发挥了重要作用，有力提升了基层社区对疫情态势的研判、信息统计上报和防控部署效率。特别是基层公安机关在疫情防控过程中积累了较多“智慧警务”的经验，值得总结推广。政府部门今后要进一步注重搭建信息互联和数据共享平台，发挥信息化手段在疫情防控工作中的作用，缓解社区人手不足的压力，提高社区疫情防控效率。

第二，加强人工智能与社区治理服务的深度融合。基层社区在公共卫生安全治理中的主要行动方式是以服务来推动防控应对和有效治理，因而要注重建设以居民需求为导向的数字化智能化系统和终端应用，设计目标上要更多关注信息与服务需求的融合。例如，可以开发一些融合居民生活、相关知识学习和出行需求的手机客户端或应用小程序等，让社区居民方便快速地获取信息、寻求帮助，也让社区治理措施更加智能化、人性化、精细化、高效化。

第三，强化对社区工作者的信息技术培训，提高社区工作人员的智能应用能力。“大数据加强了社区间疫情监控的联动效应，提升了社区精准防控水平”：电子地图等程序可以收集人员流动数据，密切监控确诊和疑似病例的行

① 《统筹推进疫情防控和经济社会发展工作，奋力实现今年经济社会发展目标任务》，载《人民日报》2020 年 4 月 2 日第 1 版。

动轨迹；使用“健康码”可以加强管理重点人员，提高风险分析水平；电子商务平台打通农副产品直供家庭路径；在线诊疗拓展居民就医渠道，弥补社区医院水平不足的问题。而这一切均需要社区工作人员具备一定的技术应用能力。

第四，以传播技术构建社区文化共同体。以微信、QQ 及各类手机客户端为代表的传播媒介在人际与社群交往中发挥着越来越重要的作用。“作为沟通与交流的传播媒介，社区媒体在某种程度上可以有效打破‘信息孤岛’，形塑人与媒体‘有机团结’的社区共同体。”①社区加强传播技术应用和媒介应用，可以进一步畅通居民间的互动联络，潜移默化地激发民众参与社区公共卫生安全治理的责任感和积极性，也可以规避突发情形下某些制度或机制可能的失灵。因此，应对公共卫生安全风险，社区必须不断加强自身的媒介能力，有效整合各种碎片化的信息，构建“共享社区民意”系统，培育社区居民的文化共同体意识，进而实现社区文化价值理念趋同下的居民行动自觉。②

第二节　医患冲突的治理难点及治理路径

本节提要：我国社会转型期下的医患冲突常见多发，现有的治理经验和模式已难以有效化解多重因素累加所致的冲突风险。从风险社会理论视角分析来看，当前医患冲突的治理存在责任厘定困难、新媒体舆情负性扩散、现有治理机制乏力等难点。进一步加强风险治理意识和法治观念，重建医患间的信任关系，加强双方权益保护，建立多方合作的协同治理机制，是推进医患冲突治理的有效策略。政府、公安机关、医疗单位和各社会组织需持续跟进社会的风险化和网络化发展趋势，从治理策略和治理措施层面进一步有效化解医患冲突，实现人民群众的安居乐业及社会的长治久安。

① 聂远征：《共同体视域下社区媒体融合发展与社区治理》，载《湖北大学学报》(哲学社会科学版)2020 年第 4 期，第 157-165 页。

② 本节系湖北省重点人文社科基地社会治安治理研究中心项目“大数据嵌入社会公共安全管理研究”成果。

医患关系是社会生活中常见的一种人际交往关系，在“医者”与“患者”的现实关系中，并不是所有的“患者”都能够得到其所期望的治疗效果，也就是说，医患二者之间必然会出现不一致的期望“裂缝”。医患纠纷及冲突的存在，在某种意义上说，是一种必然会产生的社会现象。从公安机关角度来看，深入理解医患纠纷和冲突的根源，依法做好处置和化解工作，正是其履行维护公共秩序的职责所在。

一、近年来医患纠纷及冲突的概况

近年来，我国医患纠纷数量日益增多，医患关系一直在恶化，医患纠纷大多没有走正常法律诉讼程序，伤医事件不时发生。根据央视《新闻 1+1》栏目报道，2010 年全国共发生医闹事件 17243 起，比五年前多了近 7000 起。据国家卫健委统计数据显示，仅 2014 年全国发生医患纠纷 11. 5 万起。

从全国法院受理的医疗纠纷案件来看，从 2006 年到 2016 年，法院受理的医疗纠纷案件数量增加了一倍。事实上，大量的医疗纠纷并没有走民事诉讼程序。有学者对 2011 年至 2013 年间，山西、河北、福建、黑龙江和北京五省市的 27 所医院的医疗纠纷发生率和赔付情况进行了调查，发现三级医院的医疗纠纷中，82. 58%都是非诉讼解决，二级医院的比例更高，为 92. 72%。①

有关医疗纠纷的民事诉讼案件也在逐年攀升。根据 2020 年 1 月 Alpha 数据库的统计，2002 年至 2019 年共 18 年间，全国合计案件数量超过 10 万件。特别是自 2014 年开始，中国医疗损害责任诉讼的案件数量急剧增加，增幅最大的两年为 2014 年度和 2017 年度。其中，2014 年度比 2013 年度增加 6912 件，增幅接近 275%。2017 年比 2016 年度增加 6818 件，增幅超过 40%。

医疗纠纷案件的争议领域分为医疗过错责任纠纷、侵犯患者知情同意权纠纷和医疗产品责任纠纷，核心焦点主要是医疗过错责任及其赔偿问题。根据“医法汇”法律团队通过 ALPHA 法律检索平台对相关案例的收集分析，2018 年

---

① 卢光明、范贞等：《27 所医院医疗纠纷发生率和赔付情况调查》，载《中国医院管理》2015 年第 6 期，第 34-36 页。

医疗纠纷案件共计 12849 件，其中医疗过错责任纠纷 12766 件，侵害患者知情同意权纠纷 31 件，医疗产品责任纠纷 52 件。

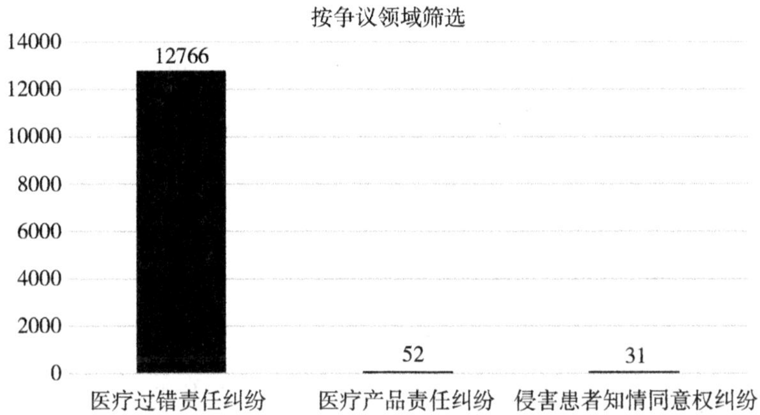

根据 2021 年 4 月清华大学社科学院中国社会调查与研究中心、中国医师协会人文医学专业委员会联合发布《2021 医师调查报告》，2020 年新冠肺炎疫情突如其来，我国数百万医务工作者即刻投入到“抗疫”中，他们得到了众口称赞。但就在医务工作者舍生忘死全力“抗疫”之时，暴力伤医甚至杀医等极端事件仍不时曝出，如 2019 年 12 月 24 日民航总医院急诊科杨某医师在正常诊疗中，遭到一位患者家属的恶性伤害，致颈部严重损伤，经抢救无效不幸去世；2022 年 1 月 13 日，网曝武汉儿童医院发生一起伤医事件，医院消化内科主任彭某被患者张某持刀砍伤，该起恶性事件在网上引起关注。

据有关方面报道，2016、2017 年共起诉故意伤害医务人员、在医院聚众滋事等犯罪 7816 人，① 呈现出医患关系不断恶化、医患间冲突多发、甚至升级为暴力事件的趋势，严重影响着社会的和谐稳定。据此，有关部门加大了对涉医犯罪的打击力度，2014 年 4 月最高法、最高检、公安部、国家卫健委、司法部共同发布了《关于依法惩处涉医违法犯罪维护正常医疗秩序的意见》。

① 最高检：2016 年以来起诉故意伤害医务人员等犯罪 7816 人，https：//www.spp.gov.cn/spp/zdgz/201803/t20180309_369890.shtml。

2018年6月20日国务院颁布《医疗纠纷预防和处理条例》(以下简称《条例》),在法律法规层面对医疗冲突的处置予以进一步的明确规制。全国人大常委会2019年12月28日表决通过《中华人民共和国基本医疗卫生与健康促进法》,这是我国卫生与健康领域第一部基础性、综合性的法律,自2020年6月1日起正式施行。但当前医患冲突依然是影响社会稳定的突出问题之一,分析并研究具有针对性的医患冲突的治理策略,具有重要的现实意义。

二、从风险社会理论视角观察医患冲突的蕴含风险

(一)从风险社会理论视角观察当前的社会风险

德国社会学家乌尔利希·贝克在20世纪80年代提出风险社会理论,认为现代社会相较于传统社会的一个重要特征就是无处不在的"风险"。风险社会理论是对未来世界和现实世界的社会疾病作出的诊断性结论,该结论是预见性和判断性的统一。① 同时期英国学者安东尼·吉东斯在《现代性的后果》中指出了"现代性的断裂",认为现代性具有双面的特征,除机遇的一面,还有阴暗的一面。② 斯科特·拉什更认为风险是一种心理认知的结果,在不同的文化背景和现实情境下有着不同的话语解释,不同群体对此的解读并不一样,因此,风险更应当是一种文化现象。他认为风险文化的时代已经来临,且风险文化依存于非制度和反制度的社会状态中;在风险文化时代,治理社会并非依靠制度,而要依靠价值和理念。③

贝吉登斯、拉什这些西方社会学者提出的风险社会理论是契合现代社会发展和特征的研究成果,风险社会理论也为中国学者研究当代中国的社会风险提供了很好的理论视角。当前中国社会正处于传统向现代化的剧烈转型期,人们

① 薛晓源、刘国良:《全球风险世界:现在与未来——德国著名社会学家、风险社会理论创始人乌尔里希·贝克教授访谈录》,载《马克思主义与现实》2005年第1期,第44-55页。

② 安东尼·吉登斯:《现代性的后果》,田禾译,译林出版社2000年版。

③ 张翼:《当代中国社会结构变迁与社会治理》,经济管理出版社2016年版,第390页。

的社会生活方式和社会结构形态都发生了巨大的改变，加之信息科技带来的全球化和数字化，进一步加剧了社会各方面的动荡与风险。“中国正走在现代化的快车道上，几乎所有风险社会理论所讨论到的、源于现代性的社会风险，在当今的中国社会不是症状明显，就是初露端倪。”①

实际上，对于当前的中国社会来说，不仅面临着贝克所说现代性(科技理性)所带来的无所不在的未知风险，也面临着社会体制和社会结构急剧变迁所带来的人们思维、文化和心理上的风险焦虑，呈现出一种“风险共生”现象。新的体系与机制尚未完善并充分发挥作用，所以诱发和加剧了一些特殊类型的风险，如贫富差距过大、社会越轨乃至犯罪激增、传染病控制难度加大、族群冲突加剧、道德失范、信任危机和控制失灵等。② 齐文远教授认为，处于转型关键时期的当代中国是一个高风险社会，不仅具有风险社会所具有的一般风险，而且还有贫富悬殊、社会分化严重、国家机关信用下降等独特的重大风险。③ 正因为这一转型尚处于进程当中，传统的社会治理、控制和整合机制正趋于解体，一些转型期秩序失范的社会矛盾需要从深层、多维的层面去阐释和治理。近年所见诸各类媒体的大量医患冲突事件，表面上看似冲击的是医疗秩序，而从深层次观察其却隐含着转型期“风险社会”的特征。

(二)医患冲突蕴含风险分析

医患冲突是伴随当代中国社会现代化进程而逐年增多，进而呈现暴发状态的社会现象，与中国社会的转型变迁有着密切的关系。根据中国知网的文献统计，以“医患”为关键词检索文献篇名，1990 年以前每年文献量均在 10 篇以下，此后逐年上升。进入 21 世纪，相关文献量大幅上升，至 2001 年达到 101 篇，至 2012 年突破 1000 篇；以“医患冲突”为关键词检索文献全文，2001 年

① 张翼:《当代中国社会结构变迁与社会治理》，经济管理出版社 2016 年版，第 391 页。

② 郑杭生、洪大用:《中国转型期的社会安全隐患与对策》，载《理论参考》2004 年第 11 期，第 14-16 页。

③ 齐文远:《应对中国社会风险的刑事政策选择——走出刑法应对风险的误区》，载《法学论坛》2011 年第 4 期，第 12-20 页。

相关文献量为9篇，但此后迅速增长，在2008年即达到123篇，2017年达到314篇。文献学的计量分析结果表明，医患冲突与中国社会在新世纪的加速转型密切相关，从风险视角来看，医患冲突还至少蕴含有以下尤须注意的风险。

1. 社会秩序受冲击的风险

社会需要在正常而有规律的秩序下发展，社会秩序是保证人们社会生活正常进行的必要条件。社会秩序一旦受到冲击就需要调动相当的社会资源去进行维护和修复。医患冲突从引发的起因来看，多是单个的医疗事件，但当形成冲突后影响力会持续扩大。一旦冲突的解决脱离正常轨道，不仅原本正常有序的医院诊疗环境会受到冲击，而且患者家属、公安机关和相关社会组织都会卷入其中，甚至会因严重冲突导致医院附近交通中断、人群聚集，直接影响到当地的社会稳定。

2. 社会信任下降的风险

德国社会学家齐美尔说，信任是社会中最重要的综合力量之一，"离开了人们之间的一般性信任，社会自身将变成一盘散沙，普遍的信任几乎没有一种关系是完全建立在对他人的确切了解至上的。如果信任不能像理性证据或亲身经历那样，甚至更强有力，几乎一切关系都不能持久"。[①] 随着21世纪以来我国社会现代性进程的不断推进，人们的交往和合作愈发密切，日趋复杂化和协作化的社会生活更需要社会信任这种整合性的力量。

医患间的信任关系是社会信任的重要组成部分，我国自古医患之间便有着良好的信任关系，儒家文化更是视医科为悬壶济世之"仁术"，医者自有"仁心"。而进入社会转型期后，传统的社会价值遭到市场经济和商品意识的冲击，在医患关系上更有着直接的反映：一些医院为了追求利润给患者过度地做检查、开药品、动手术，医生收受红包、吃药品回扣的现象频发，甚至有一些医生因医疗责任事故被起诉等，而这些现象难以使患者及家属建立起对医方的全面信任。在社会角色上，医生是拥有专业知识与技能，同时也是负有救死扶

① 郭台辉：《齐格蒙特·鲍曼思想中的个体与政治》，上海人民出版社2007年版，第178页。

伤职业道德的主体，而某些医生在诊疗中选择“防御性医疗”，以此明哲保身，这反而会使医患信任变得更为脆弱。现有的大量医患冲突指向医生的职业道德，这不仅损害医患信任关系，也对整个社会信任产生着较大的负面影响。

3. 网络舆情负性传播的风险

医疗与每个家庭和普通个体息息相关，医疗纠纷事件很容易引起普通民众的关注。以“冲突性”来博取受众关注是媒体的本能，而医患冲突天然地具有新闻报道所追求的“矛盾冲突”。医患纠纷中患者一方和医疗结构相比处于弱势和不对称地位，大多情况下普通民众和一些自媒体会在情感方面偏向性地去同情弱势方。一些媒体为了引起轰动效应，会进一步通过手段去放大纠纷中的部分细节，迎合大众同情弱势群体的心理，期望引起更多的受众共鸣，从而形成带有偏见性的舆论氛围。一旦舆情影响扩大，实际上反而是加深了医患矛盾，在给医患双方带来巨大压力的同时，也并不利于纠纷的有效解决：如患者以为自己占据了道德的高点，变本加厉地以非理性的方式表达诉求；医疗机构也会因不得不考虑社会影响因素而放弃正当的司法途径。

当前新旧媒体融合传播加速，使得很多事件真相更加扑朔迷离。① 某些媒体在不了解真相的情况下，选择性地、有倾向性地、介入性地报道医患纠纷，有意制造轰动效应，导致医患冲突事件在网络上呈弥散性传播，既误导患者和家属，又致使事态不断扩大，为医患冲突的化解增加了很大的阻力。同时，负性的舆情传播对风险感知的生成发挥着推波助澜的作用，涉及医患冲突的网络传播可能建构起社会民众不必要的“风险感知”，引发心理恐慌，进而产生严重的负面社会影响。

4. 引发暴力犯罪的风险

医患纠纷往往因患者一方对诊疗服务或效果不满意而引起，在生命与健康受影响的境况下，患者及家属的情绪极易失控。据最高人民法院通报显示，2014 年全国法院共审结暴力杀医、伤医等犯罪案件高达 155 件，我国近年因

① 王欢：《新时代网络涉警舆情的内蕴风险及治理方向》，载《湖北警官学院学报》2018 年第 4 期，第 120-127 页。

医患矛盾所导致的暴力冲突事件呈"井喷式"爆发趋势。自2014年起，最高检、公安部、国家卫生计生委等连续3年共同发布意见，明确对暴力伤医案件要做到快速反应、挂牌督办、加大惩治力度。

近期因医患矛盾所导致的暴力冲突事件中，影响较大的有：2018年2月6日南昌大学二附院一患者因检查出艾滋病阳性将一名护士砍成重伤。2月13日广西南宁第二人民医院发生一起住院患者致使2名医院员工受重伤的案件。3月14日安徽泾县医院患者卫某在检查期间用随身携带的匕首将该院医生赵某捅伤致死。9月22日北京大学第一医院妇产科三位医生值班时遭到患者及家属殴打，事件视频随后在网络上广为传播。针对此次伤医事件，公安部"打四黑除四害"官方微博发布信息称，公安机关将始终保持对涉医违法犯罪的严打高压态势。对伤医、闹医、辱医行为构成违反治安管理行为的，严格按照治安管理处罚法予以处罚；构成犯罪的，坚决依法追究刑责。同年，12月14日武汉大学中南医院外科张姓医生在坐诊期间，被患者连捅数刀，生命垂危，而犯罪嫌疑人行凶后跳楼自杀。在武汉这起事件发生当日，国家卫生健康委员会官方微博"健康中国"即予以及时回应，并强烈谴责任何暴力伤医行为；湖北省、市案件联合工作专班也表示要对扰乱医院正常医疗秩序和损害医务人员合法权益的恶性伤医事件依法严惩。医患矛盾所引发的暴力犯罪已经成为了严重的社会风险，需要引起社会各方的高度关注。

三、新形势下医患冲突的治理难点分析

医患冲突源于医患纠纷，医患纠纷不同于单纯的经济纠纷或其他类型的矛盾纠纷，而是涉及医疗专业知识、相关法律规范、事实细节认定、患者利益和情感诉求、公众直接感受等多方面因素，较比其他类型的冲突治理，医患冲突呈现不同的治理难点，对其进行有效治理也变得要求更高、更为复杂。

（一）受医疗专业性限制，难以快速、准确地厘清过错和责任

随着公众法律意识、权利意识与自我保护意识的增强，人们对医疗服务的期望值不断升高。妥善处理医疗纠纷、及时化解医患冲突，对于改善目前日益紧张的医患关系至关重要。事实上，由于医疗机构与患者两个主体间在专业知

识、信息资源等方面并不对称，患者一方维护正当权益诉求有其相当的合理性。但需要强调的是，医疗纠纷处置需要极强的专业知识，涉及临床医学、药理学、法医学等多种学科和诊疗规范，而且有些医学案例在医学界尚未形成公论。当医疗纠纷发生时，有时为了查明事实需要做专业性的鉴定，目前医疗过错鉴定有两种方式：一种是由各地医学会组织进行医疗事故技术鉴定；另一种是当事人向法院申请或者由法院委托进行司法鉴定。但即便通过医疗过错鉴定，医患双方仍难以厘清过错和责任，双方(或多方)当事人仍然会对专业性鉴定结论存有不同的认识，以至出现各执己见、不肯让步的胶着情形，进而导致医患冲突发生。

(二)公安机关和司法机关的介入作用有限

作为一种蕴含诸多风险的社会冲突，国家司法和行政执法机关理应及时介入处置。但从法律层面上看，医患关系首先是一种民事关系，医患双方是平等主体之间的民事法律主体，双方法律地位平等。两者之间因对医疗过程、服务和后果而引起纠纷理应在民事法律框架内寻求解决。公安机关的主要责任是维稳处置及调解引导，一般情形下，公安机关接警后的主要工作是控制局面、组织调解，而且现场要慎用警械，避免激化双方矛盾而引起事态升级。医患纠纷形成后，大多数患者不愿意选择以法院诉讼的模式来解决问题，由于医患间存在严重的信息不对称和地位的不平等，患者作为个体对以“公家”身份出现的医院和法院存在很大的不信任。“因为现实的种种障碍，法院容易偏向具有明显优势的医院一方，这就导致司法系统很难在真正意义上为患者主持公道。”①事实上，公安机关和司法机关在解决医患纠纷中的介入作用显得极为有限。

(三)现有治理机制亟待优化

在全面依法治国稳步前行的背景下，在法治框架内寻求医患冲突的治理出路，是冲突治理成本最小化的方式之一。但目前涉及医患纠纷的法律仍存在利益失衡的不足，有学者指出医患法律关系中，利益失衡是其冲突的根源。如

① 宋辰婷：《司法系统：医患冲突中尴尬的第三方》，载《江汉大学学报》(社会科学版)2016年第6期，第24-29页。

1987年的《医疗事故处理办法》是带着浓重的部门利益降临人间的，这个法律将大量利益投给了医方；[①] 2002年9月国务院颁布的《医疗事故处理条例》虽然加强了对患者权益的保护，但是规定的赔偿标准仍显过低；2009年出台的《侵权责任法》则在实践上可能造成医院方面为追求"免责"而出现"过度预防"和"保守治疗"现象，进而在更深层面加剧医患间的紧张关系和潜在冲突；2018年颁布的《条例》旨在"预防和妥善处理医疗纠纷"，虽然突出了对医患双方合法权益的保护，但在发生医疗纠纷时，也首先鼓励医患双方通过协商和调解，退而求其次才用法律途径来解决问题。

实际在纠纷处理进程中，医院和患方一般情形下更多愿意选择综合成本较小的"法外私了"，而不是选择走司法程序。医方往往会根据冲突的激烈程度，选择以可接受的经济成本来息事宁人，赔偿了事。对患方来说，走司法程序也要付出不菲的时间和精力成本，打官司往往旷日持久且结果未知，相比之下，"法外私了"的经济收益更为直接。这种盛行的"法外私了"对法治治理路径形成了很大的阻碍。

（四）新媒体时代舆情弥散化传播

近年来社会上对整个医疗行业诟病很多，医疗行业的负面消息如索要红包、收取药品回扣、见死不救等更是充斥于网络媒体，少数医务人员的不端行为已经使医疗行业整体被污名化。自媒体时代的普通民众可以自由地在微博、微信、QQ等社交客户端发布信息和表达意见，加之媒介融合、双向互动的新媒体发展导致了传播效应的不断扩大，在自媒体语境下，医患冲突传播速度更快，引起的社会反响也更为强大。一些媒体报道过的负面事件，即使后来被权威机构证实为虚假消息或无中生有，也因网络的碎片化、弥散化传播而致使已经形成的声誉伤害难以全面消除。如2012年发生的"八毛门"和"缝肛门"事件，前者是患方称自己用8毛钱的药治好了医院称需10万块治好的先天性巨结肠，指责医院存在过度医疗；后者是一名产妇家属称因助产士嫌红包少被报

① 罗以澄、王继周：《医患冲突议题中新闻报道的话语策略及启示——以近年四起医患冲突事件为例》，载《当代传播》2016年第5期，第44-47页。

复而导致产妇肛门被缝。两起事件经网络传播很快发散，引来了大量网民愤怒的讨伐之声。而事实上，这两起产生轰动效应的事件最终都被证伪，但整起事件也深刻反映出当前医患之间脆弱的信任关系。

有学者提出，如果媒体报道将医患关系的冲突矛盾风险呈现在公众面前，却并不试图厘清相关利益群体的角力关系和利益诉求，那么社会公众或许会停留于关系紧张、纠纷的印象，从而强化医者与患者群体的对立不协调的总体印象。① 一些冲突事件的传播过程中，患方家属也会通过自媒体以夸张的情绪放大冲突，不断扩大事件的社会影响面。泛化扩散的舆情使各方面在化解医患冲突时增添了很大的顾虑，间接导致了冲突治理的难度增加。

四、新时代医患冲突的多元治理路径

随着新时代我国社会主要矛盾的转化及社会生活的发展转型，医患冲突的风险形态也在不断发生变异和转化，主体性因素和机制性因素成为探索其治理路径的主要切入口。从主体性因素来看，强化风险意识和重建医患间信任关系至关重要；从机制性因素来看，引入多方力量、平衡双方权益、因势利导，并最终在法治框架内化解冲突实乃长效之举。

（一）增强医患冲突的风险治理意识

风险治理是当代各国社会治理的普遍性难题，对于风险治理的主体而言，强化“风险意识”是其首要考量的治理因素。安东尼·吉登斯考证了“风险”的概念，其最初源自早期探险家们的冒险活动，另源于早期的重商主义资本家们的活动。② 现代意义上的“风险”一词已经被赋予了更为广泛的含义，美国学者奈特在《风险、不确定性与理论》中认为“风险是从事后角度来看的、由于不确定性因素而造成的损失”。尽管当前学术界对“风险”的内涵尚无统一的定义，但多数认为风险与不确定性有着密切的联系。

① 王宇、孙鹿童：《责任与过失：医患关系中的媒体角色——以新浪、腾讯、凤凰三家网站的报道为例》，载《现代传播》（中国传媒大学学报）2017 年第 2 期，第 34-38 页。

② 安东尼·吉登斯：《现代性：吉登斯访谈录》，尹宏毅译，新华出版社 2000 年版，第 75 页。

医患纠纷及冲突是社会性的正常存在，据相关统计显示，德国每年会有4万至17万起误诊事件，单是医生把手术纱布或棉球遗忘在患者体内的医疗事故每年就有约3000起，每年针对医疗行业人员的法律起诉超过4000起。① 因此，消除医患冲突是不切实际的，但对存在不确定性的医患冲突风险进行有效治理不仅是必要的，也是可能的。每一起医患冲突均具有发生的不确定性和冲突结果的不确定性，但从总体上看，当前我国社会的医患冲突既与社会转型发展相关，也与公共政策和公共管理相关。目前全国大多数省份都出台了医患冲突的应急处置机制，但从风险治理视角来看，这种应急管理的模式只能视为治标不治本的权宜之计。树立风险治理意识，要将医患冲突纳入社会风险的范畴，进一步提高社会风险的治理意识和责任，深刻分析医患冲突风险的肇因根源，进而强化社会转型期的公共政策和公共管理能力。如何建构一套科学的医患冲突治理机制，推动医患冲突风险向可预见、可防控化的治理格局过渡，应成为政府、公安机关和社会有关组织共同思考的问题。

(二)重建医患信任关系

医患双方是医患冲突的主体，从大多数冲突的发生与发展进程来看，两者间的信任关系深层次地影响着冲突本身。医患冲突的一个重要起因源于患者对医方的不信任感，从市场服务角度来看，医患之间存在的信息不对称现象远超大多数一般社会服务行业。美国学者肯尼斯·阿罗认为，在医疗服务过程中的医患之间，存在着彼此信息掌握不均衡状态，双方信息不对称，这也是整个医疗服务市场特殊的重要特征。② 如前所述，由于医患关系的脆弱性及医患双方对病情认知程度的不均性，患者对医院的诊疗规程知之甚少，医院出于管理及保护医生的需要，在纠纷中也不愿公开全部信息，这样就更易导致患者因处于信息劣势的地位，更会对医院和医生丢失本已匮乏的信任感。

安东尼·吉登斯认为通过对话可以化解信任危机，他主张培育多层、多

① 李晓宏：《国外预防解决医患矛盾一瞥》，载《人民日报》2015年9月1日，第22版。

② Arrow JK：*Uncertainty and the Welfare Economic Soft Medical Care*，American Economic Review，1963(5)：941-973.

维——个人与生活世界、人与组织、人与社会、社群之间、民族国家之间的对话民主，以重建人类社会的积极信任。① 卢曼认为“信任可以减少社会交往的复杂性”，恰当的信任对于规避风险可以起到重要作用，② 重建医患间的信任关系需要政府和医院方面做出更多努力。我国现有的医疗卫生体制下，医院和医生确实存在着过多的商业利益追求。而当医学被渐渐作为一种商业而不是一种社会所认可的行业时，再将医生的决定作为反映在专业的医学伦理学之上的道德洞见和判断就是缺乏说服力的。当前媒体上频见的高额诊疗费、过度的医学检查、医生收受红包、用药吃回扣等不良现象，难以让患者完全信任医院方面。只有当患者普遍不再质疑医院及医生的“逐利”动机，并在接受诊疗时能真切感受到医疗机构的人性化服务时，他们对医方的信任感才能加强。

另外，在面对医疗机构给出的鉴定报告时，大多数患者会认为当地鉴定机构与医疗机构之间必然存在“共谋”行为，一旦报告不符合患者的预期判断，患者首先本能地产生不信任感，拒绝接受医疗事故鉴定结论。2018 年的《条例》将医疗机构篡改、伪造、隐匿、毁灭病历资料，以及司法鉴定机构出具虚假医疗损害鉴定意见的，做出了承担相应法律责任的规定。但从目前的实务来看，仍然经常出现首次医疗事故技术鉴定医疗机构轻责或无责，而再次鉴定却需承担主责或全责的情形。其中原因既有鉴定水平的因素，也不排除机构间利益关联所致。而对于这种隐形的利益关联，现有的处理条例并没有明确规定鉴定机构应承担的法律责任。因此，对于滥用鉴定权利的机构和个人，应有相应的责任追究制度进行约束，以此作为建立医患信任关系的重要一环。与此同时，如何教育和引导患者正确认识医疗服务和认知疾病，加强医患的深度沟通，也是社会各界及医院方面需进一步深入细化的工作内容。

（三）优化冲突治理机制

社会冲突的治理机制需要与社会本身共同动态调整，“作为一项复杂的、

① 安东尼·吉登斯：《超越左与右——激进政治的未来》，李慧斌、杨雪冬译，社会科学文献出版社 2000 年版，第 130 页。

② 尼克拉斯·卢曼：《信任：一个社会复杂性的简化机制》，瞿铁鹏、李强译，上海人民出版社 2005 年版，第 93 页。

系统的社会公共工程，风险治理所需要的不仅仅是财力、物力和强制性机制，更需要最大限度地吸纳各种社会力量参与”。① 伴随2018年《条例》的实施，恶性医闹将会受到有效遏制，但与此同时，患方的维权诉求也将会另寻其他方式途径。在现有的医疗管理体制和脆弱的医患信任关系环境下，因患方的维权诉求而导致的冲突将呈现更多的不确定性风险(例如患者会更多地通过自媒体或“软性医闹”来寻求问题解决)，因此，构建新型的冲突治理机制成为防范冲突风险的关键所在。

(1)将医患冲突引入法治治理渠道。美国医疗机构面对医疗纠纷和冲突时，医院的主任办公室会先与患者或家属进行沟通，如果双方不能形成共识，医院的律师便会接手纠纷，医院的风险管理部门随后及时跟进，着手进行调解或出庭应诉。在我国全面依法治国的发展进程中，治理医患冲突除需进一步完善现有的行政调解、司法调解、人民调解外，还要引导医院和患方在纠纷中坚定地秉承依法化解的原则，要促使双方认识到民事诉讼具有终局性和可强制执行性，应当作为解决医患纠纷的首选途径和主要途径。患方需要清楚地认识到，如确因医护人员过错而造成的伤害，无论医院方面应承担何种责任，患方都可以向人民法院提起民事诉讼，用法律维护自身的合法权益；而对于置法理于不顾的恶性医闹，公安机关要保持高压态势，重拳出击，大力整顿医疗秩序，对可能爆发群体性事件的冲突要做到提前预警、提前介入，防患于未然。

(2)从维护患方合法权益的角度出发，充分保障其正当的权益诉求。新时期下，需要改变公立医院的逐利趋向，进一步深化改革公立医院的价格机制、收入分配、人员考评、责任监管等机制，规范医疗单位的信息公开制度和诊疗规范；政府要合理配置医疗资源，有效缓解民众的“看病难”“治病贵”的心理焦虑；要进一步完善医疗保障水平及医疗保障体系，减少因医疗费用而导致的冲突风险，缓解医患双方的利益冲突。

(3)探索建立更为有效的第三方医疗纠纷调解与第三方保险机制。目前我

① 张成福、谢一帆：《风险社会及其有效治理的战略》，载《中国人民大学学报》(社会科学报)2009年第5期，第25-32页。

国医疗纠纷的调解方式有人民调解、行政调解和司法调解多种形式，但由于公立医院作为政府主办的事业单位，使得上述调解仍有“公立”之嫌，难以在患方心中树立“中立”形象。有研究人员提出要引入包括法律、行政、卫生专业技术人员在内的第三方机构调解机构，[①] 人员组成尽量做到让医患双方都认可，以此促进双方在互信基础上达成协议，在医患双方期望目标差距过大的冲突案例中，要尽快将冲突解决引入司法渠道。鉴于医患冲突的最终化解之道皆于经济补偿，2018 年的《条例》提出了国家建立完善医疗风险分担机制，发挥保险机制在医疗纠纷处理中的第三方赔付和医疗风险社会化分担的作用。当前有条件的地区和医疗机构需要加快推进建设第三方保险制度，同时也要引导和鼓励民众积极加入到第三方商业医疗保险之中。

(4)正确引导自媒体环境下的网络舆情。传统媒体如报刊、广播、电视因为受行政主导，担负着维护社会秩序稳定的责任，同时从业人员素质也相对较高，因而对其的管控和引导较为容易。而在互联网时代想完全控制网络话语权几乎是不可能的，由于新媒体时代信息的生产、传播更加开放、自由，人人都可以是信息的生产者、发布者，传统媒体技术壁垒和官方信息垄断的打破，使信息的生产、掌控、传播由“垄断”走向了“平等”与“分权”，[②] 而且在管控网络舆情、界定网络有害信息、防止网络恶意炒作等方面，原有的法律法规并没有进行明确、统一的具体规定，[③] 因此，自媒体时代舆情管控和引导难度明显增大，涉及医患纠纷和冲突的图片、音频、视频，瞬间就可以扩散于整个网络。基于此，医院方面要树立舆情风险意识，及时预警、预防和应对处置，注重收集已有的冲突事件相关信息，汲取经验教训。

2018 年的《条例》对新闻媒体编造、散布虚假医疗纠纷信息做出了处罚规

① 李晚莲：《基于信息不对称视域医患矛盾风险及防控》，载《湘潭大学学报》(哲学社会科学版)2015 年第 5 期，第 47-50 页。

② 陈卓：《新媒体时代“枫桥经验”对涉警舆情处置的启示——以周杰伦西安演唱会辱警事件为例》，载《中国刑警学院学报》2018 年第 3 期，第 84-88 页。

③ 缪金祥：《大数据背景下网络舆情发展态势与管控研究》，载《中国刑警学院学报》2016 年第 2 期，第 28-33 页。

定，但对于自媒体来说，如何有效引导和管控由其制造的舆情，也需要纳入规制考量之中。公安机关及医疗单位在舆情危机出现后，应注重通过自有的媒体平台和自媒体客户端，及时发布事件的客观事实，还原事实真相；在发布信息时可以援引第三方权威机构或专业人士的专业化阐释，对确实应由医疗机构承担的责任要坦诚担责，对不实报道和煽动性报道要及时依法处置，以此引导舆情向有利于冲突化解的方向发展转化。

五、公安机关处置医患纠纷的难点与对策

公安机关担负着维护社会稳定的重要责任，担负着及时处置纠纷、打击暴力犯罪、维护相关方面合法权益的任务。但在现实中，公安机关处置医疗纠纷时常常面临诸多难点，难以做到及时有效的化解矛盾冲突。《中共中央关于全面深化改革若干重大问题的决定》提出“推进国家治理体系和治理能力的现代化”，法治毫无疑问地充当了治理现代化的最佳平台，成为国家治理现代化的基础或核心内容。新形势下公安机关如何树立法治思维，建立合法规范的医患纠纷处置模式，已成为当前一项紧迫的任务。

（一）公安机关要深刻认识到现阶段医患纠纷的生成主因

国内的学者多数认为医患纠纷起因于多重因素，如医患之间信息的不对称，使患者处于劣势病人的候诊时间太长；医生太注重金钱收益，医疗商业化色彩越来越重，不断增长的医疗费用文化因素造成的互动困难医生与患者在地位、教育程度、职业训练和权威方面的差异对有效沟通的障碍非言语沟通不足影响患者满意度；专业分工与各自权益的不同、普遍存在的过度医疗和防御性医疗行为，等等。

进入21世纪以来，我国社会各领域的改革进一步面向市场经济方向，社会处于加速转型期。市场经济思维观念之下，人们的价值观念、思维方式、道德伦理等方面容易发生扭曲，而同时期的社会管理机制还不够成熟健全，于是这一社会转型期同时也是社会矛盾突发期。近些年恶劣的医患关系已然成为一个社会性的难题，分析起来，当前产生医患纠纷的主要原因有以下方面：

1. 首先是在新的医疗体系下，医院的强烈逐利动机造成患者不满。

当前各大医院的医护人员都有追求经济效益的压力和动机，这样就在部分患者身上出现过度医疗现象，这一方面提高了患者对疾病治疗的期望，另一方面当诊疗结果没能达到预期，就很容易引发患方的怨气，产生矛盾纠纷。

其次，医院诊疗水平和医护人员本身职业素养存在差异。受医疗资源限制，现阶段我国不同类别的医院医疗技术存在较大差异，医生的职业素养、医德医风表现也参差不齐。有的医生疏忽大意或过于自信，导致失误率较高。一些城市的三甲医院由于就诊病人流量过大，医护人员在高压下疲惫不堪，服务意识淡薄，工作责任心下降，容易出现工作差错，在与患方告知解释时有些表现出不耐心，不尊重患者等现象，这些都容易引发医患纠纷。

再次，一些医院缺乏必要的法律意识和医患纠纷风险意识，出现矛盾纠纷时不能很好地协调公安机关等部门进行有效调查和处置，很多采取“私了”方式，使得依法规范处置难以成为普遍共识。

2. 患者本身的医疗专业知识不足，同时又期望值和权利意识过高。

第一，患者及其家属普遍缺乏专业的医学知识，对一些诊疗本身的风险并不能科学认知和客观对待。一些人对医务人员抱有过高的要求和期望，不能容忍正常范围内的失误，一旦诊疗效果不如意就将原因归结为医院方面。

第二，随着我国法制进程的推进，群众的法律意识与维权意识不断增强，越来越注重自身权益的维护。当前患者的维权意识普遍上升，但对法律的和理解并不到位，导致一些人更多选择以法治外维权方式进行利益诉求。而事实上，部分纠纷案例也证明这种法治外维权方式确实可以得到相当经济利益时，这又进一步加剧了患方选择“冲突模式”的内在动力。

3. 公安机关处置能力有限。

第一，引发医疗纠纷的原因多样，政府和医疗行政机构往往在纠纷处置前期缺位，公安机关在警力资源有限的现实压力下，难以对与日俱增医疗纠纷短期内进行有效处置。

第二，公安机关的职责职能决定了其难以在纠纷前期深度介入，大多只能在事后现场处置。大多数的医疗纠纷有其触发、酝酿、冲突进程，公安机关民警受职能及医学知识所限，也无权就纠纷缘由、赔偿金额等事宜与相关方面谈判，无法解决患方实际的利益诉求。而当医患纠纷恶化后，公安机关出于维护社会稳定，制止犯罪需要，只能进行现场对过激行为进行控制。与之相对应的是，患者及其家属往往会以“大闹大解决”“法不责众”的心态，甚至通过与公安民警相对抗的过激手段来宣泄不满和诉求利益。

（二）公安机关要深刻理解当前医患纠纷的新特征

1. 纠纷数量持续增长。

近年来医患之间的纠纷呈急剧上升的趋势，据中国消费者协会统计其年增长幅度在两位数以上。据武汉市某公安分局的统计资料显示，2014 年辖区内某大型三甲医院因医患纠纷引发的警情达到 90 余起，同比增长 20%以上。中国医师协会 2018 年发布的《中国医师执业状况白皮书》显示，有 62%的医师发生过不同程度的医疗纠纷，在伤医问题上，有 66%的医师经历过不同程度的医患冲突。① 纠纷参与人员数量也呈增加趋势，有的患者家属邀约人数达数十人之多。一些参与人员扬言威胁医务人员甚至动手伤医，有的滞留医院强占病房，对医疗秩序造成严重影响。

2. 医患纠纷处置面临反复。

医患纠纷的原因相当复杂，一些患者家属在索赔时提出过高要求，导致调解不畅，持续时间甚至会长年累月。在持续的时间里，患方出于利益因素，多会通过非理智方式长时间不间断地向院方施压，来促使诉求目的的实现。一些纠纷看似调解终结，但往往因患方其他亲属不同意方案而再次出现变更，导致纠纷持续进展，反复发生，有的还引发了多次医闹事件。

3. 部分媒体炒作而破坏医患信任。

诸多医患纠纷中双方都有一定的责任，但医患双方常各自将自己视为医患纠纷的受害者。有的为了博取公众舆论的同情和支持，同时也给对方施加压力，采取将纠纷矛盾“上网”的方式来扩大影响。这种单方面的“上网”与纠纷的客观事实往往并不相符，但能引起网民的高度关注。随着网络舆情影响力的

① 中国医师协会：《中国医师执业状况白皮书》，http：//www. cmda. net/rdxw2/11526. jhtml。

增大，一些不负责任的网站或部分素质低下的网民为了提高点击率，发表不实甚至煽动性的评论帖子，致使医患矛盾更为激化。在互联网上，就有部分网民将暴力“袭医”理解成医患关系恶化的结果，甚至同情起袭击者，如此导致医患的信任关系大幅降低。

（三）公安机关在处置医疗纠纷时面临的主要难点分析

1. 双方缺乏信任和沟通。

医学史专家西格里斯特所言，“每一个医学行动始终涉及两类当事人——医生和患者，或者更广泛地说，医学团体和社会，医学无非是这两群人之间多方面的关系”①公安机关在处置医患纠纷的实践中，时常遇到的一个调解焦点就是双方难以达到认知的一致，甚至难以进行有效的沟通，彼此之间缺乏基本的信任。

有研究显示，2013—2017 年三甲医院医患纠纷发生的成因中，有 14. 38%来源于沟通告知问题，而有 12. 79%来源于医务人员的服务态度问题，分别位居医患纠纷成因的第二和第三位。② 大部分患者缺乏专业的医学知识，诊疗过程中主观臆断医院方面有意隐瞒，部分患者因不积极配合治疗导致病情延误，也会迁怒于医务人员。为避免医疗风险和医疗诉讼，医院方面会采取防御性医疗，这样没有互信作为基础的医患关系变得尤其脆弱，公安机关调解时难度必然大为增加。

2. 现有处置机制有待完善。

现行适用处理医疗事故的法规有《民法典》《医疗事故处理条例》《侵权责任法》等，这些法规在侵权构成条件、赔偿标准上不统一，存在一些法律冲突，不利于医患纠纷的最终处理。如《医疗事故处理条例》保障患者的知情权，对医疗机构的责任作出详细规定加大了医方的举证责任，致使一些律师和代理人以医院非法行医、病历不真实等缘由干扰医疗鉴定。针对全国范围内不断发生

① 徐丽芳、郑逸飞、陶春牡：《对当前医患关系的思考》，载《现代医院管理》2009 年第 2 期，第 4-7 页。

② 殷璐、曾日红、高熹，等：《三甲医院医疗纠纷发生现状及影响因素分析：基于医、患、家属三方视角》，载《卫生经济研究》2019 年第 12 期，第 67-70 页。

的袭医伤医事件，许多省份近期出台了相应的法规，如湖北省出台有《湖北省医疗纠纷预防与处理办法》，这些法规一方面有助于各方面依法处置，但另一方面也造成解读和适应的多头性，有待进一步在实践中总结经验和完善。

3.“医闹”手法隐蔽。

受当前医患关系紧张大环境的影响，一些地方的医闹已经产生了“破窗效应”。所谓“破窗效应”指的是，一座房子如果窗户破了没有及时修补，在很短的时间里其他的窗户也会被人打破。由此类推，通过医闹可以谋取利益最大化的纠纷处置模式如果得以盛行，人们就会群起效仿，变本加厉，造成医患纠纷“不闹不赔、小闹小赔、大闹大赔”的恶劣影响。医患纠纷往往涉及巨额赔偿，一些职业化“医闹”隐藏其间，很大程度上增加了医患纠纷的发生率。当前许多职业化的“医闹”并不直接出面，而是在背后出谋划策，手法隐蔽，公安机关在处置时难以取证，打击效果有限。

4. 媒体炒作强化医患双方敌对情绪。

媒体和舆论有时在不了解实情的情况下或者利益驱使条件下，片面地、不真实地报道医患纠纷，有的新闻媒体急于抢新闻，对尚未定性的医患纠纷失实报道，甚至受利益驱动制造轰动效应而导致负面影响，误导患者和家属引发纠纷或扩大事态，扩大了医患双方的敌对情绪。个别地方领导基于“维稳”需要，对有舆情扩散风险的纠纷事件，处置时瞻前顾后，往往选择“花钱买平安”来息事宁人、赔钱消灾，从而在客观上助长了“以闹求赔”的不良风气。这为公安机关调解和处置纠纷增加了无形的阻力，处置效果因之减损。

(四) 当前公安机关处置医患纠纷的应对策略

1. 树立法治思维和人文观念，公正执法人性执法。

党的十八届四中全会后，公安部党委发出通知要求全国公安机关增强法治思维、创新治理方式，着力提升公安机关依法履职能力。要求在维护社会稳定中遇到新情况、新问题时，强化法治思维，坚持依法治理，善于运用法治思维，善于借助法治方式化解矛盾，不断提升公安工作和维护稳定工作的法治化水平。对于公安处置医患纠纷来说，树立法治思维要进一步落实在熟悉相关法律法规上。目前上海、广东、湖北、江西等一些省市已研究制定了《医疗纠纷预防与处理办法》，这一处理办法的实施，对医疗纠纷的解决起着积极的推动作用，公安机关要组织民警学习和熟练应用。公安部近期提出“四项建设”，其中一项是“执法规范化”建设。公安机关要进一步完善医患纠纷处置中的执法制度，健全完善执法标准、执法程序和裁量基准，确保相关执法活动有据可依、有章可循，始终在法治轨道内规范运行。国务院公布的《医疗纠纷预防和处理条例》，自 2018 年 10 月 1 日起施行，《条例》明确提出开展诊疗活动应当以患者为中心，加强人文关怀。与此同时，警方在涉及医患冲突的执法中也应有一定的人文观念，人性化的执法是必须要考虑的方式，能通过柔性执法化解冲突就尽量不要选择硬化执法方式。

2. 严打涉医暴力犯罪。

医患冲突中，患方的冲突目标设定可分为经济性目标、价值性目标、混合目标，并通过协商、调解、诉讼、“医闹”等手段应对冲突，其中以“医闹”最为突出，并存在从“硬医闹”向“软医闹”转变的迹象。针对不断发生的袭医、伤医暴力犯罪事件，最高法、最高检、公安部、司法部、国家卫健委 2014 年联合制定了《关于依法惩处涉医违法犯罪维护正常医疗秩序的意见》，这一意见从法律层面大力增强了对“医闹”打击力度。公安机关一定要提高认识，要认识到维护医疗机构治安秩序、确保医疗机构安全稳定，不仅事关医务人员的人身安全，而且事关广大患者的合法权益、事关社会和谐稳定。对涉医违法犯罪要“零容忍”，对职业医闹要加强调查取证。对医疗机构的报警求助，要快速反应、果断处置，对构成犯罪的必须依法追究刑事责任。

3. 强化风险预警、建设平安医院。

当前公安机关要强化风险意识，对可能引发纠纷的案例做到超前预警应对。武汉市公安局要求各分局平时掌握辖区内医疗机构底数，督促指导医院建立健全专职保卫机构，在各医疗机构确定联络员，及时掌握纠纷的发展动态。在易发纠纷的大型重点医院周边设立警务综合服务站、治安警务室，平时强化对医疗机构及周边地区巡逻防控，一旦发生涉医案事件，就地就近调派力量处置。对已经出现一定苗头、可能引发较大群体性事件的医患纠纷，公安机关要及时与医院进行风险评估，积极引导医患双方通过协商或转入诉讼渠道来解决医患纠纷。2014年北京市公安机关在重点医疗机构设立警务工作站48个，先后出动警力2500多人次，现场制止“医闹”事件260多次，对部分相关人员实施了刑事和治安拘留以及警告、训诫等处理，收到了良好的效果。全国公安机关要主动加强与卫生计生等相关部门和医疗机构的协作配合，大力推进“平安医院”创建，以深化“平安医院”创建为载体，以提高预警防范和先期控制处理能力为重点，积极构建医疗机构治安防控工作新格局。“平安医院”的建设工作需要公安机关长期坚持，常抓不懈。

4. 深化协同机制、创新处置模式。

公安机关在医患纠纷处置过程中，主要责任是维稳处置及调解引导，难以承担责任认定、保险理赔等事责，在处置时以维护现场秩序、保护人身安全为要责。但鉴于医患纠纷后续发展的不可知性，公安机关应在自身能力范围内，积极主动地谋求建立纠纷处置的协同机制。

首先，要督促医院方面严格执行医患纠纷逐级报告制度，发生医疗纠纷应在规定时间内向医院所在地的卫生行政主管部门报告，及时并通报辖区公安机关。

其次，当医患双方认可公安机关作为第三方居中调解时，公安机关应力争现场达成一致，对现场达不成一致的，可以引导患方通过法律渠道维权，但不可以进行过激的违法行为。

再次，积极与政府、卫生行政部门、调解委员会等联系，促其发挥好各自的职能作用，当前尤其要注重发挥第三方调解机制的作用。“由于医院内部的自行调解以及卫生行政主管部门主持的调解存在诸多弊端，譬如调解主体的中立性问题，近几年，我国迅速发展起来的医疗纠纷调解模式大多以构建外部第三方调解为核心。”①第三方调解组织指的是由医患双方以外的中立第三方，在双方之间传达信息、理清事实、缓和矛盾，促进有效沟通，从而促成纠纷主体间达成一致意见。第三方调解机构是独立于医患双方之外的专业调解机构，可以运用医学、

① 侯元贞、林吉银：《我国医疗纠纷第三方调解机制的困境与出路》，载《南华大学学报》(社会科学版)2021年第6期，第84-90页。

法学及调解知识，较为公正、科学、透明地处理医患纠纷。一些地方实践证明，建立健全第三方调解机制可以把纠纷引向法治途径，有利于医患纠纷得到及时有效的化解，有利于探索建立一种新型的法治轨道下的处置模式。

5. 借鉴域外医院警察的有益经验。

大量数据表明，暴力伤医事件不仅仅发生在中国，国外的医护人员也同样面临着安全威胁。① 美国急诊医师学会的数据显示，超过75%的急诊医生报告称每年至少经历一次工作场所暴力事件，还有几乎同样比例的急诊护士报告称遭受到来自患者或来访人员的口头或身体攻击。这些数据显示，美国医院的安全和秩序同样也面临着严峻的挑战。为维持医疗秩序和保护医务人员，美国很多医院设立了专门的医院警察部门，即通过设立专门的医院警察局，在医院的特定区域内提供安全保障服务，维护医院的诊疗秩序。

根据美国劳工统计局(BLS)2014 年统计，美国共有 1270 名医院警察为医院提供执法服务。美国医院警察任务职责明确专一，有其特殊划定的管辖的范围和区域，这在有效维护医院区域的秩序同时，也能减少公共警察的工作量。医院警察工作方法主动前瞻，既体现在对医务人员、管理人员和患者具有较高的熟悉程度，又在其工作中包含着更多的预防性，即更加注重预防犯罪。

我国各地公安机关也可以借鉴上述医院警察制度，进一步科学规划医院警务室，根据实际需要为医院警务室配置足够的专业化的警力。要结合医院工作的实际治安状况，对医院地理环境、床位数、就诊量、接报警数量、区域犯罪统计等进行统计评估，对所需警力进行科学的分析，最大限度把具备做医患沟通能力的警员放到相关处警工作岗位。

医院警务工作中，要加强对民警的知识和技能培训。根据治安形势的发展变化，科学设置培训内容和方式，把应急事件处置、重点人员防控、医患矛盾纠纷化解、各类事件降级以及情报信息收集等作为理论技能培训的重点内容，还要注重对民警进行医学知识方面的基本培训，熟悉医疗纠纷处置的流程，增

① 牟中伟：《美国医院警察制度及启示》，载《湖北警官学院学报》2019 年第 3 期，第 134-142 页。

强培训的实用性和可操作性。在培训方式上，建议建立多样化培训机制，可以采用定期培训、轮流短期培训等方式，以提升警务室民警队伍的医患纠纷处置专业化水平。

另外，要进一步加强公安机关与医院保安部门的联系。1985 年，纽约市警察局(NYPD)组建了区域警察和私人保安联络协作项目。警察局向保安公司的主管通报当地的犯罪趋势和模式、通缉犯和丢失、被盗财物，并将这些信息传递到每个保安部门中去；保安公司反过来将内部犯罪情况、企业与个人保卫情况告知警察，并向警察提出建议；警察与保安公司的主管每月会晤，部门领导人每季度会晤，一线工作人员采取非正式会面；市警察局定期发布有关最近犯罪模式的情况，以及对犯罪人的描述、犯罪人图像等信息。这些协作项目有力提高了警务工作的效率。

公安机关可以吸取美国警察跟保安协同合作的经验，建立以警务室为依托，以民警为中心，多方主体参与，相互沟通，共同治理的医院警务工作模式。医院警务室可以作为各方信息交流汇集的中心，发挥民警的主导作用，加强与保安部门的信息交流。通过主动与医院保卫处、治安办等院方部门以及当地医患纠纷人民调解委员会进行联络，通报治安情况，以进行多部门间协作，形成联防联控，多方参与，以共同打击有组织的医闹等违法现象。

总之，由医患纠纷引发的医患冲突是社会治安治理需要高度关注的内容，仅靠现有的经验和模式既不能防止层出不穷的新情况，也难以有效化解多重因素累加的冲突风险。风险社会理论和美国医院警察的经验都为我们提供了观察我国医患冲突的视角，借鉴国外有效做法，树立风险意识和法治观念、重建医患间信任关系以及建立多方合作下协同治理机制，是推进医患冲突治理的有效策略。但如何根据中国社会的现实，以及当下网络语境的新境况作出治理策略上的不断跟进，仍是包括政府、公安机关、医疗单位和各种社会组织需要持久思考的命题。①

① 本部分系湖北省教育厅 2021 年度哲学社会科学研究项目“医患冲突化解与治理问题研究”成果。

第三节　网约车监管规制的优化路径

本节提要：我国互联网的快速发展对经济社会的诸多方面带来了巨大冲击和重构，各地纷涌出现的网络预约出租车很大程度上改变了人们的出行方式，同时也颠覆了政府先前的监管理念。网约车是适应"互联网+"时代、具有智慧交通和共享经济属性的新型模式，目前面临现实的、法律的和政府监管的各种难题，各地网约车新政出台后问题并未得到解决。当前需要尊重适应"互闻网+"的市场创新，改革落后僵化的出租车特许经营管理体制，确立以网约车为主的融合发展方向。要尊重适应"互闻网+"的市场创新模式；改革落后僵化的出租车特许经营管理体制；加强对经营平台主体的合理规范和科学监管；在强化监管的同时要加强服务，协调多方力量共同促进网约车规范发展。

我国互联网的快速发展对经济社会的诸多方面带来了巨大冲击和重构，2012年以来各地纷涌出现的网络预约出租车很大程度上改变了人们的出行方式，同时也颠覆了政府先前的监管理念，对既有的法律法规提出了挑战。2016年7月交通运输部发布《关于深化改革进一步推进出租汽车行业健康发展的指导意见》和《网络预约出租汽车经营服务管理暂行办法》两份文件，正式对网约车提供监管依据。上述法规一方面从法律层面承认了网约车的合法地位，另一方面也对网络车提出了规范要求。

至2017年初北京、上海、广州、武汉等大中城市相继出台本地的管理办法和实施细则，网约车的监管正式全面纳入了依法监管范围。网约车面临以严格监管为特征的"新政"重压，其未来发展面临巨大的不确定性。作为适应"互联网+"时代的网约车，网约车存在的合理性毋庸置疑，应当进一步研究适应新形势特点的规制举措。

一、网约车的发展态势和社会效应分析

网络预约出租车也称为网约车，指经营平台依靠移动互联网、大数据和云计算等技术，以手机 App 为主要服务平台，即时点对点地匹配司机和乘客的供需两端，实现社会公众方便快捷的用车出行。网约车是适应“互联网+”时代的新型交通出行模式，其服务包括专车、快车和拼座顺风车等。近年来滴滴出行、优步中国、易到用车、神州专车等网络约车软件相继在全国各大中城市出现，公众通过网络平台约车的人数迅速增加。据统计，2016 年以来，网络约车订单日成交量已超过 1000 万单以上，全国有超过 400 个城市开通专车服务，[①] 2016 年网络预约出租车用户规模为 1. 59 亿人，占网民比 22. 3%，2016 年全年使用网约车接近 4 亿人次。滴滴出行制定的未来三年目标是三分钟之内车到面前，每天服务 3000 万的用户和 1000 万的司机。

从现有网约车的迅猛发展态势看，与传统出租车相比，其具有以下社会效应。

（一）全面对接移动互联网，满足社会民众便捷、快速的出行需求

随着我国城市化、信息化的快速发展，公众的用车出行需求不断增长提升。网约车通过手机 App 软件进行网上实时预约，司机和乘客通过移动叫车平台的 App，使得供需双方同步信息沟通。司机在最短时间了解乘客特定需求信息，乘客也同时获得近距离的司机与车辆的信息，进而双方直接而快速地达成用车意向，加快了公众用车出行的时间和效率。

（二）提供多元化、分层次、高质量的用车服务

目前网约车平台影响较大的有滴滴、易到、神州专车、首汽约车等，形成了较为激烈的业界竞争。约车包括出租车、专车、快车、顺风车、代驾及大巴等多种用车形式，不同层次的公众可以根据自身实际需要进行选择。手机 App 软件可以预先了解车辆和司机的真实信息，并能分享行车路线，为乘客提供了

① 荣朝和：《构建适应网络约车的新监管体制》，载《中国经济时报》2016 年 1 月 19 日。

更多的安全保障，使服务更加贴近用户的经济需求和安全需求。手机 App 软件通过建立司乘交互评价体系，促进司机和乘客文明守信，有助于共同提高乘车服务质量。据全国消协组织与中国消费者报社联合举办的一次“专车服务消费者权益保护状况调查”结果显示，超过 7 成受访者对专车服务感到“满意”或“非常满意”。

（三）具有“互联网+交通”的智慧交通属性

有利于缓解城市交通压力。网约车高效便捷的用车出行模式，有效降低了市民购买私家车的意愿，减少了自驾出行比例，提高了车辆和道路资源的利用效率，缓解了城市道路拥堵，同时也减少了城市车辆的污染排放。将来政府与企业共建数据共享平台，通过大数据分析等技术，为实现精准治理，破解交通问题提供了良好基础。

（四）适应“互联网+”时代的共享经济要求，扩大就业渠道，带动和激活各类社会经济发展资源

当前我国正在实施“互联网+”行动计划，网约车中仅在滴滴出行服务的司机数量就已经达到 1500 多万。滴滴出行发布的再就业报告显示，截至 2016 年 5 月底，来自钢铁行业的滴滴司机共计 21.9 万人，在滴滴平台上注册的武汉车主中，有 7000 人来自武钢。[①] 除了参与公共交通载客服务之外，网约车还在物流、快递、配送等所有涉及人或物传递的领域提供服务，规范的、活跃的网约车服务可以激活地区闲置的各种资源，提高人员、物资流动效率，大幅度降低时间、人力、环境等运营成本，成为共享经济和互联网经济重要的新引擎。

二、网约车面临现实层面、法律层面和监管层面的难题

网约车在交通领域进行了颠覆性创新，它利用互联网信息共享打破了传统出租车和汽车租赁的商业运营模式，手机移动 App 平台使得消费者的约车方

① 王静：《中国网约车的监管困境及解决》，载《行政法学研究》2016 年第 2 期，第 49-59 页。

式、候车方式、支付方式和服务评价方式焕然一新，既解决了公众打车的难题，又契合了互联网时代智慧交通、共享经济的需求，但在现实层面、法律层面和政府监管层面，面临着巨大的现实难题。

(一)网约车在现实上对传统出租车行业构成巨大冲击

网约车在滥觞阶段只是将合规出租车接入互联网平台，实现供需信息即时匹配，优化公众乘车体验提升，出租车司机也从中受益。在其后续发展中，网约车先是被视为对传统出租车市场的补充，但随着大量私家车介入平台公司的软件，无障碍地向乘客提供用车服务，网约车与传统出租车形成正面直接竞争关系。受到网约车冲击的既有出租车司机，也有出租车经营许可证即牌照持有者。据媒体报道，全国各地的出租车因政府对网约车管制不力而引起的罢运事件相当突出，事件背后是对自身特许经营权利的诉求。

(二)网约车的营运性质决定了其初始进入市场时法律上的“非法性”

根据《道路交通安全法》《〈道路交通安全法〉实施条例》以及《道路运输条例》等法规的规定，机动车按照其经济属性，分为营运车辆和非营运车辆两大类，所谓营运车辆，就是指以获取利润为目的非家用汽车。当前网约车除少部分车辆与汽车租赁公司签约外，大部分是私家车辆接入平台进行市场营运。实际上从事网约车营运的车辆大多数登记在个人名下，在法律性质上等同于此前各地打击的“黑车”。

(三)网约车对政府既有监管机制形成挑战

根据目前的法律规定，出租车经营权由政府特别许可，《中华人民共和国行政许可法》和《国务院对确需保留的行政审批项目设定行政许可的决定》规定，“出租汽车经营资格证、车辆运营证和驾驶员客运资格证核发由县级以上地方人民政府出租汽车行政主管部门依法实施行政许可”。实践中从事出租车服务必须取得城市出租汽车经营许可证、车辆运营证和驾驶员服务资格证。未依法取得营运资格的网约车的盛行和扩张，实质上对既有的出租车监管体制构成了挑战。政府对城市出租客运的监管包括控制出租车的总体数量，设置特许经营权的指标年限，出租车营运过程中实行政府制定计价标准、服务准则与奖惩规则等。而现有的网约车彻底打乱了原有的监管体制和市场规则，政府准入已形同虚设，平台公司承运人身份模糊，出现问题时责任关系也难以界定等。

三、建立适应"互联网+"的监管机制

在当前的经济社会网络化发展的浪潮中，互联网技术、大数据、共享信息网等现代化的科技技术迅猛发展，网约车服务平台为人们提供了广泛的多样性、便捷化和人性化的服务。随着新服务、经营管理模式和商业形式的出现，相关的法律管理方面必将面临新的问题。① 尽管各地都在管理"新政"中提出"网约车与传统巡游出租汽车的融合发展"的管理目标，但事实上，网约车以营运车辆纳入管理，对平台企业、网约车辆、网约车驾驶员增加了诸如企业取得许可和增加法律责任，驾驶员为本地户籍并需取得从业资格，车辆规定牌照、档次、报废年限等系列规定，实际上网约车在此"新政"之下发展空间变得相当逼仄，笔者以为需要进一步研究和优化现有的监管体制。

（一）尊重适应"互闻网+"的市场创新模式

现代社会治理理念强调与时俱进，顺应潮流。在移动互联网技术普及的当代，网约车既是市场与信息技术结合的商业创新，也是社会公众出行普遍需求。现有的出租车客运市场存在着拒载、罢运等问题，对于政府的监管者而言，在根据现有法律采取相应措施的同时，更要有尊重适应时代特点的市场创新的意识，这不仅是解决问题的根本起点，也是实现良性规制发挥效应的关键因素。行政监管也要坚持谦抑原则，最高人民法院副院长、行政法专家江必新曾提出进不进行监管、采用什么方式监管都要坚持谦抑原则，监管到什么程度要谦抑，在什么范围内进行监管也要谦抑，而网约车"新政"的一些细则某种程度上说是超越了谦抑原则。

（二）改革落后僵化的出租车特许经营管理体制，确立以网约车为主的融合发展方向

在现有体制下传统出租车改革难以推动，而从实际功能上看，出租车与私

① 田维浩：《论网约车平台在交通事故中的责任》，载《河北企业》2022 年第 7 期，第 155-157 页。

家车同样都是满足个性化的出行需求，“本质上是私人交通，并不属于公共交通体系”。当前适应“互联网+”的网约车新业态提供了改革机遇，同时也对政府的行业治理水平提出了挑战。政府有关方面应当利用机会重构出租车行业，尽快转变思路，对出租车特许经营制度及相关落后僵化的监管体制进行改革，注重政府与平台的合作监管体制设计，推动建立一个能有效自律，同时又规范有秩序、安全有保障的以网约出租车为主导的新业态。

（三）加强对经营平台主体的合理规范和科学监管

网约车经营平台主体具有接入平台的审核能力和相关技术，在信息配对、营运过程、费用支付、服务评价、纠纷处置各环节都承担有相应责任，起着决定性作用。美国数地的立法中均明确网络平台公司是网约车的监管重点，政府和网络平台合作实施监管责任，政府机构制定车辆、司机和保险的运营标准，平台企业承担落实标准的义务和责任。① 这些做法值得借鉴，但同时也要结合我国社会实际，不能过多给相关企业增加难以承受或不能实现的责任压力。

（四）政府在强化监管的同时要加强服务，协调多方力量共同促进网约车规范发展

江必新认为在转型期，市场竞争不充分与过度竞争的现象并存，损害消费者利益与损害公共利益的现象并存，② 政府的责任主要是加大经济性监管力度，以解决市场失灵问题，③ 政府对网约车监管的重点是安全性和规范有序性问题。安全保障是网约车运营的基础和重心，包括消费者的人身安全和个人信息安全，为此需要研究和明确车辆和驾驶人员的准入标准和管理标准。规范有序主要是在当前阶段如何促进网约车与传统出租车协调发展的问题，即使在新政落地后，这一难题仍对政府的管理能力仍然提出了挑战。由于网约车具有基于移动互联网技术而产生的新型跨界服务模式，政府还需要协调通信、公安、交通、工商、税务、旅游等部门协调配合，共同形成监管合力，从而促进网约

---

① 王惜纯：《在线推动差异化竞争》，载《中国质量报》2016 年 11 月 3 日。

② 江必新：《迈向文明的中国行政法治》，载《中国社会科学报》2011 年 1 月 6 日。

③ 荣朝和、王学成：《厘清网约车性质，推进出租车监管改革》，载《综合运输》2016 年第 1 期，第 4-10 页。

车安全有序、规范协调的发展。

第四节　校园贷的风险分析及多元治理路径

本节提要：作为一种对高校大学生群体提供金融借贷服务的新模式，校园贷的初衷和出发点是满足大学生正当的金融需求。校园贷作为一种针对高校大学生群体提供金融借贷服务的新模式，当前在发展中暴露出诸多问题和风险。尽管相关部门相继出台了系列管制规定，但各种整顿事实上难以形成强制约束力。当前必须充分认识校园贷的现实危害及犯罪风险，加强市场运行中的法律监管，公安机关要加强对涉嫌犯罪的严厉打击，校方要加强日常引导、宣传与教育，以此形成多元化的综合规制策略。

近年来我国互联网金融快速发展，同时也呈现出诸多乱象。2014 年起互联网校园贷逐渐活跃于我国各大高校校园，这是一种以“互联网+”为大背景和技术支撑的新兴贷款平台。作为一种对高校大学生群体提供金融借贷服务的新模式，校园贷的初衷和出发点是满足大学生正当的金融需求，比如可以解决部分大学生因家庭经济受限而导致学费、生活费、创业启动资金不足的难题。

但在现实发展中，一些不良放贷公司出于对超额不正当利益的追逐，利用目前我国监管机制还不成熟以及大学生个人消费观念和心智不甚成熟的因素，为大学生提供超出其自身承担能力的经济贷款，进而在高额手续费和高利率下造成部分大学生承担过重的债务，有的大学生因为校园贷无法偿不得不中断学业，有的因为卷入高利贷被暴力催收、“裸贷催收”而产生精神障碍，个别的还导致自杀，更有许多学生家庭也卷入其中，痛苦不堪，由此引发了全社会高度关注的“校园贷”问题。

国家银保监会联合工业和信息化部、公安部、工商总局、国家互联网信息办公室等十五部委联合发布《P2P 网络借贷风险专项整治工作实施方案》中，“校园贷”被列入重点排查范围。2021 年 3 月 17 日，中国银保监会等五部门印发《关于进一步规范大学生互联网消费贷款监督管理工作的通知》，进一步引发各方面的关注和讨论。因此对其深入研究有很大的现实意义。

一、我国校园贷的发展及整顿现状

从国际上看，校园贷并不是新鲜事物。前美国金融协会主席、前印度央行行长拉古拉迈·拉詹坦言，“信用作为通向机会的钥匙和通向你应得的消费的手段，或者是作为罪恶的债务和你抵押的永远不会拥有的未来——这两个相反的观点贯穿于美国的历史”。据统计，美国除了家境富裕的少数学生外，约70%以上的大学生需要依靠助学金和各种公私学生贷款才能完成大学学业。据纽约联邦储备银行(FRBNY)最新发布的《2016年学生贷款借款和还款趋势》研究报告，美国学生贷款总额为12300亿美元，超过当年的汽车贷款和信用卡贷款。美国在校大学生一般有3种贷款形式可供选择：联邦政府贷款、私人贷款机构贷款以及网络借贷平台。① 而且大学生在接受校园贷的金融服务的过程中，也会早早锻炼个人财务管理能力。尽管如此，在消费贷款发达的美国，围绕大学生使用信用卡，也有持续不断的争论。

从20世纪90年代初开始，因为贷款机构肆意向在校大学生发放信用卡，造成大量美国大学生背上沉重的供求债务，甚至不少学生因此申请破产，极端的自杀案例也屡见不鲜。美国18~29岁年龄段的破产者，2020年第4季度为每千人里10.32人，其中不少人就是因为在没有收入能力的大学生时期借下过多债务而引发破产。由此引发了学校、家长、社会团体、立法机构、学者的质疑和争论。直到2009年，在各方面改革呼声的推动下，美国总统奥巴马才签署《信用卡持卡人权利法案》，加强了对在校大学生使用信用卡的约束条件。

我国文化上与美国不同，美国很多大学生需要本人自行承担教育和生活费用，他们不得不靠打工和学生贷款维持学业。而中国社会中，只要父母经济允许，大多数都会尽力为子女上大学筹措费用。因此，我国早期的校园贷款是国家向家庭经济困难大学生提供助学贷款，有严格的申请与审核流程，实施效果

① 李忠东：《美国如何规范校园贷》，载《检察风云》2017年第17期，第16页。

良好。当前校园贷主要是指贷款发放对象为大学生，放贷形式多集中于网络贷款的消费贷和小额贷款。从形式上看，可以主要分为三大类，一是专门针对大学生的分期购物平台，如趣分期、任分期等，部分还提供较低额度的现金提现，如支付宝的蚂蚁花呗和不同形式的分期付款；二是 P2P 贷款平台，用于大学生助学和创业，如投投贷、名校贷等，网络信贷公司在其中收取中介服务费；三是阿里、京东、淘宝等传统电商平台提供的信贷服务。2015 年，中国人民大学信用管理研究中心的《全国大学生信用认知调研报告》显示，① 有 8.77%的大学生有意向使用贷款获取资金，其中网络贷款几乎占一半。

上述各类贷款中除大的电商平台外，大多存在大量不良校园贷，部分不良互联网借贷平台和公司一边虚假宣传“低利息”“秒到款”，一边以降低审核门槛的方式诱导大学生超前消费、过度消费（如购买昂贵的手机等），再加上部分大学生心智不够成熟、风险意识欠缺、金融知识不足，导致部分大学生由开始的参与校园不良网贷，到后来背负上难以偿还的高额贷款利息。

由于近两年不良校园贷引起全社会高度关注，全国各高校采取了许多有效的措施，很大程度遏制了不良校园贷的蔓延。但由于互联网金融发展迅速，一些平台不断改头换面。再加上高校对大学生事实上很难掌握其借贷实情，当前在互联网金融铺天盖地的现实发展势头面前，对校园贷的控制还不可能做到完全掌控。只是部分的校园贷借贷形式更为隐蔽，而且从形式上看，其手法和程序上比以往更加符合现有法律规定，对其打击取证更加复杂困难。据笔者对所在的中部地区某中等规模高校的调查，仅在 2018 年前四个月，已发现校园贷 10 余例，其中有 2 名学生被迫因无法偿还贷款而离校退学。

银监会、教育部等 6 部委在 2016 年联合印发《关于进一加强校园网贷整治工作的通知》，2017 年 6 月银监会、教育部、人力资源社会保障部又联合印发《关于进一步加强校园贷规范管理工作的通知》，提出要“加大校园贷监管整治力度，从源头上治理乱象，防范和化解校园贷风险”。各地也出台了校园贷的规制措施，如上海市互联网金融行业协会要求各校园贷平台自觉遵守“五要五

① 刘建华：《网络陷阱与数据侦查》，武汉大学出版社 2020 年版，第 162 页。

不”规则；深圳市互联网金融协会要求从风险提示、信息审核、借款成本、借款用途、资格审查等九个方面对校园贷进行整顿。但各种整顿事实上难以形成强制约束力，校园贷的治理工作仍然任重道远。

二、当前校园贷的危害及犯罪风险

（一）校园贷扭曲了正常的金融借贷关系

随着互联网金融的涌现，我国金融借贷业的发展模式出现巨大变革，形成第三方快捷支付、P2P 网络借贷平台、众筹集资等新型模式。P2P 网络贷款平台使社会闲散资金与资金需求方迅速达成借贷关系，较好地提高了融资效率。但校园借贷平台在发展过程中，由于其借贷对象主要缺乏还贷能力的大学生，导致这种发展模式形成扭曲的形态，事实上成为变相的高利贷。多数借贷平台在对大学生的放贷过程中存在克扣资金、超高利率等情形，其借贷款的年利率远高于相关法律规定。2017 年 3 月，哈尔滨市一名女大学生因为生活上的问题，急需 3000 元钱，她听同学说可以贷款渡过难关，但她没有想到，最后所有的还款加起来有 20 多万元，还被骗入夜总会陪侍。全国已经发生多起大学生受“校园贷”控制而被迫辍学的案件。这种校园贷发展模式严重损害了正常的互联网金融模式的健康发展。

（二）校园贷冲击了正常的大学生学习生活

大学生是国家和社会发展的新生力量，尤其需要爱护和适当保护。校园贷打着合法网贷的旗帜，对正常的大学生学习和生活造成了严重冲击。一些以大学生分期购物为主要目的的平台，鼓励大学生超前消费甚至奢侈消费。部分大学生基于不正确的消费观念，或者对自己经济承受能力的过高自信，很容易进入校园贷的陷阱。一些不法平台勾结相关人员，利用大学生的人格尚不成熟的弱点，在校园内进行私下宣传，有的甚至结成组织，有目标的物色对象。再加上当前手机 App 的随手可得，便捷化、实时现金到账的诱惑，导致部分大学生卷入校园贷难以自拔，其直接性的后果就是这部分大学生的正常学习生活全被打乱，有不少人因无力偿还、不堪骚扰、暴力催收等而无法继续学业。

（三）校园贷对大学生个人及家庭造成严重伤害，成为社会性的危害

从各地报道出来的案例看，校园贷对相当多的大学生及其家庭造成了伤害。根据目前各种报道来看，因还不起校园贷款而自杀的案件数量较多，很多校园贷平台都存在收取高额利息、收取名目众多的费用等乱象，乱收的费用涉及利息、罚息、管理费、逾期违约金、中介费等不一而足。很多情况下各类名头费用加起来构成一笔大数目。根据《最高人民法院关于审理民间借贷案件适用法律若干问题的规定》第26条的规定，得到法律的支持和保护的是年利率不超过24%的利息，而现实中的很多校园贷，故意设置利率在法律认可的底线上。

有的贷款平台为了及时回款，采取的非常规的催收手段，例如被媒体曝光的"裸贷"，要求以借款人手持身份证的裸体照或小视频作为担保，一旦贷款逾期未还，贷款人以公开其裸照等手段逼迫或要挟借款人偿还。有的通过打爆借款人的电话、发恐吓短信、骚扰借款人的家长、亲友等方式催收。有的假装律师、法院工作人员发布人身攻击性的恐吓信息等方式，有的甚至要挟以性交易方式偿还，这些行径使在校大学生及家庭深受其害。

（四）校园贷还隐含有较多的犯罪风险

一些校园贷平台在催收欠款时采取无所不用其极的手段，有的涉嫌危害人身安全，有的向欠款学生发出人身威胁的信息，更有一些催收人员以限制人身自由的方式来催收，其行为涉嫌非法拘禁。杭州经济技术开发区法院2017年审理了一起因大学生无力偿还高利息"校园贷"而导致的非法拘禁案。在杭大学生杨某，被借款中介4人连续非法拘禁将近一周，其间多次遭到殴打。4名参与非法拘禁及殴打杨某的被告人被该院一审以非法拘禁罪分别判处有期徒刑。

在催收过程中，某些平台及相关人员除了以人身安全相威胁之外，对不能按期还款的女大学生提出公开"裸照"的威胁，这一行为符合敲诈勒索罪的客观要件。当索还包括了本金和超出法律保护的高额利息部分，并且非法高息部分达到入罪数额，情节严重的，就构成了敲诈勒索罪。同时还涉嫌泄露个人隐私和传播淫秽物品。"裸贷"行为背后可能涉嫌介绍、组织、强迫卖淫。

“校园贷”机构平台有时为了抢占市场份额，常选择招募一些在校大学生作为校园代理人，这些人员有的利用自身条件获取其他学生个人信息，进而冒用他人信息在平台上借款，涉嫌互联网骗贷。放贷人将受害女大学生裸照或视频放到网上传播的行为，足以造成贬损他人人格、破坏他人名誉之恶性后果，属于侵犯借款人名誉权的行为，情节严重的，可以构成侮辱罪。

校园贷实际借贷过程中需要借款人提供照片、身份证、联系方式等个人信息，由于网贷行业监管缺失、准入门槛低，部分平台的运营系统内部管理制度漏洞百出，常常造成借款人个人信息和重要隐秘数据的泄露。① 有的甚至无视国家关于公民个人信息保护的法律规定，将所收集掌握的公民个人信息出售或非法提供给他人，情节严重的，可构成侵犯公民个人信息罪，等等。

三、构建校园贷的多元化综合规制路径

现有的校园贷监管措施主要是原则方面的规定，针对当前我国校园贷的实际情况，笔者认为需要综合运用市场运行中的法律监管、涉嫌犯罪由公安进行严厉打击、日常由校方宣传教育的多元化规制策略。

（一）进一步加强网贷市场的法律监管

从互联网金融市场来看，由于现阶段各地银监局、金融协会、金融办、教育部门多家共管校园贷，造成监管机构事实上难以建立高效的协调和联合处置机制，相关责任难以落实，因此需要建立统一的监管机构。要进一步规范和打击虚假宣传。很多贷款平台都有不符合事实的宣传，甚至是诱导性宣传，很多大学生都曾经见过各类社交平台上的校园贷类的推广信息。许多校园贷款平台在审核父母电话时都相对宽松，造成学生父母难以及时知情。一些网贷平台有意发展学生代理，利用学生之间的同学友情来建构信任关系，不断诱导学生贷款。除此之外，网贷公司还积极与驾校、培训机构等商业机构合作。一些贷款公司及从业人员在向大学生群体推销业务时，往往不如实告知真实风险以及贷款利息、违约金、滞纳金等收费项目的计算方式和金额，以“零首付”“零利

---

① 冯姣主编：《法府拾穗》，浙江工商大学出版社 2019 年版，第 12 页。

息”等低门槛进行欺骗诱导，致使许多涉世不深、自制能力较弱的青年大学生上当受骗。监管机构对此负有加强监管的义务。

有学者提出应在普惠金融部网贷处设立专门的“校园贷业务监管中心”，[①]这样就有专业的工作人员，从而能更好地履行监管职能。笔者认为，这种内部监管机构最好还是在教育行政机构设立，教育行政机构会直接指导高校，对校园贷的处置也会更为直接、迅速、有效。此外，要严格审核及宣传程序，不得做虚假宣传。要规范校园贷的费率，所有的综合费用相加不得超过国家法律规定的利率。同时要限制平台针对大学生的授信额度。

（二）公安机关应充分发挥对涉嫌犯罪的打防作用

在我国现行的权力分配格局下，虽然说社会治安治理需要多元主体，但无可否认的是，在涉及违法处理时，公安机关的权威、能力和效率是其他组织无法替代的，也是无法与之平衡的，任何时候公安机关都将居于主导性地位。鉴于校园贷事实上存在的大量违法和犯罪现象，公安机关应对校园贷中的不良现象予以高度关注。对于不规范的甚至带有暴力性质或恐吓性的催收，公安机关要坚决在现有法律的框架内予以处置。对于社会影响恶劣的犯罪，比如“10G裸条”类的案件，要在上级公安机关的统筹下，作为跨区域性的大案进行严厉打击。对于利用校园贷严重伤害大学生及其家庭的行为，要依法进行侦查取证和责任追究。

公安工作传统上讲究打、防、管、控的全过程应对，注重突出自身的武装属性和权威力量，这在维护社会治安秩序和打击刑事犯罪方面是很有成效的做法。公安机关长期对校园贷中涉嫌违法犯罪的保持高压态势，必然会对不良校园贷平台及从业者形成震慑力量，有利于高校和社会的稳定。最高人民法院、最高人民检察院、公安部、司法部联合发布了《关于办理黑恶势力犯罪案件若干问题的指导意见》，其中明确了即使有这些学生的签字、认可的情况，仍然能够构成套路贷，仍然是一种违法犯罪行为。它表面上只是以形式上合法的方

① 李玫、徐颖：《我国互联网校园贷市场法律问题与规制路径》，载《深圳大学学报》2017年第4期，第92页。

式出现，本质上是违法犯罪的行为，所以应该予以坚决打击，保障受害人的合法权益。

（三）高等院校需要进一步加强对在校大学生的宣传教育

高等院校承担着立德树人的主责，对高校大学生的在校生活和学习必须负起应尽的责任。不良校园贷的主责方固然是不良网贷平台和利益关联者，但很多受害的大学生也负有一定的责任。尽管在法律上大学生大多数是民法上的成年人，拥有成年人的民法上的权利和义务，但在现有环境下，很多大学生事实上存在心智不够成熟，消费观念畸形，对社会阴暗面了解不够等特点。一些大学生面对“校园贷”平台的极具诱惑的宣传时，往往难以约束自我。一部分大学生缺乏足够的金融风险防范意识，对网贷中除利率以外的服务费、手续费、违约金等计算方式不很清楚，也不注意借贷过程中相关证据的保存，直至因“拆东墙补西墙”而陷入巨额债务的恶性循环。

高校教育者能与大学生能日常保持近距离接触，完全可以通过扎实细致的工作，掌握校园贷在校内的发展情况以及学生的参与情况。高校要“引导学生确立良好的消费观，养成理性消费、合理消费、健康消费的习惯，提高识别校园贷陷阱的能力，并有足够的心理素质应对困境”。① 学校教师应当教育学生进一步提高自我保护意识，了解相关的法律法规。高校要促进大学生积极学习金融和网络安全知识，远离不良网贷行为。

当大学生有危险或者被不法分子威胁时，要学会用正当手段，包括动用法律武器来保护自己的合法权益。一旦自己深陷其中时，要及时告知自己的父母或老师，向自己的家人或老师寻常帮助。大学生自己也应当了解正当的借款渠道。对于家庭经济确实困难的学生，应到正规的银行业金融机构，通过正当借款渠道解决资金困难，而不应该轻信非正规的贷款公司。② 大学生对于来路不明、用途不清、主动上门的借贷资金，要保持高度谨慎态度。如果多数高校能

---

① 邓雁玲、杨亚强：《“校园贷”的犯罪风险及防范对策》，载《公安学刊》2017 年第 5 期，第 76 页。

② 郑宏源、徐超主编：《大学生安全教育教程》，云南大学出版社 2020 年版，第 92 页。

在宣传、教育、引导和管理上做好充分的引导性和预防性的工作，不良校园贷就一定难以为继，也一定能给校园大学生带来应有的稳定和安宁。

第五节　我国流动人口子女的安全问题与应对策略

本节提要：我国的城市化进程快速发展，近年来我国人口流动数量持续增长。我国流动人口子女的成长状况不容乐观，人身意外伤害、犯罪被害、心理疾患、网络负面影响等安全问题普遍存在；其产生的主要原因有父母监护和学校教育缺位，社会生活环境复杂，未成年人自我保护意识较差等。管理好流动人口及其子女，保障未成年人的人身安全，促进其健康成长，是全社会无可推卸的重要责任。当前需要创新社会管理机制，建立、健全适应形势发展的法律规范；强化家长、学校和公安机关的监护、教育、保护责任；建立流动人口子女关爱服务机制，形成全社会性的安全防范网络。

一、我国流动人口子女概况

进入21世纪以来，我国的城市化进程更加快速发展，近年来我国人口流动数量持续增长。2010年全国第六次人口普查数据显示，我国流动人口超过2.6亿，接近全国总人口的五分之一。2020年第七次人口普查全国总人口为14.4亿多，而人户分离人口达到4.93亿人，约占总人口的35%，也就是说每百人之中就有35个人是流动人口。根据国家统计局2021年5月11日发布的第七次全国人口普查（“七普”）主要数据，我国流动人口总量大幅扩增，从2010年的22143万人增加至2020年的37582万人，年均增长率高达6.97%。国家统计局发布的《经济社会发展统计图表：第七次全国人口普查超大、特大城市人口基本情况》同时显示，当前流动人口呈现出更加明显地向大城市及城市群集聚的趋势。东部地区和南方一些城市流动人口的比例超过10%，深圳、东莞等城市的流动人口占总城市人口的比例甚至已经超过70%，深圳与上海的流动人口数量均超过了1000万。

流动人口是指人户分离状态下人员，也就是人员离开其户籍所在地的县、市或者市辖区，而因工作或生活而异地居住的人员。流动人口可以分为流入人口和流出人口两种情形，流入人口是指来到本地区的非户籍人口，流出人口是指离开本地区到其他地方居住的户籍人口。至2021年底，全国流动人口增加到了3.85亿。这3.85亿人的子女中，有的长期留守家庭，习惯上称为留守儿童；有的不定期跟随父母在外地生活，处于流动状态，习惯上称为流动儿童。根据有关统计，流动子女过半不能与父母共同居住。

流动人口子女的教育和安全问题，均成为了全社会需要关注的棘手问题。据早先时候的2013年中华全国妇女联合会发布的《全国农村留守儿童、城乡流动儿童状况研究报告》数据，我国留守和流动儿童现有总数将近1亿人。① 目前这一数据应有相当大的增加。从有关方面的统计数据和新闻报道来看，当前我国流动人口子女正在成为庞大而特殊的社会边缘化群体，由此衍生的流动人口子女的安全问题日益突出。留守儿童和流动儿童同样是国家和社会的花朵，他们的人身安全和健康成长问题理应引起政府和社会的高度关注。

二、流动人口子女的安全问题原因分析

流动人口子女是一个缺少关爱的群体。据媒体报道，2015年6月9日，贵州省毕节市七星关区田坎乡4名留守儿童在自己家中服农药中毒死亡。事件发生后国务院总理李克强十分关切并作出重要批示，要求悲剧不能一再发生。事实上早在2012年11月16日，毕节市七星关区已经发生过5名留守流浪儿童在垃圾箱内生火导致一氧化碳中毒死亡的悲剧。类似的安全悲剧在全国范围内还有大量案例。本文将流动人口子女限定于父母一方或双方为流动人口的未成年人，其年龄一般介于3~18岁；“安全风险”既包括一般意义上的人身安全隐患，也包括影响未成年人身心健康成长的安全风险。根据笔者的调查和有关

① 中华全国妇女联合会：《全国农村留守儿童、城乡流动儿童状况研究报告》，2013年。

方面的报道分析，当前我国流动人口子女的主要安全风险可归结为三类。

（一）监管、看护缺位，安全教育缺乏，人身意外伤害频发

据统计，在流动人口子女的人身意外伤害类型中，溺水、交通事故、火灾、触电、饮食中毒、跌落是排在前面的几大杀手。有统计资料显示，当前我国儿童意外伤害发生率约为10%，其中4%的儿童因意外伤害而致残，1%的儿童死亡；在不满14岁的未成年人中，因意外伤害而死亡的占这一年龄段总死亡人数的第一位，其中留守、流动儿童在受害者中占比50%以上。留守、流动儿童由于缺乏父母陪护，或者离开了家乡原居环境，跟随父母进入一个陌生的外在环境，他们的身心都处于一种脆弱、不稳定状态。据全国妇联统计，目前全国留守儿童数量大约占农村同龄儿童的三分之一，主要集中分布在中西部人口大省，隔代抚养的，即与祖父母辈生活在一起的占到32.2%。

从监管、看护方面上看，这些未成年人尚处于被监护期，他们自身的安全意识和自我防护能力受身心发展程度限制，还需要成年人的监管和看护，然而由于直接责任监护人的缺位，或者因流入外地而缺少传统社会的“家族多人手支持”，这就为留守、流动儿童遭受人身意外伤害埋下了安全隐患。近年来发生在流动、留守儿童身上的各种意外伤害悲剧事件不胜枚举。如2008年7月湖南省涟源市洪灾中12名儿童死亡，其中11名是留守儿童；2010年陕西省扶风县5名六年级小学生相约自杀，其中4名是留守儿童。广东省佛山市某区调查数据显示，5岁以下流动儿童意外死亡率高于户籍儿童死亡率近5个百分点。① 有专家在研究后认为，我国城市流动儿童普遍缺乏“安全支撑网络”。他们在跟随父母进入城市后，即远离了先前在农村由家族内部亲人和熟人关系建立起来的“安全防护网”，再加上流动儿童在城市里的生活环境复杂，父母工作繁重无暇照顾等因素，导致城市流动儿童安全状况令人担忧。

留守、流动儿童意外伤害的发生，与儿童自身的安全意识和安全防护技能欠缺有很大关系。2013年广东博罗4名初中学生救一名溺水同学，最终5人全部落水身亡，类似的因安全意识和安全技能不足导致的意外伤害非常令人痛

① 邓崎凡：《城市流动儿童安全存隐患》，载《工人日报》2012年11月26日。

心。长期以来未成年人的安全教育在我国一直是个短板，比较起来，流动人口子女的安全教育机制就更加薄弱。曾经一个时期，我国多地发生了校园、幼儿园恶性伤人案件，引发了社会对学校安全的高度关注。但是，对于如何提高未成年人，尤其是留守、流动儿童的安全意识和安全技能，目前社会的关注度仍然有待提升。很多留守、流动儿童会经历“留守—流动”两种经历变迁，他们很难像正常儿童那样接受完整的、系统的、规范的学校安全教育。我国学校的安全教育课程还未纳入教学体系，课程开设还不普遍，安全教育在内容和方法上还处于初级阶段，缺乏必要的针对性实践演练。

（二）社会生活环境复杂，家庭经济贫困，容易成为犯罪被害对象

我国留守儿童大部分生活在较落后的农村地区。近年来我国工业化和都市化进程飞速，农村青壮年人口大量向都市集聚，留守农村的大多是老人和儿童。与城市相比，农村散居形式的治安环境较为复杂，老人和儿童无论在体力上还是智力上都处于弱势，容易受到犯罪分子的不法侵害。据有关研究显示，14周岁以下留守儿童日常在校率仅为88%，其余的长期在校园外游荡。这一群体既容易受到意外伤害，更容易成为不法分子侵害的对象。公安部近年的一项调查情况显示，全国未成年人受侵害及自身犯罪的案例大多数在农村，其中留守儿童占大多数。以重庆开县为例，2005年至2010年，开县检察院受理公安机关移送审查起诉的案件中涉及被害人是留守儿童的，每年均多达20~30人，上述数据尚不包括未被发现或被追究的被害案例。①《全国农村留守儿童状况研究报告》显示，被拐卖儿童中流动儿童占据第一位，留守儿童居第二位。留守儿童之所以经常成为拐卖儿童犯罪的侵害对象，主要原因在于特殊的农村环境下，单亲监护或隔代监护很难有充足精力应对有针对性的拐卖犯罪。

城市流动儿童的父母作为外来务工人群，一般经济条件较差，多寄居生活在建筑工地、商贸市场、城中村、城郊接合地带等复杂、混乱场所。其家庭居住环境相对较差，居住面积很小，交往人群素质不高，周边人员混杂，不乏

① 涂仁菊：《开县农村留守儿童遭受犯罪侵害的特点、原因及防范对策》（学位论文），西南政法大学2011年硕士论文。

"黄、赌、毒"等违法现象。这些流动人口多数从事服务性行业，以体力工作为主，他们既没有足够的教育知识，也难以有精力照顾子女成长，很多人没有经济条件支撑子女入托或入读公立学校，有的未成年人甚至遭遇拐卖。一些贫困家庭的儿童也容易成为父母虐待、伤害的对象。

美国犯罪学家洛斯·英格里斯指出，"家庭面临的压力使很多父母对孩子异常残酷，虐待和遗弃在美国已相当普遍，遭受虐待的孩子身心受到了严重摧残，并影响了以后的生活方式"。① 据 2013 年东莞市某区人民检察院通报，从 2009 年起该院虐童、伤童犯罪案件呈上升趋势，这些案件的侵害人均为孩子的父母，他们多为文化程度较低的外来流动人员，大多由于生活压力、情绪失控等原因而对子女进行虐待伤害，且手段较为残忍。②

（三）存在心理疾患、行为越轨和网络不良文化负面影响，潜在安全风险加剧

当前流动人口子女的安全风险除了显见的人身意外伤害和犯罪被害以外，潜在的安全风险因素也不容忽视。一些地区出现的留守、流动儿童的自杀案例警醒我们，当下必须高度关注这些未成年人的心理健康状况。心理健康问题是留守、流动儿童很容易出现的问题，而且多表现为隐性。留守、流动儿童的心理健康问题主要表现在性格缺陷、行为障碍、情绪障碍、社会适应障碍、学习障碍等方面，其中又以性格缺陷、行为障碍最为突出。当儿童在成长过程中出现各种心理不适不能得到适当帮助时，这种不良心理继续发展，就会渐次出现如强烈孤独感、受歧视感、身份认同混乱、焦虑、抑郁等心理疾患。国内学者通过研究发现，留守、流动儿童普遍有较高的焦虑、抑郁、自卑感等消极情绪，他们的安全感和幸福感与同龄人相比明显降低。

李宝峰在教育部课题"中部贫困地区外出务工人员'留守子女'义务教育问题研究"项目中，采用症状自评量表对农村留守儿童心理状况进行分析，结论认为农村"留守子女"的心理健康问题检出率较高，具有轻度及其以上心理问

① 许章润：《犯罪学》，法律出版社 2007 年版。

② 郭文君：《东莞通报 7 起虐童伤童案》，载《南方日报》2013 年 2 月 28 日。

题的占31.0%，显著高于全国常规情况。郑庆梅等人曾对佛山市642名流动人口子女与585名本地儿童进行对照研究，结果显示，在焦虑、抑郁总分及广泛性焦虑、社交恐怖和学校恐怖等因子方面，两者有显著差异。① 我们在武汉某农民工子女就读的学校调查，采用日本铃木清等人编制的“不安倾向诊断测验”量表对部分流动儿童进行测试，测试包括学习焦虑、对人焦虑、孤独倾向、自责倾向、过敏倾向、身体症状、恐怖倾向、冲动倾向8个单项类别。测试结果显示流动人口子女处于心理亚健康状态的有21%，需要接受特别辅导的有9%，检出的心理问题有孤独倾向、恐怖倾向、冲动倾向、学习焦虑、自责倾向、对人焦虑和过敏倾向等，需要关注的数量高于本地生源10.5个百分比，其心理疾患检出率显著高于本地生源。

除了心理健康问题以外，流动人口子女的另一个安全风险是失学或辍学而导致的行为越轨。当前我国流动人口子女失学辍学现象严重，一方面，一些外出务工人员收入较低，对留守子女教育重视程度不够；另一方面，城市公立学校难以入学就读，有的收取巨额借读费和赞助费，有的农民工子弟就读的收费低廉的学校教学条件有限，学校安全管理和教学质量低下，教学环境差。因此，流动人口子女失学或主动辍学现象严重。这些未成年人过早辍学，往往意味着他们的社会化过程出现中断，在其刚走上社会之际，很容易出现冲动行为越轨。

华中科技大学戴洁等人的研究表明：离开家乡和学校后，这些未成年人的“生活场域”发生了剧烈的变化，与城市户籍人口相比，他们在经济、社会地位上居于弱势，不能享有城市诸多的社会服务和福利，工作与生活机会相对缺乏，从而易于发生叛逆心理、暴力行为和性越轨行为。② 流动未成年人常见的越轨行为主要有打架斗殴、盗窃抢夺、涉黄涉毒等。武汉市某区公安分局的2014年统计数据表明，在查处的未成年人罪错案件中，失学、辍学的流动未

① 郑庆梅等：《外来务工人员子女儿童行为和情绪问题的对照研究》，载《中华行为医学与脑科学杂志》2009年第7期，第650-652页。

② 戴洁、徐欢来、李华燊：《流动未成年人越轨问题理论探新与对策分析》，载《南方人口》2013年第4期。

成年人占比高达76%。上海市某区2013年前三个季度，未成年犯罪人数共有94人，其中外地来沪未成年人犯罪人数高达90.4%；2014年前三个季度，外地来沪未成年人犯罪人数占81.2%。①

一些有过被害经历的留守、流动未成年人后来也容易发展成为犯罪者，“众多的社会学调查的结果表明，刑法学中认为的犯罪行为人很多情况下是受害人，而犯罪行为是他们对先前不满采取的自助行为，是对‘不轨行为’的反应”。② 以我国农民工输出重点地区之一的重庆市为例，每年外出务工人员约700万，由此产生多达近235万名留守儿童。该市彭水县2010年1—9月的“两抢一盗”犯罪案件中青少年犯罪占81.2%，其中95.3%为留守未成年人所为。③这些数据足以说明问题的严峻性。

此外，网络不良文化也会诱导留守、流动未成年人产生不良行为甚至违法犯罪行为。调查显示，85%的外来务工人员对其子女上网情况没有任何监控。当前网络上存在的淫秽色情、犯罪手段信息不仅会造成未成年人思想混乱，而且可能成为诱发他们不良行为的重要动因。对于缺乏父母监护和师长教育、辨别能力不强、身心尚未发育成熟的留守、流动未成年人来说，网络的负面影响力正越来越突显。有学者指出，网络影响未成年人犯罪的机制正在向纵深化发展，已经从前些年较为简单的单纯不良信息传播，扩展到对犯罪手段、犯罪场所和犯罪组织的全面增发性影响；未成年人利用网络社交工具实施诈骗、抢劫、强奸甚至有组织犯罪的案件正在呈现出迅速上升趋势。④

---

① 苗伟明等：《城市外来务工人员随迁子女犯罪及其预防——以上海市S区为例》，载《青少年犯罪问题》2014年第6期，第26-35页。

② 唐纳德·布莱克、于妙妙：《犯罪作为社会控制》，载《山东大学学报》2007年第1期，第46-54页。

③ 胡江、杜伟：《留守未成年人犯罪预防的症结所在与根本出路》，载《青少年犯罪问题》2012年第1期，第39-42页。

④ 李川：《地方预防未成年人犯罪立法方向问题探究——以江苏省为例》，载《青少年犯罪问题》2015年第4期，第11-16页。

三、流动人口子女安全的防范策略

目前学术界普遍认同的，有效解决流动人口子女安全问题的最根本的方法是消除城乡二元结构，取消户籍制度及附加利益限制，尽快提高贫困落后地区的经济社会发展水平，促进流动人口及其子女全方位融入城市。但是，当前我国社会总体上仍处于社会主义初级阶段，地区发展很不平衡，贫富差距继续增大，上述期望还不大可能在短期内实现。管理好流动人口及其子女，保障未成年人的人身安全，促进其健康成长，是全社会无可推卸的重要责任。笔者以为，做好流动人口子女安全的防范工作，当前尤须注重以下方面。

（一）建立、健全适应形势发展的相关法律规范

党的十八届四中全会提出了“全面依法治国”的总目标，流动人口子女安全的防范工作同样离不开法治这个强有力的手段。我国现有关于儿童保护的法律主要有《未成年人保护法》《预防未成年人犯罪法》《义务教育法》等。儿童安全问题是我国《未成年人保护法》的重要内容，但1991年制定的未成年人保护法只有56个原则性条款，2006年修订的未成年人保护法尽管丰富了内容，增加到72条，但依然比较宏观，司法实践中难以根据该法来进行有效和有力保障。

目前大多数省份出台了配套的未成年人保护条例，但总体来说，各地在可操作性层面上一直存在很多问题。《预防未成年人犯罪法》对预防机构和有关部门的义务规定都比较宏观化、原则化，实践中难以形成有效协调和配合，预防实效大打折扣。1986年施行的《义务教育法》只有原则性的18条法律条文，2006年修订后增加为63条，明确规定了父母或者其他法定监护人在非户籍所在地工作或者居住的适龄儿童，当地政府应当为其提供平等接受义务教育的条件。新的《义务教育法》适应形势发展需要，为我国流动人口子女的教育权及健康安全成长提供了强大的法律保障。2015年8月底，我国《反家庭暴力法》草案正式通过了全国人大的审议，这也预示着儿童的安全权益将得到进一步强化。中央政府各职能部门尤其是教育部、公安部等，可以通过颁布部门规章或者政策性文件来强化这一保障，比如2006年教育部、公安部等部门联合制定

了《中小学幼儿园安全管理办法》。今后在保障流动人口子女安全问题上，地方性的立法和具体制度建设将居于更为重要的地位，新的规章制度和政策需要进一步结合当下流动人口子女的安全形势特点，比如建立专门的流动人口子女安全保护委员会，搭建预防未成年人犯罪协作平台，整合共享流动人口及其子女相关信息，保障流动人口子女上网安全等。

(二)强化家长、学校和公安机关的监护、教育、保护责任

现实中流动人口子女的安全防护，其主体责任者主要是家长、学校和公安机关。教育学理论表明，在儿童人格发育过程中，早期的家庭教育是非常重要的因素，家庭教育的断裂和亲情的缺失，容易导致留守、流动儿童心理失衡、行为失范、安全感缺失等问题。在法律上，家长作为子女法定监护人，承担着无可推卸的监护责任，即使面临现实经济困难，也不构成推卸义务和责任的理由。虽然当前大多数流动人口是因为经济原因与子女分离，但也有一些年轻父母缺乏应有的养育监护责任的原因。他们有的任由子女长期留守农村，甚至寄养在亲戚家，多年不闻不问；有的用粗暴训斥、体罚打骂等手段对子女进行管理教育，子女成为其不良情绪的发泄对象，遭受了心理或生理上的严重伤害；有的甚至在子女受侵害后也不理会不帮助。因此，有关方面必须加强作为子女安全第一道阀门的父母的教育，对拒不承担监护义务甚至违法犯罪的必须予以惩戒。

学校作为未成年人接受教育的主阵地，也是流动人口子女安全的重要守护者。学校的责任首先是尽可能不让留守、流动儿童在义务教育阶段失学或辍学，一旦学生离开了学校，其安全风险必然成倍增加。其次，学校应落实好《中小学幼儿园安全管理办法》，加大对留守、流动儿童的安全意识和安全技能的教育和训练。在强调加强传统安全教育的同时，学校方面尤须重视未成年人的法治教育、自护教育和上网安全教育，要让学生懂得如何保护自己，远离犯罪伤害、犯罪诱惑和网络不良信息的负面影响。学校除了要做好校内安全教育工作外，还可以积极发挥其联系留守、流动儿童父母和所在社区之间的枢纽作用。

公安机关近年来在加强流动人口管理方面形成了一些有效做法，但早前发生的一些针对在校学生的校园砍杀案、老师虐待学生案等表明，在主动保障流动人口子女的安全权方面，各地警方仍有许多工作要做。警方平时要加强安全方面的宣传教育，严厉打击针对流动人口子女的犯罪，形成有效的威慑力。警方要将留守儿童较多的村镇列入治安防范重点，在流动人口较多的城市区域，要注意维护好周边治安秩序。在当前信息化的语境下，公安机关对流动人口子女提供安全教育和防护的重要前提是掌握详尽的人口基本信息。流动人口的管理工作是复杂的系统性工程，牵涉到公安机关、计生、城管、教育等多个部门。实际工作中，各个相关部门的流动人口信息平台未能实现共享互通，存在信息不完备不准确、统计口径不一等现象，影响了公安机关对流动人口子女信息的准确掌握，这一难题亟待解决。

（三）建立流动人口子女关爱服务机制，形成安全防范网络

流动人口子女的安全防护工作需要政府多个部门和社会各界的有效合作。近年来全国妇联联合中央综治办、教育部等部门开展了农村留守儿童关爱服务体系试点工作，许多地方政府也将关爱流动人口子女工作纳入民生工程，开展了诸如建设留守儿童之家、托管中心等具体工作，取得了较为明显的效果。比如广东省共青团近年来对农村留守儿童群体开展有针对性的安全教育、生存教育和心理教育等活动，丰富、充实了农村留守儿童的课外生活，同时建立起了留守儿童的跟踪管理档案。① 针对网络文化的负面影响，该省共青团提倡在中小学开设未成年人媒介素养教育课程，提高重点青少年群体抵御外界不良影响的能力，促进其身心健康发展。目前这项关爱服务工作还未能覆盖所有流动人口子女，特别是对于大量的进城务工人员随迁子女的假期教育与安全防范还有待加强。由于父母忙于工作，在假期这些未成年人大多处于无人监管的“放养”状态。如何有效调动公安机关、社区、共青团、社会志愿者等方面的力量，形成全社会性的安全防范网络，是当前各地社会管理中需要努力解决的问题。

① 石军、张立伦：《构筑共青团治理重点青少年违法犯罪的策略——以广东省共青团为例》，载《青少年犯罪问题》2015 年第 4 期，第 39-45 页。

我国社会当前正处于转型期，可以预见的是，流动人口子女的安全问题将持续贯穿这一特殊时期。只要各级党委、政府和社会各界都勇于承担使命，通力合作，坚持不懈，我国流动人口子女的安全、健康成长就会有更加坚实的保障。

第六节　新型网络犯罪治理的难点及路径

本节提要：随着大数据时代到来，网络犯罪形式多样化，手段不断翻新。网络犯罪涉及数据技术的应用，与数据安全密切相关，研究网络犯罪的治理难点以及如何实施数据安全治理，对新型网络犯罪治理具有重要意义。网络犯罪治理存在手段隐蔽，取证困难，入罪标准模糊，技术判定复杂，犯罪行为智能化、复杂化，产业化和组织化等治理难点，今后要健全和完善网络犯罪的法律规制，大力推进法治化治理，加强数据安全治理，加强网络犯罪打击，提升综合治理水平。

随着大数据时代到来，我国社会经济生活领域变化迅速，网络已经成为我国经济生产、信息沟通、商品流通和人际交往的重要通道和重要载体。与此同时，各类网络犯罪逐渐产生，并且不断改头换面，呈现出不同的犯罪形态。2022 年 9 月北京市朝阳区人民检察院向社会发布《(2017—2022.6)网络检察白皮书》。白皮书显示，最近五年新型网络犯罪呈现激增态势，年均增长达 40%。[①] 网络诈骗、网络赌博和网上非法集资等犯罪成为当前网络犯罪的主要类型。由于网络犯罪涉及数据技术的应用，与数据安全密切相关，因此，研究网络犯罪的治理难点以及如何实施数据安全治理，对新型网络犯罪治理具有重要意义。

① 张雪泓：《新型网络犯罪数量增多手法加速迭代》，载《法治日报》2022 年 9 月 22 日第 6 版。

一、新型网络犯罪的主要类型及危害

当前，以电信网络诈骗犯罪、跨境赌博为代表的新型网络犯罪数量居高不下，各种类型的“杀猪盘”、刷单诈骗、贷款诈骗、冒充公司客服诈骗等犯罪不断演化变形，这类新型网络犯罪严重影响社会经济社会发展，严重侵害人民群众的合法权益。仅2020年我国公安机关侦办侵犯公民个人信息类案件6000余起，侦办黑客攻击及新技术犯罪案件约1800起，侦办网络黑产类案件1万余起，扣押“手机黑卡”500万余张，查获各类网络涉案账号2亿余个。2015年11月《刑法修正案(九)》施行后，针对或利用网络进行的犯罪涉及的罪名高达有47种。

根据犯罪行为方式以及侵害法益的不同，网络犯罪可以分为两大类别，一是利用网络而对计算机网络设施和网络工作环境实施的犯罪，如破坏计算机信息系统罪等。另一是将网络作为犯罪工具或手段实施的犯罪，即新型网络犯罪。随着信息技术的不断迭代升级，通过技术手段可以对前者犯罪防控实现预期效果，而后者越来越成为网络犯罪的主要形式。

根据国内外的有关统计，目前网络犯罪的类型包括：电子邮件和网络诈骗、身份欺诈(盗取并使用个人信息)、窃取财务或信用卡支付数据、盗窃和出售公司数据、网络勒索(为了防止威胁的攻击而索取钱财)、勒索软件攻击(一种网络勒索)、加密劫持(黑客利用不属于他们的资源开采加密货币)、网络间谍(黑客获取政府或公司数据)、以危及网络的方式干扰系统、侵犯版权、非法赌博、在网上销售非法物品、儿童色情制品的招揽或制作或拥有儿童色情制品、使用病毒和其他类型的恶意软件针对计算机的犯罪活动，以及其他利用网络实施犯罪的活动。

从犯罪形式上看，以前相当比例的网络犯罪是危害计算机信息系统安全犯罪等普通网络犯罪，但目前越来越多的是传统犯罪不断变化形式向互联网不同领域渗透。大量犯罪先是通过电话与被害人先进行沟通，然后再诱导被害人在互联网客户端进行操作，整个犯罪过程呈现出线上线下一体化流程。

根据英国埃森哲《2021年网络安全弹性状况》报告，从2020年到2021年，安全攻击增加了31%。每个公司的攻击次数从206次逐年增加到270次。对公司的攻击也会影响到个人，因为许多公司会存储客户的敏感数据和个人信息。根据英国保险公司Hiscox的数据，单次攻击——无论是数据泄露、恶意软件、勒索软件还是DDoS攻击——让各种规模的公司平均损失20万美元，许多受影响的公司在攻击发生后6个月内倒闭。Javelin Strategy & Research在2021年发表了一份身份欺诈研究报告，发现该年的身份欺诈损失总计560亿美元。对于个人和公司来说，网络犯罪的影响可能是深远的——主要是经济损失，但也会造成信任损失和声誉损失。

网络犯罪巨大的违法收益吸引不法分子从事网络犯罪，在网络经济犯罪领域如电信网络诈骗中，动辄上亿元的收益让犯罪分子敢于铤而走险。网络赌博、网络传销犯罪、侵害公民个人信息类案件等网络犯罪都存在巨额的违法所得，严重地损害国家和人民的利益，严重影响经济社会的安全稳定。

二、新型网络犯罪的治理难点分析

（一）网络犯罪手段隐蔽，取证困难

网络犯罪不同于传统的接触性犯罪，犯罪主要发生于网络虚拟空间，这导致取证相当困难。犯罪者基于网络技术如伪装IP地址、使用境外服务器、假冒正规运营平台等方式，逃避相关网络部门的监管。犯罪者常常采用保密通信、虚拟编码、计算机密钥、RSA算法、CCEP算法等技术，防止沟通信息外泄，上述措施增强了网络犯罪的隐蔽性，导致公安机关难以发现和开展有效侦查。而且还有盘踞在电诈利益链条上黑灰产业迅速发展，[①] 这对新型网络诈骗犯罪综合治理提出了更高的要求。

（二）入罪标准模糊，与民事侵权交叉

在各类App应用场景不断出现，各类交易电子化模式不断更新的环境下，网络犯罪时常与网络侵权有一定的相似性，二者的区别判断主要在于如何认定

---

① 张扬、邓志源：《电信网络诈骗犯罪态势分析与体系化应对》，载《湖北警官学院学报》2021年第6期，第80-88页。

入罪标准。实际司法过程中，存在网络侵权与网络犯罪难以认定和区分的难题，既有缺乏明确的认定标准因素，也有众多案例具有个性化特征，其焦点问题难以厘定的因素。比如非法获取计算机信息系统数据罪、帮助信息网络犯罪活动罪，在“情节严重”的列举情形中，大多是以定量或定额作为具体标准，而对“其他情节严重情形”并未作出详细规定，事实上也难以穷尽各类动态发展的情形。这样往往因上游犯罪或相关牵连犯罪未查清时，致使“情节严重”难以得到司法上的认定，成为司法实践中的难题。

(三)网络犯罪技术判定复杂，不易定性

与传统犯罪手段不同，新型网络犯罪高度依赖网络技术，比如近来的人脸识别技术，数据爬虫技术等。网络爬虫(又称为网页蜘蛛，网络机器人，在FOAF社区中间，更经常的称为网页追逐者)，是按照一定的计算机运算规则，自动地抓取互联网数据信息的程序或者脚本。这是大数据计算过程中获取所需信息的一种常见技术。但是这类技术是被人们正确利用还是被不法者非法利用，其带来的效果差别很大，具有或利与或害的“双向性”。这一技术可以从海量的数据来源中抓取需要的信息，实现大数据分析，同时这一技术的不当应用也非常容易侵犯他人合法权益。如果利用该技术从事网络相关的犯罪活动，比如危害计算机信息安全、侵犯他人著作权、侵犯商业秘密等，对此该如何定性，目前司法界还无明确的定性。有观点认为，对爬虫行为不仅要从形式上判断行为是否合法、是否正当，还要从实质上判断该行为是否具有正当化阻却事由。此外，一些新型网络技术如AI换脸、网络公关等，也带来了一系列网络安全与网络犯罪预防的难题。

(四)犯罪行为智能化、复杂化，产业化和组织化，治理难度大

新型网络犯罪行为伴随网络技术的发展而手段越发智能化、复杂化。具体方式有木马控制、黑客渗透、病毒操纵、DNS劫持、DDoS攻击等，还有的犯罪分子利用撞库盗取数据、预置静默插件等，甚至出现了网络型集资诈骗、非法吸收公众存款以及网络黑恶势力犯罪等。网络犯罪还呈现产业化和组织化的趋势。有的组织严密，有的分工明确，分为上游和下游，上游组织者提供有关技术、设备或平台支持，下游组织者利用提供的程序、工具、技术实施诈骗、侵犯公民个人信息等犯罪行为，攻击、敲诈勒索或扰乱社会秩序。由于可以隐匿身份，突破物理空间的约束，犯罪行为与危害后果之存在分离隔断，这都不利于发现犯罪，不利于相关部门开展犯罪侦查和收集有关证据。[①] 因此，网络犯罪的侦查打击和治理难度很大。

三、新型网络犯罪的治理路径

（一）健全和完善网络犯罪的法律规制，大力推进法治化治理

目前，我国已经建立了以《刑法》《民法典》《网络安全法》《个人信息保护法》《电子签名法》等为基础的相关法律体系。但相关法律还难以跟得上电子数据安全相关的新型犯罪的进展。有学者通过检视域外的立法保护模式，发现一些国家刑法立法不断细化数据犯罪类型，而我国的刑法依旧坚守以“计算机信息系统安全为核心的保护体系”，导致对数据犯罪的规制既不全面也不协调，司法适用混乱，进而造成罪名适用上的诸多障碍。[②]

另外，现实中，由于部门法的调整范围不同，各有侧重，法律实施机关各有其责，相关法律之间如何有效运转，如何配合衔接等都还是问题。比如民法典与刑法之间还存在边界模糊之处，在网络犯罪治理中经常面临可能触犯刑法但却民事合法的情形。因此，立法上要妥善处理部门法之间的衔接配合。法律规制上既要充分保障各类创新创业和网民的正当权利，又要能有效应对网络新型犯罪法律问题，即避免民事侵权行为犯罪化，又能规制网络犯罪活动。比如在认定“有其他严重情节”的情形时，重点应考虑导致国家机关或者金融、电信、交通、教育、医疗、能源等领域提供公共服务的信息网络受到破坏，严重影响生产、生活或者造成恶劣社会影响的，或者被用于危害国家安全犯罪、恐

① 张佳华：《大数据时代新型网络犯罪的惩治困境及进路》，载《学习与实践》2022 年第 5 期，第 85-95 页。

② 蔡士林：《我国数据安全法益保护：域外经验与立法路径》，载《深圳大学学报（人文社会科学版）》2022 年第 6 期，第 97-106 页。

怖活动犯罪、黑社会性质的组织犯罪、重大毒品犯罪或者其他严重犯罪的情形。①

（二）加强数据安全治理，预防网络犯罪

数据安全是保护数字信息在其整个生命周期内不受未经授权的访问、损坏或盗窃的安全保护行为，包含了信息安全的各个方面，从硬件和存储设备的物理安全到管理和访问控制，以及软件应用程序的逻辑安全。当前环境下，很多网络犯罪与数据安全密切相关，数据安全形势相当不容乐观，一些具有经济利益的高价值数据发生经常性泄露，很多App平台的个人信息滥用情况较为普遍，因此，加快提升数据安全治理，对预防和治理网络犯罪具有重要意义。

第一，注重数据安全的风险分析。与前几年的传统网络安全威胁相比，现今的数据安全不再局限于利用电脑的安全漏洞、种植病毒木马等形式进行网络攻击，而是具有更为明显的多样性和动态性特点。比如一些互联网平台为了商业推广而进行精准营销，大量收集与其提供的服务无关的个人重要信息。相关数据一旦被滥用或泄露，将严重侵犯用户的隐私权，并且也为网络犯罪埋下严重的风险隐患。

第二，注意网络数据共享。共享一方面固然可以提升数据的资源价值，但现实中许多数据的过度化不规范流动过程中，如果犯罪者将海量多元的非涉密数据通过大数据关联分析，就可能挖掘出隐藏在非涉密数据背后的重要价值，带来重大潜在的数据安全风险。②

第三，注意新技术新应用不当而带来新的数据安全风险。一方面我们主张要加大开发数据安全技术和安全工具。数据安全技术应该解决当今复杂、分布式、混合式或多云计算环境中日益增长的固有挑战。这包括了解数据驻留在哪里，跟踪谁有权访问数据，以及阻止高风险活动和潜在危险的文件移动。另一

① 喻海松：《网络犯罪的立法扩张与司法适用》，载《法律适用》2016年第9期，第2-10页。

② 宋捷：《数据安全风险分析及应对策略初探》，载《通信与信息技术》2022年第5期，第59-61页。

方面，当前新技术新应用不断被开发和应用，在极大促进经济生产和人际交流的同时，也容易成为网络攻击的对象，造成用户隐私泄露、重要数据被窃取，甚至引发网络犯罪。

第四，健全数据安全的法律法规。《网络安全法》《数据安全法》《个人信息保护条例》等法律法规已经正式出台，各平台、各涉及数据安全的管理方都应按照相关法律法规要求，做好数据全过程安全管理工作。公安部门要发挥主导作用，做好组织、协调和监督数据安全管理工作，督促有关部门主动开展合规风险识别、分析和隐患排查及整改等工作。数据应用组织应对数据采集、存储、处理和销毁等全生命周期安全进行安全而规范化的管理。

（三）加强网络犯罪打击，提升综合治理水平

第一，加强公安机关与检察院等司法机关的协作打击。对一些重大新型的网络犯罪案件，检察机关可以提前介入，对公安机关收集、固定、完善证据提出意见和建议，从而保证案件证据基础稳固。

第二，提高证据收集效率。要打破网络犯罪时空隔离导致的侦查效率不高、证据收集困难的现状，可以运用视频网络远程取证等方式，广泛联系受害人，做好视频调查工作。尤其要加强资金流数据的分析。资金流数据包括资金转出账户、资金转入账户、交易方式、交易时间等信息。① 取证中要加强对电子数据真实性、完整性和合法性的审查，必要时可以征求相关领域的专家意见，并结合相关证人的供述和辩解等证据综合判断。

第三，建立多部门联合治理。新型网络犯罪信息大多留存于电信网络、银行金融系统等系统内部，公安机关应加强与政府金融部门、银行部门、工信部门、市场监管等相关单位建立相关信息通报制度，从而建构起一个多部门联合执法、实现综合治理的长效合作机制。② 要探索政府组织、市场组织、社会组

① 李涛、屈闯：《网络侵财犯罪数据驱动型侦查模式研究》，载《湖北警官学院学报》2021 年第 4 期，第 55-66 页。

② 国家检察官学院浙江分院课题组，胡勇：《网络犯罪惩治重难点问题实践分析》，载《中国检察官》2022 年第 17 期，第 34-38 页。

织等主体有效的协同治理模式,① 只有如此才能形成一个防范、打击和预防治理相结合的整体机制，从而对网络犯罪进行长效化、动态化的治理。

① 沈燕梅:《社区治安协同治理：理论框架与优化路径》，载《湖北警官学院学报》2021年第6期，第89-96页。

第四章　中国特色公安学的学科建设论

第一节　建设中国特色的公安学理论体系

本节提要：我国公安学长期以来游走在政治学、法学、社会学和管理学的缝隙间，公安学与公安实务工作之间没有清晰的距离。公安学作为独立的一级学科进入国务院学位委员会和教育部的《学位授予和人才培养》目录里，这是具有里程碑式的事件，是公安学学科建设上的一件大事。至此，应该承认公安学科已经具有了相对独立的学科知识体系，建设具有中国特色中国气派的公安学理论体系当前具有非常迫切的现实意义。中国特色公安学理论体系的现代性建设必须用发展着的马克思主义指导，融入最新的理论体系，在与中国实践相结合和与中国的时代发展共生中不断推陈出新。

习近平总书记指出："哲学社会科学的特色、风格、气派，是发展到一定阶段的产物，是成熟的标志，是实力的象征，也是自信的体现。"①这一根本要求为繁荣发展我国哲学社会科学指明了方向，提供了遵循。

我国公安学长期以来游走在政治学、法学、社会学和管理学的缝隙间，公安学与公安实务工作之间没有清晰的距离。进入 21 世纪以来我国高等教育迎来了大发展的机遇，目前全国公安本科院校已经 20 余所。学科建设是一所大

① 《习近平谈治国理政》第 2 卷，外文出版社 2017 年版，第 338 页。

学发展的重要路径，公安学科发展及警务人才培养能力的优劣，对公安院校的发展起着至关重要的作用。2011 年，公安学作为独立的一级学科进入国务院学位委员会和教育部的《学位授予和人才培养》目录里，这是具有里程碑式的事件，是公安学学科建设上的一件大事。至此，应该承认公安学科已经具有了相对独立的学科知识体系，建设具有中国特色中国气派的公安学理论体系当前具有非常迫切的现实意义。

一、坚持用发展着的马克思主义指导公安学学科建设

中国特色公安学理论体系是否业已初步形成？这是一个有争议的话题，但至少可以认为中国特色公安学理论体系是一个“现在进行时”的存在，而且正在不断丰富发展之中。改革开放四十余年来，国内大批从事公安警学理论的研究者以及部分公安一线人士已经为这一体系做了大量基础性的工作。但客观地说，我们也必须承认，公安学界目前还较多地存在理论研究为阶段性具体工作作简单注释的现象，同时也存在大量以西方理论和理路来诠释我国公安工作的现象。如果今天的公安学界仍限于这样理路，那么，我们提出建构这一理论体系未来是否有持久的生命力就值得怀疑。

“现代性”作为一个世纪性的学术话语，在当代人文社会科学中具有重要的理论意义。当下任何一门人文社会学科如果不能在现代性视野中找到自身的价值定位，那么其内在的科学性、合理性甚至合法性都会令人生疑。现时代，公安学的现代性与推进“公安工作现代化”具有同构的关系，前者是后者在学科理论上反映。公安工作现代化建设社会主义现代化强国、推进国家治理体系和治理能力现代化的重要组成部分，是新时代公安工作的发展方向。新的形势下，加快构建符合新时代要求、具有中国特色的现代警务体系，是推进公安工作现代化的必由之路，也是公安学实现现代性的要求。

现代性肇始于 18 世纪的启蒙运动，以“理性”“自由”“主体”为精神标志。它不仅标志一个新时代的诞生，也喻示着人类能通过自己的理性设计从而追求美好社会的现实实现。马克思在谈到农民阶级的自在性和自为性时，提出了一

个重要的“主体性”命题：“他们不能代表自己，一定要别人来代表他们。”①当一个人被别人来代表时，便意味着这个人主体性的缺失。公安学和其他哲学社会科学研究一样，是一种思想性的表达，表达者的主体性具有重要地位。习近平总书记指出：“我们的哲学社会科学有没有中国特色，归根到底要看有没有主体性、原创性。”②要构建中国特色公安学，必须强化公安学研究的主体性。

从现代性角度思考中国特色公安学理论体系的构建，这看似是一个新鲜的话题，但这一命题或迟或早终会提上公安学理论界的思想桌面。当建构中国特色公安学理论体系的现代性成为研究者的内在动力并形成紧迫感之时，笔者相信不仅研究者本身会从中获具更高的责任感和使命感，而且公安学理论体系也将步入新的发展之途。

马克思主义具有鲜明的主体性和实践性。世界上不同国家的历史和国情不同，马克思主义强调理论必须与各国实践相结合。正是经过一次次的曲折发展，在马克思主义普遍原理与中国实践相结合的过程中，中国化的马克思主义才得以产生，并开创了中国革命、建设和改革的伟大事业，取得了中国特色社会主义的伟大成就。实践证明，建设中国特色的公安学的主体内容，也就是坚持马克思主义为指导，与中国的公安工作实践相结合，而不能亦步亦趋跟在西方的后面。

回顾历史，我们会更清楚地认识到现代性的价值意义。鸦片战争之后一百余年来，中国人民在西方先进国家的直接或间接的压力下，经过曲折漫长的奋斗，孜孜不倦地致力于建设一个现代化的文明中国。金耀基先生认为，“中国的现代化，在根本的意义上，是要建构一个中国的现代性，或者换一种说法，即是要建构一个中国现代文明的新秩序。这是中国人 20 世纪未竟之事，也是中国人 21 世纪最根本的大业”。③ 这一建构历程绝不仅是文化启蒙、民族独立和国家的富强。中国一百年来的一个接一个的现代化运动，就目的而言无非都

① 《马克思恩格斯选集》第 1 卷，人民出版社 1995 年版，第 678 页。

② 《习近平谈治国理政》第 2 卷，外文出版社 2017 年版，第 341-342 页。

③ 金耀基：《从传统到现代》，中国人民大学出版社 1999 年版，第 6 页。

是在建构一个中国现代的文明秩序，或建构一个现代性中国。

从中国警察建制史来看，早在晚清之时，以葛元煦、何启、郑观应、陈炽、胡礼桓等人为代表的早期改良思想家们就显示出以现代西方警政来建构现代文明秩序的冲动。他们普遍看到了西方警察制度在维持社会治安、保障公共安全方面发挥着重要作用，积极主张在中国设立警察制度并提出了中国建警的具体途径和方法。1898 年，主张变法维新的湖南按察使黄遵宪得到湖南巡抚陈宝箴等人的支持，最终获准在长沙筹建湖南保卫局，其主要职责为“去民害，卫民生，检非违，索罪犯”。湖南保卫局成为中国现代警政的开端。1902 年，袁世凯在天津成立“天津巡警总局”。1905 年 9 月，清廷设立巡警部，各省设立警察督办。这段警察行政历史“是为中国采用现代警察制度之嚆矢”。①此后，中国的警政建设一直与国家政治命运的发展紧密相连，与中国人民对现代文明的曲折追求相伴相生。

中国是一个与西方完全不同的文明古国，具有鲜明的历史延续性和政治主体性。近代以来，尽管遭遇西方列强的挑战，并被迫向西方学习，但中国始终作为一个独立自主的国家延续下来，实现了民族的伟大复兴，崛起于世界民族之林。同时，在这一过程中，也产生中国化的马克思主义。它不是对马克思主义理论的照搬照抄或简单复制，而是具有很大的原创性。

20 世纪中期，以马克思主义为指导思想的社会主义国家政权在中国成功建立。尽管社会主义建设之途并不顺坦，但中国共产党人还是成功地将中国引向了现代文明秩序之途。改革开放四十余年来，中国的政治、社会、经济与文化建设全面推进，并且在社会主义建设实践的基础上，中国共产党人将马克思主义与中国实践相结合，总结形成了中国特色社会主义理论体系。这一理论体系凝结了中国共产党人领导人民不懈探索实践的智慧和心血。坚持以中国特色社会主义理论为指导，对于实现中华民族的伟大复兴和实现中国现代文明秩序的建构，具有重大而深远的历史意义，同时也对当代中国社会科学的各门学科建设具有重大的指导意义。

① 余秀豪：《警察学大纲》，商务印书馆 1946 年版，第 6 页。

党的十八大以来，中国特色社会主义进入新时代，中华民族伟大复兴进入关键时期。习近平新时代中国特色社会主义思想在新的历史方位与时代条件下有效回答了新的时代课题，对马克思主义发展作出了新的原创性探索。“其对于社会主义建设规律认识的深化主要表现在：丰富和发展了马克思主义的人民观；提出国家治理现代化思想，将马克思主义的国家学说提升到一个崭新高度；深化了对五大建设的规律性认识；推动最终成功走出中国式现代化道路，创造人类文明新形态。其对于人类社会发展规律认识的深化主要表现在：提出推动构建人类命运共同体，提出了新的价值观、文明观、发展观、安全观、治理观，为马克思主义与21世纪世界历史的对话与结合开辟了新的广阔前景。”①

中国是一个古老文明的大国，是正在走向世界舞台中心的新兴大国。在这一历史的伟大进程中，有大量国家安全和社会治安问题需要研究。这些问题不可能有现成的答案，只能从我国具体的实际出发去研究，所以中国特色公安学理论体系的现代性建设必须用发展着的马克思主义指导，融入最新的理论体系，在与中国实践相结合和与中国的时代发展共生中不断推陈出新。习近平总书记说：“解决中国的问题，提出解决人类问题的中国方案，要坚持中国人的世界观、方法论。如果不加分析把国外学术思想和学术方法奉为圭臬，一切以此为准绳，那就没有独创性可言了。如果用国外的方法得出与国外同样的结论，那也就没有独创性可言了。”②没有主体性和原创性，也就没有中国特色的公安学。

二、创新公安学学科研究范式

近年来，中国特色公安学理论体系研究的建设取得了一些令人称道的实绩，改革开放四十余年来中国公安学界做了一些打基础的理论研究工作。公安

① 李海青：《习近平新时代中国特色社会主义思想对马克思主义发展的原创性贡献》，载《党政研究》2022年第2期，第5-11页。

② 《习近平谈治国理政》第2卷，外文出版社2017年版，第341页。

学作为一级学科，下设四个二级学科，分别为侦查学、治安学、公安管理学和犯罪学。各二级学科已经初步建立了自己的学科知识体系，形成具有辨识度的基础理论和应用理论。比如侦查学研究的基本内容，包括犯罪行为及其规律、侦查行为及其规律、侦查制度建设以及侦查学基础理论等，还结合刑法学、刑事诉讼法学、犯罪学等学科的发展进行审判中心改革背景下侦查权的定位问题、网络犯罪问题、大数据侦查问题、人工智能及其在侦查实践中的应用问题、无人机犯罪及无人机侦查问题等。治安学紧紧围绕“安全”“秩序”的角度对治安问题展开，结合社会学、经济学、管理学、政治学等相关学科的知识进行交叉研究，重点对当前社会治安立体化防控体系建设和社会治安治理的相关问题进行了重点关注。

从事公安学的理论工作者和公安机关工作者都积极开展了理论研究和实践经验的总结，完成了一批具有较高质量的重要研究课题，为各级公安机关领导科学决策提供了重要参考依据，对推动公安学发展进步发挥了重要作用。从研究成果来看，这些年公安学界的成果大致可以分为四类：

第一类是教材建设。一些耕耘在警察教育界的学者通过编著公安学或警察学概论式教材，初步建立起了中国公安学的基础理论框架，但总体上显得单薄和浮泛。

第二类是通过跨学科研究，将公安学理论与法学、社会学、哲学、文化学、伦理学、公共管理学等联系起来，从而为公安学理论体系开拓了更为宽广的研究平台。如张兆端先生出版有《警察文化学》《警察哲学》等优秀专著。但有卓见的学者也认识到公安学理论体系“尚未形成成熟的学术规范，警察理论与警察实践、理论警察学与部门警察学相互脱节现象严重”。①

第三类主要是法学界的各种相关研究，主要是涉及警察执法程序与警察行政权等方面。这类研究由于以法学为依托，成果学理性较强，持之有据，论之成理，但理论的支点往往游离公安学中心。

① 张兆端：《中国现代警学基础理论研究30年》，载《山东警察学院学报》2009年第1期，第17页。

第四类是公安机关研究人士建立在工作经验基础上的理论总结、思考与建议。他们思考的对象和提出的论题是公安学界必须直接面对的现实性对象，但由于大多过于贴近实际工作，难以从更高的理论维度进行理论创新。

中国特色公安学理论体系如何向前推进？如何实现理论体系的提档进位？这是摆在当下警学界的一个重要命题。从其他人文社会学科的发展情形来看，一般来说，每当遇到一个瓶颈期实际上也预示着进入一个转型期。从现代性角度来看，最基本的转型首先是研究范式的转换与创新。美国科学史家托马斯·库恩在《科学革命的结构》中提出了“范式”的概念。库恩认为，每一个科学发展阶段都有特殊的内在结构，而体现这种结构的模型即“范式”(Paradigm)；科学的进步就在于范式的不断转换与更新，新范式的出现往往标志着人类认识的一个重大进步，有如天文学中的哥白尼革命、化学中的拉瓦锡革命、物理学中的牛顿革命和爱因斯坦革命以及哲学中的康德革命等。库恩的范式理论一经提出就受到了人们的普遍接受和推崇。

从本质上讲范式就是一种理论模式，是从事某一科学的研究者群体所共同遵从的理论基础。范式转换(Paradigm Shift)理论揭示了事物发展的历史状态和内在发展规律，对人们理清所从事领域的发展路径以及把握其领域的未来走向都有启发作用。作为普遍承认的科学成就，在一段时间里它为科学工作者共同体提供典型的问题和解答。

因此，库恩的范式理论具有方法论的意义。它不再局限于科学发展史的运用，还被拓展运用于社会科学的各个领域。有学者认为：“现有公安学研究范式主要是对20世纪90年代中期以前公安工作的经验性总结，理论基础尚显薄弱，研究方法尚显单一。”①而在公共行政学研究领域则大体经历了统治型范式、管理型范式和服务型范式的转换。现有公安学研究范式主要还处于从统治型范式到管理型范式的过渡中。伴随我国政府改革力度的不断扩大，制度创新对警务工作模式转换产生了更大的影响，更加期待公安学理论范式转换。

① 朱旭东：《论公安学研究范式的创新》，载《中国人民公安大学学报》(社会科学版)2006年第5期，第124-130页。

当前中国特色公安学理论体系的现代性构建需要思考如何在研究范式上形成突破之势。作为一门具有交叉性特点的学科，其范式的转移、创新离不开相关基础学科的支撑。但公安学理论体系并不是简单地将法学、社会学、文化学、公共行政学等学科的研究方法移植、嫁接和拼叠相加，而是需要融合、转化，进而实现自身理论体系的建构和创新。而创新范式的基础性工作则是确立中国特色公安学理论体系的元问题及内在逻辑关联。

中国特色公安学理论的学者们，即研究的共同体，需要有一个作为共同可接受的研究基础的理论准备，并在此之上努力拓展。库恩认为所有的科学发展都无法回避对“范式”的确立，“因为他将要加入的共同体，其成员都是从相同的模型中学到这一学科领域的基础的，他尔后的实践将很少会在基本前提上发生争议。以共同范式为基础进行研究的人，都承诺同样的规则和标准从事科学实践”。① 就此而言，中国特色公安学理论体系的研究迄今为止是否已经形成如此的承诺并达成理论共识，仍然是个存疑问题。比如中国公安学理论体系内容的层次结构如何划分？其历史发展阶段如何划分？其理论形态具有哪些重要特征？其主要研究客体对象涵盖哪些方面等？时至今日，我们并不能得出一个较为确切的定论。

而从形式上看，经过改革开放四十多年来的时间积累和经验积淀，我国公安学界已经初步建立起符合学科规则的警察学科和学科发展需要的理论框架。有人提出当前公安学体系构建形式有三种。

一是将公安学的全部分支学科内容划分为四个部分。(1)公安基础学科；(2)公安应用学科；(3)公安技术技能学科；(4)边缘学科。二是按照公安学各分支学科所具有的不同学科属性来划分，将公安学体系分为三个部分。公安社会学科、公安技术学科和公安综合应用学科。三是按照公安学各分支学科在整体公安研究与实践工作中的不同层次和地位，将公安学体系划分为两大部分。即(1)公安基础学科(研究公安现象中普遍规律的学科)和(2)公安专业学科

① 托马斯·库恩：《科学革命的结构》，金吾伦、胡新和译，北京大学出版社 2003 年版，第 10 页。

(具体研究各项公安业务的特殊规律的学科)。① 事实上这几种划分都缺乏内在的逻辑关联性，问题尚待进一步研究。

学科的具体研究对象是研究范式的内核内容。有学者对2011—2013年的国家社科基金立项进行了统计，从中可以大致见出公安学研究者确定的选题和研究的核心领域，② 主要有以下几个方面：

一是与国家安全的相关研究。这类研究旨在探索提升公安机关维护国家安全和社会稳定的能力和水平，“社会稳定”“民族地区”“反恐”“维稳”成为公安学研究领域中学者们关注的重点。在180项国家社科基金公安学项目中，有22项是研究与“社会稳定”相关问题的，占立项总数的12.22%。其主要的议题有：《建立社会稳定风险评估机制研究》《全球化信息化社会环境中的新型恐怖活动及其整体法律对策研究》《多民族地区非政府组织的发展与维稳方式转变研究》《转型期中国社会稳定质量研究》《云南边疆地区防范敌对势力分裂、渗透、颠覆活动机制研究》等。

二是与社会稳定相关，如应对群体性事件、突发事件等的热点问题研究。这类研究关注新形势下重大突发事件的规律和特点，深入研究应对重大突发事件的战略和战术，完善应急预案，强化实战训练，着力提高处置重大突发事件的能力和水平。其主要的议题有：《西北地区处置突发事件应急管理机制研究》《网络群体性事件发展规律的社会学研究》《快速城镇化背景下的群体性突发事件公共危机预警管理研究》《边疆民族地区群体性事件源头阻断机制研究》等。该类主题的立项占到国家社科基金公安学项目立项总数的25%，足以成为公安学研究的热点问题。

三是对创新社会治理方式和公安行政管理改革等方面的研究。在全面深化改革的大背景下，我国公安机关也进行了大量改革实践探索，各级公安机关积极创新社会治理方式，不断改进各项管理服务工作，提升服务质量。改革实践

---

① 姚华：《公安学若干基本理论问题再思考》，载《甘肃政法成人教育学院学报》2007年第12期，第213页。

② 徐镇强、何彩英：《基于一级学科的公安学建设水平管窥——以国家社科基金立项数据为研究视角》，载《杭州师范大学学报》(社会科学版)2015年第2期，第128-136页。

也为学者们研究创新社会治理方式和公安行政管理改革等问题提供了研究素材。其主要的议题有：《城市流动人口服务管理问题研究》《新生代农民工群体研究：基于流动人口服务和管理的视角》《流动人口服务管理跨区域协作机制研究》等。另外，社会管理中的交通安全管理也是重要议题，相关项目有《风险社会交通犯罪的刑法规制》《城市交通规划法治问题研究》《城市交通拥堵形成机理及应对策略研究》等。

四是对各类违法犯罪打击和治理对策的相关研究。打击和预防犯罪，特别是与形势发展相联系的各种暴恐犯罪、黑恶势力犯罪、涉枪涉爆犯罪、严重暴力犯罪、食品药品犯罪、网上违法犯罪和电信诈骗、非法集资、黄赌毒等突出违法犯罪案件，是我国公安工作的主职主业。结合当前我国社会犯罪现状，学者们密切关注动态犯罪的前沿热点问题，综合运用犯罪学、政治学、社会学、侦查学等学科理论，多方位、多视角、多层次地研究犯罪问题，并强调理论与实践的对接性，为预防打击犯罪、建设平安中国提供了有效的理论指导。国家社科基金公安学项目中主要的议题有：《社会转型期恐怖主义犯罪治理控制研究》《引入市场机制与犯罪治理创新》《非传统安全犯罪治理创新模式研究》等。

如果仅从实际的研究成果数量来看①，当前公安学理论体系建构存在“一腿长，一腿短”的状况，即具体实践层面的工作方案和警务工作规范的积累较为丰富，而成系统的理论深掘不足。这种“一腿长，一腿短”的状况在事实上造成了公安学理念体系行进在不平坦的道路上。但与其他社会学科相比，它又有着现实的合理性。

从范式创新角度来看，当前公安学理论体系需要不断地创制抽象性和技术性概念，需要追求理论形式的逻辑性，注重逻辑的层级间的内在一致性。技术性概念的使用、理论之间关联的合乎逻辑、理论体系的整体协调性成为当前范式确立的紧迫命题。从世界范围看，每一次警务革命既是现实警务的逻辑发展，也是新范式的生成与确立。诞生于欧美的第四次警务革命主要内容是社区

① 公安学研究成果广义上不仅是学术期刊的论文和正式出版的著作，还应包括公安机关的各类研究成果，后者数量上明显超出前者。

警务活动。警务战略之父英国警察学家约翰·安德逊提出了社区警务理论。社区警务理论提出社会是产生犯罪的地方，抑制犯罪的主力军也在社会。社区警务概念的出现带动了世界范围的警务变革，其效果不可言喻。当前信息技术突飞猛进，信息主导警务正成为新的警务模式，它对公安学理论必将带来更大的变革性冲击，如何把握时代特征迎接现实警务发展的挑战，给公安学理论研究界提出了范式创新的任务。

三、坚持"面向实践、面向世界"的目标导向

现代性按照福柯的界定，指的是一种"态度"，即思想和感觉、行为和举止的方式。它包括了观念与行为两个方面。如果简单地把中国特色公安学理论体系的现代性定位于观念层面内容，那么很显然忽视了公安学理论的另外重要一极——行为层面的现代性。实际上，中国社会的现代秩序构建，或者说建设现代化的中国，这是一个有机的整体。它既包括思想观念方面，包括建立起权利、法制、契约、民主、自由等意识，也包括各类行为方式。如同我们在经济领域里需要建立起竞争性的市场经济体制，中国警务实践领域也需要以现代性为目标，不断改革和发展中国警务模式。

近四十年来公安学理论的发展，除了基础理论研究、制度构建研究，还形成了重要的警务实践研究板块。这一板块以解决社会治安和社会稳定问题为直接目标，遵循"形而下"的研究理路，渐而形成与其他社会学科重视理论研究的不同特色。相较于其他学科，由于警务工作与不断发展、变动的现实社会息息相关，公安学理论中直接来自于现实社会的新问题更多样、更复杂、更具有前沿性。因此，部分公安一线人士在公安学研究中逐渐扮演了前沿研究的重要角色。他们的研究无论是思维方式还是思考成果，都为中国公安学理论体系建设注入了"从实践出发"的实务元素。

"从实践出发"之所以重要，不单单是因为警察行使自身职能的职责所在，更是中国特色公安学理论推动中国社会现代性发展的必然要求。中国公安学理论体系在原有理论研究格局中引入新的研究力量，这是否意味着中国公安学理论体系已经进入新的研究范式还不宜早做定论，但公安学理论走向实践是中国

社会走向现代性秩序的必然趋向。因为走向具体实践的结果，必然是走入社会经济发展形态的需求之中。

有创新才可能有理论发展，而理论的发展并非纯属独立自为，必然以解决现实问题为目标。中国社会现代性的演进蕴含着警务理论改革与发展的全部动力。关注社会现实，重视社会现代性诉求，由此新的公安学研究成果方有可能随着社会现代性发展和警务发展本身而呈现出自身的创新性和现代性。

从研究者自身来看，目前存着学科理论与研究对象分离的现象。“怎样让公安实务部门的专家将公安实践经验上升为公安理论，进而再指导公安实践工作是一个亟待解决的问题。同时，公安理论工作者如何深入基层实践，通过实地调研、访谈等多种方式将公安学理论知识与公安实务相结合，将形而上的学问真正反哺于实践工作，解决实务中出现的新情况、新问题也一样应引起我们足够的重视。是否应当建立更为广泛的高校与公安实务部门人员交流机制和高校实践导师制度是公安学发展的重要问题。”①这种分离的化解需要公安学圈内与圈外进行深入的交流互动，才可能提升公安学的现实影响力。

与此同时，我们也要强调学科理论体系建设要有“面向世界”的追求和勇气。公安学学科研究必须高度重视“域外经验”的借鉴与学习，但学者需要认识到，我国的政治制度和体制与域外存在根本性的差别，“许多立足于西方经验的概念与理论都无法准确地关照中国现实”。② 我国公安学的发展具有浓厚的本土化色彩，研究者要正视域外经验与中国体制的冲突。研究过程中应当结合中国当前公安体制机制改革和公安学的热点问题，将域外经验进行本土性的资源转化。

中国公安学理论体系植根于中国当代社会现实，以中国特色社会主义理论为指导。由于其自身的“中国特色”属性，因而在学界容易形成一种看法，即它是中国的，与西方的差别是本质性的。确实，当前我国仍面临错综复杂的国

① 董少平、琚悦：《近十年我国公安学研究状况及发展思考——基于代表性公安院校学报的考察》，载《湖北警官学院学报》2019 年第 3 期，第 143-153 页。

② 何艳玲：《“我们在做什么样的研究”：中国行政学研究评述》，载《公共管理研究》2007 年第 5 期，第 38 页。

内外环境，社会正处于转型期，改革已进入深水区，影响社会稳定的因素更加复杂。敌对势力的渗透和破坏活动，境内外民族分裂势力、宗教极端势力和暴力恐怖势力相互勾结，一些地方人民内部矛盾突出，群体性事件增多，公安机关的维稳任务相当艰巨。因此，中国特色公安学理论体系建构需要更加结合中国国情实际，这是容易理解的。

但需要注意的是，我们在建构中国特色公安学理论体系时，并不能把具体的情境抽象地简约为“中国民族性特色”，而是要通过国际合作积极寻求实现哈贝马斯所说的“交往理性”的现代性。一个时期以来，国际恐怖主义、分裂主义、极端主义势力制造的系列事件所引发的国际安全问题，以及经济领域的跨国犯罪等，共同构成了世界各国警方关注的焦点。如何适应世界多极化、经济一体化、信息全球化、贸易自由化等世界形势的新发展，加强国际、地区安全合作，共同打击犯罪、维护安全，促进警务事业和公安学理论发展等，进一步摆在了各国警方的重要议程上。因此，在全球化的时代，中国特色公安学理论的视野应当冲破传统的狭隘观念，将现代性与民族性有机地统一起来。

民族性和现代性是有机统一、不可分割的。民族性赋予中国公安学理论牢固和持久的社会主义政治基础和文化认同，现代性则赋予中国公安学理论适应现代社会发展需要的品质。同时，中国社会的现代化发展也要求警务工作克服传统习惯中那些保守、消极和顽固的不利因素，进而通过创新警务理论和实践模式，实现社会的现代文明秩序。

民族性和现代性的内容和要求不是固定和僵化的，应该随着时代和社会条件的变化而与时俱进。当前民族性反映在公安学理论的完善过程中，就是既要注意弘扬优秀传统文化，关注中国本土现实问题，积累现有的经验成果，又要有面向世界的胸襟和视野。要积极发掘中国传统文化尤其是公安传统文化中的合理成分，比如更加强调以人民为中心、注重警民关系建设，使之与中国政治、文化发展相适应。同时也要特别注意克服民族性中的消极不利因素，如注重人情关系文化等，进而实现警务理论和公安实践机制的现代化。这其中，当前需要重点关注以下几个方面的问题：

第一，研究如何深化和拓展民意主导下的公众参与型的警务模式问题。当前，我国的政治参与问题有各种渠道和制度保障。但是，就警务工作中公众参与问题而言，理论和实践上都还有一些需要完善的地方。因此，如何适应社会发展和社会结构的变动，解决好公众有效参与警务问题，特别是进一步扩大民意在警务中的地位，进一步加强警民合作和警务协商的制度建设，是我们当前公安学理论需要认真考虑的问题。

第二，研究中国特色警务工作模式的制度化问题。不可否认，从 20 世纪 90 年代以来，公安部和各地警方在制度化方面做了大量工作，取得了长足的进展。但是，中国特色的警务制度毕竟是一项崭新的制度。这些制度虽然得到了不断发展，而制度的建设、发展和完善则需要根据现实发展及时跟进，还需要一系列相应的具体制度体系来保障。

同时，这些具体制度又需要随着我国经济和社会的发展而不断创新，最近的全面深化公安改革确立的总体目标是：完善与推进国家治理体系和治理能力现代化、建设中国特色社会主义法治体系相适应的现代警务运行机制和执法权力运行机制，建立符合公安机关性质任务的公安机关管理体制，建立体现人民警察职业特点、有别于其他公务员的人民警察管理制度。如何根据现实发展不断推进改革，是需要深入研究的问题。

第三，中国特色公安学应当保持对社会治安热点问题的研究，包括公共安全治理研究、社会治安防控体系研究、公安体制机制改革相关研究、司法改革等相关内容研究。在开展上述研究的过程中，尤其要紧密结合信息技术发展，牢牢把握数字时代对公共工作驱动效应，深入研究互联网、人工智能、大数据等新兴技术给公共安全带来的革新和困扰，从技术、观念、方法等层面上对公安学研究对象展开深入的研究，为公安学理论体系的构建增加新质内涵。①

第二节　构建中国特色的公安学的三大体系

本节提要：我国公安学学科经过长期的建设与发展，取得了长足

① 本部分系湖北警官学院 2022 年重点项目“中国特色公安学学科基础理论研究”成果。

进步，为现代警务人才培养、促进公安工作现代化、繁荣发展社会主义文化作出了重要贡献。新的历史条件下，构建中国特色的公安学既是传统公安学学科建设发展的必然，也是我国公安事业和公安高等教育在新时代创新发展的现实需要。中国特色公安学的构建具有良好的学科基础，但也面临着学科体系、学术体系、话语体系建设方面的不足。新时代公安学研究共同体应以当代马克思主义最新理论成果为指导，构建中国特色公安学的学科体系，学术体系及话语体系，推进中国特色公安学走向独立、创新、开放与融通。

和其他哲学社会科学一样，“公安学”作为对公安工作及相关社会现象进行理论总结和学理研究的体系化科学，有着很长的发展历史和建设经验。在新的历史时期，公安工作更加离不开公安学的研究和指导，公安学的学科建设也需要进一步总结其发展经验，认识其内在规律。提出“构建中国特色公安学”既是我国公安工作现实发展的必然，也是公安学创新发展的迫切需要。

一、构建中国特色公安学的学科基础

学科(discipline)是人们在关于事物内在规律认识的基础上，形成的相对独立的知识体系，是一定的科学研究领域或一门科学的分支，同时也是专业设置和人才培养的科目。学界一直对“公安学”能否成为一个独立的学科存在不同的声音，① 其根本问题在于公安学是否存在一个相对成熟的学科基础。大致来说，确定一门学科是否具备成立的基础条件，除了该学科是否有个较长时段的学科理论发展历史、是否有明确的研究领域和研究对象以外，还应考虑是否有专门的研究机构和一定数量的专业研究队伍，是否有较为丰富的学科研究成果，是否有进入该学科相关专业学习的学生，是否有专业研究人员进行学术交

① 如汪勇、靳高风认为公安学学科制度没有完全建立、学科基本问题欠明确等方面，具体包括学科意识和学科规范缺乏、研究领域和研究对象欠明确、基本理论研究不足、知识体系含混不清等。参见汪勇、靳高风：《学科制度化视角下的公安学》，载《公安学研究》2018 年第 1 期，第 36 页。

流的组织和学术研究平台，是否有较为成熟的学科建设与评估制度及学科范式等。由此来看，构建中国特色公安学的学科基础应当已经具备。

（一）学科理论的研究有悠长历史

中国两千多年的封建社会里，积累了大量的治安理论，虽然这些理论在当时历史条件下与“治国”理论融为一体，但其中蕴含了以民为本、儒法兼备、刑罚与教育相结合等具有中国民族特色的安全治理思想。我国南宋宋慈的《洗冤集录》是世界上最早研究现场勘验的著作。近代以来伴随西方政治制度的引入，中国警政制度发生变革，“公安学”随之孕育萌生。晚清时期，以葛元煦、何启、郑观应、陈帜、胡礼桓等人为代表的早期改良思想家们就显示出以现代西方警政来建构现代文明秩序的冲动。1906 年清政府正式兴办高等警官教育，将北京警务学堂改建为“京师高等巡警学堂”，培养警政干部。晚清时期编译出版了大量的警学书籍，系统介绍了当时各国的警察制度、警政理论和警察实务。国民政府时期，警察制度逐步完善，建立了系统的警察机构、警察法规和警察教育体系，警察学也开始出现了制度化倾向，一批以“警察学”为名的著作相继出版，一批关于警务工作、警察研究的期刊纷纷发行。① 仅警察学总论的书籍就多达 120 余种，这也表明我国公安学（警察学）研究历史长远，与其他“引入型”的社会学科相比不相上下。

中华人民共和国成立后相当一段时间内，由于历史的原因，我国关于警察学或公安研究的著述较少。1978 年之后随着公安教育的恢复，我国警察学和公安工作研究开始复苏。1984 年公安部主持编写教材《公安学概论》，这是以“公安学”命名的第一部理论著作。1987 年中国人民公安大学在上海召开首次

① 这一时期仅关于警察学总论的代表性著作包括《模范警察学》（许家惺，1912）、《警察学》（何维道、谭传凯，1913）、《警察学纲要》（徐淘，1928）、《警察权之研究》（马鸿儒，1935）、《现代警察》（张毅忱，1943）、《警察权的研究》（张毅忱，1944）、《警察学大纲》（余秀豪，1946）、《现代警察研究》（鄷裕坤，1946）、《警察行政之理论与实际》（李士珍，1948）等。这一时期关于警察研究的代表性刊物主要有《中央警官学校季刊》《上海警察》《江苏警察》《警声月刊》《警察旬报》《警高月刊》《警察向导》《警务旬刊》《警察月刊》《警光季刊》等。参见封野、刘莉编著：《民国时期警察文献书目提要》，凤凰出版社 2018 年版，第 1-17 页。

全国性公安学学术研讨会，讨论公安学学科建设和学科基本理论问题。1991年“中国警察学会”正式成立，学会多次召开学术研讨会，深入探讨和研究公安学基础理论问题。进入新世纪，公安学的发展进入黄金时期，随着近年来公安高等教育的大发展，公安学的教学与研究群体不断扩大，学科建设、理论研究与警务人才培养呈齐头并进之势。

（二）有明确的研究领域和研究对象

不同的社会科学在发展中逐渐形成相对集中的研究领域，这一领域一方面是人类社会生活中值得关注、需要研究的现象，另一方面这一领域在其他社会科学中并不处于显眼的中心位置，因而，这块领域可以供新的学科在此长久立足，深耕成长。“公安无学”之说一个重要理由就是公安学的研究领域已被法学等学科大面积覆盖。事实上，现代各门科学在其成长期大多孕育于相近学科，传统老牌学科也大多具有综合性、包容性特点，比如“文史哲不分家”之说。诸如犯罪防控、警察制度、治安治理这些议题是全世界所有国家均需面对的问题，警察制度是现代国家的基本制度之一，社会秩序一天也不能离开警察的存在。因此，从社会生活重要性上来说，无论如何强调警察的现实价值都不为过，同样，从学科存在的合法性来说，以“研究人类社会的警察及其相关的所有社会现象之间矛盾运动规律”①的公安学科当然也应有其存在的特殊价值。

（三）有专门的研究机构和研究队伍

专门的研究机构、研究队伍是支撑一门学科成长发展中必不可少的主体性要素。“公安学”之所以在一个时期内缺乏学界的认同，其主要原因之一就是研究队伍分散于法学、政治学、社会学、管理学等其他学科之间，研究共同体声音弱小。回顾公安学发展历史，我们不难发现，这门学科起步并不晚。早在20世纪的1956年，西南政法大学就开展了公安学专业教学，1979年成为全国第一个开办侦查学本科专业的院系。② 西北政法大学、中南财经政法大学等政

① 汪勇：《论公安学（警察学）基础理论的研究内容及体系结构》，载《公安大学学报》1999年第6期，第15-19页。

② 贾治辉、官胜男：《公安学专业发展机制的探讨》，载《西南政法大学学报》2017年第4期，第9-20页。

法院校均有较长的公安学专业办学历史。华东政法大学最先创建全国第一个犯罪学系。1981 年中国刑事警察学院成为中国第一所开展公安专业本科学历教育的公安院校。1983 年开始，中国人民大学、中国政法大学、西南政法大学等先后开始招录刑事侦查学研究生。1984 年中央人民公安学院改建为全日制普通高等学校，成立中国人民公安大学。

进入新世纪，我国公安院校迎来高速发展时期，公安学研究机构和研究队伍迅速增多。全国省属地方公安院校纷纷“升本”开办高等本科学历教育，目前全国已经有 5 所部属、25 所省属公安本科院校。2005 年 9 月中国警察协会在北京成立，协会确立的主要职责中第一条即是“开展公安理论研究和学术交流，组织评审和推广公安理论研究成果”。如此众多的高校和院系汇集了相当数量的公安学研究人员，在专业人才培养过程中积累了相当丰富的理论成果，这为公安学的发展提供了厚实的主体性基础。

(四)有学术交流平台和较为丰富的研究成果

学术交流是构建学科的学术共同体的重要渠道。通过学术交流，学者们可以在学科内部碰撞思想，形成共识，扩大研究空间，推进学科不断向纵深发展。“学术交流体系一方面是科技创新的加速器，可以激发创新思维，提高创新效率；另一方面，学术交流还是创新的过滤器，在充分的学术交流中，创新的真知灼见得以保留和发扬。”①目前，公安学学科的学术交流已经形成了一个较为完整的体系，这一体系包含了科研人员、科研资助者、出版者、图书馆(信息机构)、读者、研究结论使用者等多个主体。在学术交流体系中(主要形式有学术会议和学术出版)，科研人员实现与同行的知识共享，通过发表科研成果与出版者和读者互动，通过申请各类科研项目与项目资助者建立起交流渠道。

期刊学术论文是科研交流的最重要形式，在学术交流体系的链条中占据十分重要位置，目前仅根据中国知网的统计，全国公安学学术期刊已有 40 余家，

① 刘细文：《对国家高端交流平台内涵及其意义的思考》，载《智库理论与实践》2021 年第 1 期，第 3-4 页。

其中《中国人民公安大学学报》《中国刑警学院学报》《湖北警官学院学报》等学术期刊影响因子较高，被评为“一区”学术期刊，获得学界的广泛认可。这些学术期刊大多由公安院校主办，主要刊发公安学学科成果。如《中国人民公安大学》常年开设“犯罪研究”“侦查研究”“治安研究”等栏目，《湖北警官学院学报》常年开设“警务现代化研究”“社会治安治理研究”“网络安全与犯罪防控研究”等栏目，上述栏目汇聚了公安学丰富的前沿研究成果。学术成果是学科共同体的精神智力成果，直接反映了学科建设和发展的概貌。除了公安学学术期刊发表的论文成果外，近年来还出版了大量的教材和学术专著，一批国外的警察学著作也被译介过来。

(五)有较为成熟的学科建设制度

2011年国家印发《学位授予和人才培养学科目录》，首次在法学门类下正式增设公安学一级学科(同时在工学门类下增设公安技术学一级学科)，至此，我国公安学获得了正式的“名分”，这一名分将“公安学”与西方国家的“警察学”或其他交叉学科区别开来，也意味着我国“公安学”的研究范式具有中国化的本土特色。此后，公安学迎来了繁荣发展的良好时期，部分政法院校和公安院校设立了本科、硕士、博士三个层次的学历教育，国家一流学科、一流专业建设也在各类院校逐步展开。2012年国务院学位委员会批准设立公安学、公安技术一级学科博士、硕士学位授权点，中国人民公安大学的公安学、公安技术两学科被教育部列为一级学科国家重点学科，2017年该校的公安学(自定)入选世界一流建设学科。2020年教育部发布的《普通高等学校本科专业目录》是我国高等教育工作的基本指导性文件之一，该目录规定了现有所有专业的划分、名称及所属门类，法学门类共有6个学科大类，公安学类位列其中，公安学类下设治安学、侦查学等22个专业。可以说，公安学较为成熟的学科建设制度已经得到建立。

总起来看，当前构建中国特色的公安学已经有了良好的学科基础，但是相较于法学、政治学等成熟学科而言，公安学的学科基础还比较薄弱，构建中国特色的公安学仍面临一些现实难题。

二、构建中国特色公安学的现实问题

建党百年以来，党领导我国公安事业历经四个阶段的发展前进，不断开创公安工作新局面，在保卫革命、巩固政权和服务社会主义现代化建设的历史进程中，积累了重要的历史经验，形成了丰富的公安保卫工作理论。特别是改革开放以来，公安学研究产生了丰富的研究成果，为公安警务人才培养、公安警务工作提升效能、社会治安治理决策提供了有益参考。与此同时，实事求是地说，中国特色的公安学的构建还面临学科定位模糊、学科体系不够合理、学术体系原创性欠缺、学科话语影响力不强等现实难题。

（一）学科定位模糊

一般来说，一门独立的学科应有专有的学科定位和知识体系。中国特色的公安学的学科定位应该是围绕公安工作的主要任务和职责职能，聚焦公安工作的组织和队伍建设、警务机制运行、犯罪和社会治安防控等主要内容，研究公安工作现代化发展的一般规律和特殊规律的科学。尽管目前公安学已在国家层面作为一级学科设立，公安高等院校的发展正如火如荼，公安学各专业建设已成规模，统筹发展与安全已成为国家发展的战略共识，但公安学的学科定位仍存在很大的隐忧。因为研究对象的复杂性，所以公安学具有鲜明的多学科交叉性，知识体系上跨法学、社会学、管理学、政治学等学科，导致与其他学科难以区分。其原因在于“公安学起步较晚，研究范式尚未成型，基础理论研究较为滞后，研究者的思维方式和研究旨趣多受到其原有学科背景的影响”。① 按照国家最新的《学科分类与代码 GB/T13745—2009》，“公安学”没有进入学科分类，其他学科门类下也均无“公安”或“警察”字样学科。现实中公安学的研究只能根据研究内容分列于政治学、马克思主义哲学、法学、行政管理学等门类之下，如刑事侦查学列于法学学科，犯罪研究列于社会学。这一事实也表明公安学学科确实与现有的一些学科存在紧密的关系，政治学、马克思主义哲

① 李小波：《理论纲领确认与学科建制化：全面建设 21 世纪的公安学》，载《公安学研究》2019 年第 3 期，第 1-29、123 页。

学、法学、行政管理学等学科的研究基本可以覆盖公安学的大多领域。如此一来，公安学自身立足的合法性便有了疑问。

其实，仅从知识内容来作学科划分并不完全科学，因为学科的成立既是知识体系的，也是现实需求的，应当作辩证统一的考虑。从知识体系来看，马克思主义哲学、政治学、法学、社会学、公共管理学等学科知识与公安学的知识存在较多的交叉重叠，但从公安学的研究实际来看，公安院校显然更有天然的优势，更能联系公安工作实际，研究公安工作需求，培养符合公安事业发展需求的警务人才。因此，鉴于公安工作在国家政治生活中的特殊地位以及承担的特殊职责来看，把中国特色公安学定位于法学或其他交叉性学科是有失偏颇的，也不符合中国公安工作和公安院校的现实发展实际。

（二）学科体系不尽合理

学科体系是学科的内在逻辑结构及其理论框架，它对所属学科按其内在联系加以归类，以符合逻辑的排列形式表述出来，具有规范性、稳定性、系统性和开放性的特点。① 学科体系应客观反映科学研究的现状，揭示科学发展的规律，并有利于在此基础上形成的具有一定独立性的专业方向。从横向来看，一个学科由多个子学科构成，逐级形成具有多层次的学科体系。在学科体系方面，目前，公安学学科体系框架已基本形成，在公安学一级学科下已经建立侦查学、治安学等 15 个二级学科，但存在一些学科重复设置，部分学科设置陈旧，与时代发展脱节，学科设置还缺乏科学化系统化的顶层设计等问题②。

公安学现有的知识体系以及专业设置，还存在大量的简单融合与交叉现象。知识体系上公安学与法学等学科的重叠自不多说，仅从专业方向设置来看，最新的《普通高等学校本科专业目录(2020 年版)》里，一些公安学科特质不明显的专业也被列入公安学类专业，与此同时，与公安职责职能密切相关的许多与安全相关的专业，如网络空间安全、信息安全、网络安全与执法等未被

① 叶继元：《国内外人文社会科学学科体系比较研究》，载《学术界》2008 年第 5 期，第 34-46 页。

② 袁广林：《理论体系建构与实践问题研究——论公安学学科建设的两个向度》，载《中国人民公安大学学报》(社会科学版)2022 年第 1 期，第 27-33 页。

列入公安学类专业。从专业设置目录上看，安全科学与工程类、国家安全学类、应急管理类、公安类的专属范畴和边界并不清晰，这种不够合理的专业设置也会直接影响公安学的学科体系建设。目前的公安学二级学科中，分类标准不一，有的是从学科内部划分的，有的是以公安职能来划分的。此外，公安学的一些二级学科之间也存在边界冲突，不能区分主要矛盾和次要矛盾，比如公安管理学与治安管理学等。这些内部冲突也会导致学科体系内部关系松散，由此而生成的的理论体系落后或脱离于公安实践发展，既不能科学合理地阐释公安工作的发展规律，也会使学科内部出现冲突和裂痕。

(三)学术体系欠缺

从学术主体性力量来看，与从事传统学科教学与研究的普通高校相比，我国公安院校的研究力量比较弱小，20余所省属公安院校开办本科教育的历史时段不长，绝大多数省属公安本科高校没有开办研究生教育。从学术成果来看，每年出版的公安学学术论著数量不多，与其他学科相形见绌，特别是在学科的基础性研究上，还缺乏代表性的、奠基性的论著。现代警察制度及社会安全治理是一种世界性的现象，警察学或公安学理应成为“显学”。从学科的知识体系来说，应当包括总论、分论、合论和方法论四大框架部分。总论是关于警察及公安工作与政治经济、国家安全等基本关系的论述，同时要研究相关概念、范畴、框架与基本规律；分论是关于警察制度及公安工作的具体论述，如警察执法、犯罪防控、治安治理等；合论是一些公安工作相关的研究，可以借鉴其他学科，实现交叉研究，如警务运行机制、公安队伍建设、公安文化建设等；方法论则是讨论公安学研究方法，可以引入西方的方法和其他学科的研究方法。另外，学科的学术体系还应有历史的、现实的和未来的三大向度。历史向度即主要探寻公安工作的历史发展、经验与规律，尤其是要关注近现代以来的警察史和公安工作历史；现实向度应侧重研究现时段内公安工作的价值目标、重点任务、机制改革等；未来向度则是关于公安工作未来发展如何实现代化的研究。而这些方面的研究，现有的公安学研究都存在不足。

(四)学科话语影响力小

成熟的学科应当有自己的学科话语体系和话语模式，并由此生发出学术影响力。公安学学科近年来表现出一定的学科自觉意识，学者们开始跳出多年来的“公安研究”而向“公安学研究”掘进，越来越重视学术话语的表达与学理阐释的范式建构。传统上的“公安研究”可以说是以对策研究，应用性和操作性研究为主，研究中的学术性话语表达及学理性阐释较为欠缺。“公安学研究”更加注重理论探讨，学理性和学术性得到展延。如近年来李辉的《公安学“大问题”研究：还原、解构与建构》，汪勇、靳高风的《学科制度化视角下的公安学》，袁广林的《理论体系建构与实践问题研究——论公安学学科建设的两个向度》，李小波的《公安学范畴体系论纲》等论文着力以学术话语探讨公安学的基本概念和元理论。不过，受现行学术评价机制影响，当前整个公安学的话语影响力基本囿限于公安高校内部的研究共同体，与其他学科难以形成平等对话，更谈不上对其他学科产生冲击性影响，也就是说，公安学受其他学科话语的影响力远大于自身发出的话语力量。

作为学术平台的学术期刊是学科构建和发展必备的要素，具有不可替代的作用，现有的公安学学术期刊只有《中国人民公安大学学报》1 家进入中文核心期刊目录，在“唯核心期刊”的评价范式下，公安学术期刊发表的论文成果难以引起学界高度关注。因此，有学者呼吁针对公安学等新兴学科期刊的评价，应建立包含有学术性与应用性两个维度的评价指标体系，① 从而为通过公正的评价来推动公安学等新兴学科的良性发展。

学科话语除了在学界产生影响力以外，还应与现实世界发生交流，目前公安学的研究成果只有一小部分能作为公安智库成果，为实际的公安工作提供有益参考。从对外影响来看，我国公安工作所创造的良好社会治安环境值得世界各国警察学习，但我国的公安学研究成果在国际上还缺乏与之相匹配的影响力，相反，这些年我们的研究话语、研究方法等均深受西方发达国家较深地影响。

① 李记松：《学术期刊评价对新增一级学科的影响——以公安学与其他新增一级学科比较为中心》，载《清华大学学报》(哲学社会科学版)2017 年第 2 期，第 133-147，199 页。

三、构建中国特色公安学的深化路径

加快构建中国特色哲学社会科学，是增强文化自信，繁荣中国特色社会主义文化的重要任务。习近平总书记在哲学社会科学工作座谈会上强调要不断推进学科体系、学术体系、话语体系建设和创新，同时，“构建中国特色哲学社会科学，在指导思想、学科体系、学术体系、话语体系等方面充分体现中国特色、中国风格、中国气派”。① 建设中国特色公安学应成为构建中国特色哲学社会科学的重要内容，而如何创新，如何凸显中国特色，正是当前公安学研究共同体面临的紧迫任务。

（一）以马克思主义最新理论成果为指导

马克思主义具有鲜明的人民性、主体性和实践性品格，马克思主义强调理论必须与实践相结合，理论必须要能改变世界。以马克思主义为指导的中国共产党一直高度重视公安事业在民族复兴大业中的重要地位，党的波澜壮阔百年奋进史也是公安事业由微弱、曲折走向一个个创新发展新局面的历程。党根据不同历史时段的不同中心任务，不断推进公安事业的改革、创新和发展。哲学社会科学具有意识形态属性，只有用马克思主义的立场、观点和方法指导公安学学科建设，才能把握好学科发展的正确方向。构建中国特色公安学需要在党的领导下，以当代中国的马克思主义最新理论成果为指导，唯有如此，我们要建设的公安学才是具有中国特色的社会主义的公安学。

我国开启了全面建设社会主义现代化国家新征程，在这一伟大的历史进程中，有大量国家安全和社会治安问题需要研究。这些问题不可能有现成的答案，只能从我国具体的国情实际出发去研究，所以中国特色公安学建设必须以发展着的马克思主义为指导，融入当代中国马克思主义最新理论成果，在与中国公安工作实践相结合和与中国的时代发展共生中不断推陈出新。习近平总书记说：“解决中国的问题，提出解决人类问题的中国方案，要坚持中国人的世界观、方法论。如果不加分析把国外学术思想和学术方法奉为圭臬，一切以此

① 《习近平谈治国理政》(第二卷)，外文出版社 2017 年版，第 338 页。

为准绳，那就没有独创性可言了。如果用国外的方法得出与国外同样的结论，那也就没有独创性可言了。”①改革开放四十余年来，我国的政治、社会、经济与文化建设全面推进，并且在社会主义建设实践的基础上，中国共产党人将马克思主义与中国实践相结合，总结形成了中国特色社会主义理论体系。这一理论体系凝结了中国共产党人领导人民不懈探索实践的智慧和心血，具有重大而深远的历史意义，对当代中国社会科学的各门学科，包括公安学学科建设，都具有重大的指导意义。

中国特色公安学的研究应当体现出它的科学属性、学术价值和社会实践意义。新时代的公安学研究必然要随着时代呼唤、随着国家安全治理形势的变化而做出调整。习近平总书记指出，“当代中国正经历着我国历史上最为广泛而深刻的社会变革，也正在进行着人类历史上最为宏大而独特的实践创新。这种前无古人的伟大实践，必将给理论创造、学术繁荣提供强大动力和广阔空间。这是一个需要理论而且一定能够产生理论的时代，这是一个需要思想而且一定能够产生思想的时代。我们不能辜负了这个时代”。② 在新的时代，我国社会主要矛盾转化为人民日益增长的美好生活需要和不平衡不充分的发展之间的矛盾。人民对民主、法治、公平、正义、安全、环境等方面提出了更高要求，人民群众对公安工作提出了更高的期待。党中央适时对发展理念和思路作出调整，提出了全面推进依法治国、坚持总体国家安全观、统筹发展和安全等重要思想。十九大明确提出到 2035 年基本建成法治国家、法治政府、法治社会的目标任务。在实现这一目标任务的进程中，公安工作和公安学建设都应有自己的责任承担，因之，中国特色公安学建设必须贯彻落实习近平法治思想，贯彻落实总体国家安全观，只有如此，才能体现公安学学科的人民性、主体性和实践性。

---

① 习近平：《在哲学社会科学工作座谈会上的讲话》，载《人民日报》2016 年 5 月 19 日，第 2 版。

② 习近平：《在哲学社会科学工作座谈会上的讲话》，载《人民日报》2016 年 5 月 19 日，第 2 版。

（二）建设中国特色公安学的学科体系

首先要进一步增加公安学的学科自觉意识，确定学科边界。学科是按照学问和学术的性质划分的科学门类，学科体系具有基础性地位。公安学的研究共同体要有学科自觉意识，这种自觉意识一方面要将“公安学研究”与“公安研究”区别开来，另一方面要将“公安学”与“法学”“政治学”等相关学科分立出来。就前者来看，公安学研究更加注重公安基础理论研究，学理性和学术性是其特点；而公安研究更多可以说是现实具体问题的对策研究，应用性和操作性是其主要特点。就后者来看，法学、政治学、社会学、公共管理学等学科的体系框架基本完整清晰，公安学学科在知识体系上与其存在客观的联系，但双方的研究者可以在各自的学科范式下开展研究。公安学学科一旦确立了自己的研究范式，那么在不同学科间可以建立一种平行交叉的研究模式，共同推进学术研究的交流与发展。这对公安学学科建设也不无益处，其前提是公安学学科研究的共同体要有主体意识和学科自觉意识。

其次要形成本学科的理论体系框架。从哲学上看，不同的学科以其研究对象所具有的矛盾特殊性而同其他学科区别开来，形成具有相对独立性的学科，同时，由于事物之间存在着的普遍联系，这门学科又会不可避免地与多个学科形成联系，进而在更高层次上构成一个包括多个相近学科的学科群。公安学经过数十年的深耕，已经有了较好的学科基础，但从学科体系上看，整体性、系统性的研究还明显不足，与其他学科之间的混杂关系还未理顺，内部基础范畴、概念、理论也不够成熟。其原因可能在于，我们对公安学的知识体系还没有形成系统的理论体系框架，尚处于非系统化或粗线条化的层次上。目前的公安学下的二级学科如治安学、侦查学、公安管理学、犯罪学、情报学、警务战术与指挥、涉外警务学、国家安全保卫学、公安学基础理论、交通管理学、公安应急管理学、公共安全学、警察史学、警察法学中，除了公安基础理论、警察史学、警察法学以外，其他多是围绕职能而展开。我们以为，中国特色公安学不仅具有鲜明的实践色彩，也应当具有知识体系的自洽，其学科体系需要随着实践的丰富和理论的发展而不断得到充实，需要逐步推进公安学学科体系建设，形成自己合乎逻辑的理论体系框架。同时未来应着重发展热点学科，有意识地形成学科聚焦，稳定壮大和创新各二级学科。

最后要培育公安学学科研究共同体。从历史上看，许多新学科的形成和发展都是在一定的条件下产生的，既有学科知识和理论上的准备，也有社会现实发展的召唤，同时也离不开研究共同体的积极探索。公安学学科体系建设需要下面二级甚至三级学科和专业的发展来支撑。公安高等院校的院系专业教师和研究人员是重要的主体性人才力量。近年来公安工作处于快速发展与变革中，公安实务部门中研究公安具体工作的人才数量不少，但具有学科意识的理论型人才并不多。学科要在学界有一定的声音，研究共同体的发声不可缺少。目前国内公安学科的博士点极少，公安高校引进的教师大多来自相关学科背景。因此，未来在培养学科共同体时，要更加注重整合不同学科背景的教师力量，让法学、政治学、马克思主义理论、管理学、文学等相关学科教师参与进来，通过开展学术活动，参与专业教学和科研活动等方式，迅速提高学科共同体的研究能力。

（三）建设中国特色公安学的学术体系

学科体系是该门学科的基础和框架结构，这个框架结构的内部要素则是由学术思想、理论知识、观点流派等组成的学术体系。缺乏学术体系的学科可能只是一个空架子，因此，构建公安学的学术体系便是学科建设的关键。

构建公安学学术体系首先要注重公安学基础理论研究。要明确什么是中国特色公安学，对警察的本质、功能与职能、公安工作与国家社会的关系等基本范畴深入研究，在研究中确立其理论基础和学科边界。目前来看，公安学的学科边界存在着短期难以廓清的含混性，但至少公安学概论、公安学史、公安学研究方法这些基础研究应该逐步建立起来。从其他学科视角进行研究也是可行的策略，如警察社会学、公安情报学、警察伦理学、公安文化学等都需要加强学术研究，只有学术研究本身才能增加公安学的学科知识仓储和理论丰度。

其次，要努力形成公安学或警学的中国气派。学术体系的主体性和原创性不仅是该门学科成熟的标志和实力的象征，而且是该门学科的特色、优势和自信的体现。① 这些年我国引进了不少国外的警学理论学术专著。如社会科学文献出版社近年出版的“安全治理丛书”中，就有威斯勒(Wisler, Dominique)等的《各国社区警务模式及比较》(2017)、缪尔(Muir, William Ker)的《警察：街角政治家》(2019)、鲍德温(Baldwin, Robert)的《英国警察：权力与政治》(2022)等。国内近年来虽然也出版了一些反响不错的著作，但大多只在公安学界获得认同，在国内学术圈引起较大共鸣的较少，而能在国外警学界传播的就更稀少。

对这一现象，我们一方面要认识到我们是后发展国家，在世界性学术话语传播中还没有占据应有的地位；另一方面我们也应有清醒的认识，即我们的学术研究还没有形成自己的学派和风格。一个学科有无学派，特别是有无著名的学派，往往反映了这门学科是否繁荣和具有强大的社会影响力。构建具有中国气派的公安学必须坚持中华民族的文化主体性和原创性，虽然这并不意味着我们摒弃西方的有益启示。当前我们既要注意弘扬优秀传统文化，关注中国本土现实问题，积累现有的经验成果，又要有面向世界的胸襟和视野。要积极发掘中国传统文化尤其是公安传统文化中的合理成分，比如更加强调以人民为中心、注重警民关系建设，使之与中国政治、文化发展相适应。同时也要特别注意克服民族性中的消极不利因素，如注重人情关系文化等，进而实现学术理论和公安实践机制的现代化。

问题研究是学术研究创新的关键。习近平总书记指出：“问题是创新的起点，也是创新的动力源。只有聆听时代的声音，回应时代的呼唤，认真研究解决重大而紧迫的问题，才能真正把握住历史脉络、找到发展规律，推动理论创新。”②公安学学科的形成、发展和未来都离不开问题意识和问题导向，既需要在不断解决公安实践发展的现实问题过程中丰富学科的广度，也需要在不断解

---

① 孙正聿：《当代中国哲学的主体性与原创性》，载《中国社会科学》2022年第3期，第23-36、204页。

② 习近平：《在哲学社会科学工作座谈会上的讲话》，载《人民日报》2016年5月19日，第2版。

决公安学理论发展的逻辑问题过程中探寻学科的深度。① 当前公安学学术研究需要重点关注的问题有：一是研究如何深化和拓展民意主导下的公众参与型的警务模式问题。虽然我国的政治参与问题有各种渠道和制度保障，但是，就警务工作中公众参与问题而言，理论和实践上都还有一些需要完善的地方。如何适应社会发展和社会结构的变动，解决好公众有效参与警务问题，特别是进一步扩大民意在警务中的地位，进一步加强警民合作和警务协商的制度建设，是我们当前公安学学术理论需要认真考虑的问题。

二是研究中国特色警务工作模式的制度化问题。不可否认，从 20 世纪 90 年代以来，公安部和各地警方在制度化方面做了大量工作，取得了长足的进展。但是，中国特色的警务制度毕竟是一项崭新的制度。这些制度虽然得到了不断发展，而制度的建设、发展和完善则需要根据现实发展及时跟进，还需要一系列相应的具体制度体系来保障。同时，这些具体制度又需要随着我国经济和社会的发展而不断创新。如何根据现实发展不断推进改革，是需要深入研究的学术问题。

三是公安学学术研究应当保持对社会治安热点问题的研究。当前的热点有公共安全治理研究、社会治安防控体系研究、公安体制机制改革相关研究、司法改革等相关内容研究。在开展上述研究的过程中，尤其要紧密结合信息技术发展，牢牢把握数字时代对公安工作驱动效应，深入研究互联网、人工智能、大数据等新兴技术给公共安全带来的革新和困扰，从技术、观念、方法等层面上对公安学研究对象展开深入的研究，为公安学理论体系的构建增加新质内涵。

最后，建设中国特色公安学教材体系。学术体系同教材体系密不可分，教材体系从某种意义上说，为学术体系的建构打下了框架，建立了导引。教材体系跟不上，学术体系就缺乏方向。当前公安学要重视公安学概论、公安管理学、警察史、警察法学等基础教材的建设，同时也应当注重公安情报学、涉外警务、网络犯罪学、大数据侦查学等新兴学科和交叉学科的教材建设，这将为

① 杨宗科：《论"新法学"的建设理路》，载《法学》2020 年第 7 期，第 66-83 页。

学科成长打下长远的发展基础。

(四)建设中国特色公安学的话语体系

话语体系是思想理论体系和知识体系的外在表达形式，它以语言为形式载体，语言既是话语的外壳，一定意义上也承载着大量的内容意义。“怎么讲”和“讲什么”看似形式与内容的问题，实质上反映了思想理论的阐释力量与风格气度。

学科的学术表达离不开话语体系，离开不开对有关概念、理论、价值观念所组成的理论体系的语词表达。话语体系以其自身所承载的思想内涵在线性化的言说中形成特殊的影响力，也就构成了话语权。“话语权的功能，在国内表现为话语体系的引领力、主导力，即引领思想理论、公共舆论和社会意识形态的能力；在国际上表现为话语体系的影响力、支配力和参与甚至主导全球治理的权能。”①近代以来，中国警察学深受“西学东渐”影响，从晚清到民国之间，警察研究成为显学。新中国成立后我国的公安工作模式主要受苏联影响，20世纪80年代，随着大量西方法学、政治学、管理学学术著作的引进，西方的警察学研究话语随之进入国内，并产生较强的影响力，比如众所熟知的四次警务革命。我国公安学的话语与法学话语关系密切，我们现在使用的很多法学概念和术语，大多数都是来自对西方的学习和借鉴。在法学领域，学者们已经提出要构建中国特色法学话语体系，打破西方法治话语的支配地位，重构中华法系，消解西方法治中心主义的负面影响，破除奉行西方法学理论、西方法治话语为金科玉律的怪圈，提升中国法治话语在国际社会和全球治理中的影响力。这对公安学话语体系构建也应有很大的启发意义。

改革开放40多年来，中国创造了令世界瞩目的治安效果，人均犯罪率极低，公安工作为经济社会发展做出巨大贡献，也为世界各国提供了公共安全治理的中国式样本。中国特色公安学如何总结提炼出具有示范意义的“中国模式”，向国际社会讲好“中国公安故事”，就需要构建自身的话语体系，比如“枫桥经验”，既是一个值得讲好的故事，也可以是具有识别度的中国特色公

① 杨宗科：《论“新法学”的建设理路》，载《法学》2020年第7期，第66-83页。

安学话语形式。要之，中国特色公安学话语体系的构建必须立足于中国特色公安学的理论与公安工作的实践，必须深刻反映我国的民族传统文化、我国警察的性质特点、我国国情和社会发展趋势等特质，与此同时，我们也需要不断加强与国外警察学术组织开展交流，在展示自己的学科特色和学术气质的同时，注重取长补短，不断推进中国特色公安学走向独立、创新、开放与融通。①

① 本部分系湖北警官学院 2022 年重点项目“中国特色公安学学科基础理论研究”(HJ2022ZD005)成果。

第五章　现代警务人才培养论

第一节　新时代警察职业胜任力的培养路径

本节提要：警察职业不同于一般的社会工作，其职业胜任力不仅是职业知识和技能的实践对象化，而且包含有思想政治素养、执法办案能力、警事专业技能、群众工作能力、现代信息技术应用能力等多个维度。警察职业胜任力有利于警察个体成长，强化警察职业认同；有利于公安机关完善队伍管理制度，推进警务机制改革创新；有利于公安院校优化警务人才培养模式。提高警察职业胜任力是公安队伍建设的重要课题，公安机关和公安院校有着共同的职责承担。研究如何创新校局合作机制以优化现有的警务人才培养机制，提高其警察职业胜任力具有重要的现实意义。当前警务专业人才培养模式存在重能力本位与重素质本位的差异，卓越警务人才的培养路径有待拓宽，警察胜任力培养主体的能力有待提升。大力提升培养警察职业胜任力的关键路径有：深化协同育警理念，创新校局合作机制，拓展合作育警新途径，建设"双能型"教师教官队伍等。

我国公安机关正在全面深化公安改革，推进各项警务机制改革。为了加快构建适应新发展阶段要求的现代警务体系，公安队伍的自身建设必须放到各项工作的重中之重。习近平总书记在中央政法工作会议上强调，要加快推进政法队伍革命化、正规化、专业化、职业化建设；在全国公安工作会议上他对公安队伍建设提出要锻造“有铁一般的理想信念、铁一般的责任担当、铁一般的过硬本领、铁一般的纪律作风”的公安铁军。公安专业大学生作为我国公安队伍的主要后备来源，提高其警察职业胜任力是公安院校和公安机关的共同职责。由于警察职业不同于一般的社会工作，其职业胜任力不仅是职业知识和技能的实践对象化，而且包含有思想政治素养、执法办案能力、警事专业技能、群众工作能力、现代信息技术应用能力等多个维度，因此，研究如何创新校局合作机制以优化现有的警务人才培养机制，提高其警察职业胜任力具有重要的现实意义。

一、警察职业胜任力的内涵及现实意义

(一)警察职业胜任力的内涵

所谓“胜任力”(Competency)，是指胜任某项工作或职业的素质能力总和。管理学上“胜任力”这个概念最早由哈佛大学教授戴维·麦克利兰于20世纪70年代正式提出，是指能将某一工作中有卓越成就者与普通者区分开来的个人的深层次特征。① 据此，学者们建构起不同的胜任力模型(Competency Model)。美国学者莱尔·M.斯潘塞和塞尼·M.斯潘塞博士从个人特征角度提出“素质冰山模型”。该模型把个体素质形象地描述为漂浮在洋面上的冰山，裸露在水面上的表层部分是个体的知识和技能，这一部分也称为基准性素质(Threshold Competence)；潜藏于水下的深层部分的内驱力、社会动机、个性品质、自我形象、态度等素质，这部分称为鉴别性素质(Differentiating Competence)。前者即基准性素质容易被直接测量和观察到，可以通过针对性的培训而短期习得。相对于知识和技能而言，鉴别性素质不容易被观察和测量，也难以改变和评价，这部分素质很难通过短时期的培训而形成。学者们主张在选择人才时，不仅局限于对技能和知识的考查，而且要从警务人才的职业动机、个人品质、价值观、自我认知和角色定位等方面进行综合考虑。

① 司岩、何少涛主编:《大学生就业指导教程》，东软电子出版社2013年版，第297页。

我国警察担负着社会治安管理和执法办案等重要职责，其个人的素质能力需要与社会发展的法治化、信息化同步。如果警察个体没有良好的职业动机、品质、价值观、职业角色认知和定位等相关素质作支撑，其个性化的能力越强、知识越全面，有时可能对公安工作产生更大的负面影响。

2017 年 5 月，习近平总书记会见全国公安系统英雄模范立功集体表彰大会代表时，向全国公安机关和人民警察提出“对党忠诚、服务人民、执法公正、纪律严明”的总要求，十六字总要求是对警察个人素质根本性、原则性和方向性的把握。根据素质冰山模型，结合当前公安队伍建设的实际来看，笔者认为，现时代的警察素质可以设定为以下 7 个层级和内容：

素质层级	定义	素质内容
技能	指一个人能完成某项工作或任务所具备的能力	警务工作中的表达和沟通能力、组织协调能力、决策能力、办案能力、警务技能、抗压能力、学习能力等
知识	指一个人对某特定领域的了解	政策理论知识、执法知识、文化知识、信息技术知识等
角色定位	指一个人对职业的预期，即一个人想要做些什么事情	国家公务人员；高素质专业化警察
价值观	指一个人对事物是非、重要性、必要性等的价值取向	忠诚精神、公正精神、服务精神、献身精神
自我认知	指一个人对自己的认识和看法	自信心、乐观、使命感，吃苦耐劳、为民服务等
品质	指一个人持续而稳定的行为特性	正直无私、诚实守法、集体合作、担当责任、廉洁守纪
动机	指一个人内在的自然而持续的想法和偏好，驱动、引导和决定个人行动	成就需求、人际交往需求、职业归属、警察职业价值需求等

（二）培养警察胜任力的现实意义

由于胜任力理论能够有效激励从业人员发展自我，创造良好业绩，自20世纪七十年代以来，美国、英国等国家将这一理论广泛应用到各种社会组织的人力资源管理中，取得很好的实践效果。到20世纪80年代，伴随第四次世界警务革命，美国、英国等国家的警务机构也普遍启动了以胜任力为核心的人力资源管理制度，以配合社区警务和情报主导警务等新型警务机制。应用这一理论，笔者设计了符合我国实际的警察胜任力分级内容，当然其他研究者还可以继续深化此项研究。这一理论对我国公安机关开展队伍建设以及公安院校提高警务人才综合素质，打造职业化、专业化的“公安铁军”，具有很强的现实意义和应用价值。

一是有利于警察个体成长，强化警察职业认同和职业使命。警察职业具有自身的特殊专业性质，但警察个体又具有独立的个性。当前公安院校的大学生一方面表现得个性独立，思想新颖，观念新潮；另一方面，也存在诸多不成熟。公安院校无疑要不断加强其思想政治教育，但仅仅依靠思想政治工作，特别是单向灌输式的说教，而忽略个体的内在成长需求，事实上难以提升思想政治工作的长期效果。胜任力理论将自我特质置于职业素质的核心层次，更加关注个体隐蔽性的特质和内在成长需求，引导个体主动进取，强化职业认同和职业使命。警察胜任力模型结构更加突出对个体特质的关注，同时引导个体内在化成长，激励个体融入职业，实现更高的社会价值。通过对胜任力模型的理解，公安大学生会有更加清晰的职业规划和发展方向，了解警察职业所必须具备的素质条件，对比发现自身的不足并及时改进，进而主动培养自身所欠缺的能力，向模型提供的理想目标看齐迈进。

二是有利于公安机关完善队伍管理制度，推进警务机制改革创新。公安机关在推进工作和队伍管理中，需要不断完善队伍管理制度。基于警察胜任力理论和模型，公安机关可以为新警入职及在职民警培训提供重要参考。“由于有了科学系统的岗位能力标准体系，可以针对各级各类岗位的民警进行更具体的培训。对执法勤务类的岗位应注重对警察基本职业素质能力及不同岗位专业素养的训练，对于警务技术类的岗位应更侧重专业知识水平的学习提高。”①这种分层次分类别的培训，促使民警在学习训练中有更加切实的获得感，一定程度上弥补了集中统一培养模式与个体差异不协调的问题。基于警察胜任力理论和模型，公安机关还可以建立更加动态化的警察职业素质与能力的规范。警察职业具有一定的封闭性，公安机关人民警察大多一辈子自始至终地从事警察职业，这会容易导致个体思维方式、知识结构和能力素养的固化。根据胜任力理论设计的素质内容并不是一程不变的，而是会结合社会发展形势的要求，适时调整优化胜任力内容。这既有利于整体上设计公安队伍的素质内容，又有利于个体对照要求，加强自我学习以便更好地胜任工作岗位。比如在新媒体大发展的环境下，素质内容设计上就可以引入媒体知识和应用等相关技能。

此外，警察胜任力理论和模型将胜任力与公安机关的组织目标有机结合，可以为绩效考核提供更系统、更完备的指标，提高考核评估结果的准确性和公平性。胜任力模型强调岗位需求与民警个性素质要相匹配，强调尊重个体对职业晋升和发展的需求，在当前各地正在推进的警察职业序列改革工作中，应用这一模型对建立健全执法勤务、警务技术职务序列，拓展民警职业发展空间等，也具有很强的参考价值。

三是有利于公安院校优化警务人才培养模式和机制。公安院校是培养后备警力的重要渠道，是研究公安工作改革和队伍素质能力建设的重要理论阵地。在警察胜任力理论视野下，公安高校可以结合公安工作的改革方向，在尊重大学生个性品质、价值观念等个人特质的前提下，加强校局合作和协同育警，不断改革现有的警务人才培养模式。根据警察胜任力的模型内容要求，可以在校局合作中调整、创新思想政治教育和课程设置、警务化管理、实习实训等教育培养机制，从而培养出具备过硬政治素质、丰富的专业知识、良好的警察职业技能的警务专门人才。

① 田一笑、闫天池：《警察胜任力模型构建探析》，载《公安教育》2019 年第 1 期，第 16-19 页。

二、警察胜任力的研究回顾及培养现状

(一)警察胜任力的研究回顾

将胜任力引入我国公安队伍建设的研究目前仍然不多。通过对中国知网近十年研究成果的检索，发现相关研究论文约40余篇，研究内容主要集中于三大方面。一是对警察胜任力进行模型建构，二是对不同警察专业和警种进行素质内容研究，三是对如何提高警察胜任力进行方法路径上的探究。

在警察胜任力模型建构方面，范瑛提出警察胜任力模型呈现出五维立体结构模型，从模型的核心内隐层到外显层分别为："个性特质""身体健康""政治素养""专业知识""业务技能"，同时认为应当对警察胜任力模型的指标体系分析，模型具有多维性、层级性、具体性、动态性的特点。① 张聪、张杰分别从通用知识技能、专项知识技能和道德素养层面对警察执法武力能力素质结构进行研究，提出在能力素质结构基础上构建警察执法武力能力素质的三级评价体系，以期解决警察武力胜任力的评价问题。② 杨勇把心理学的研究方法应用在广州市基层警察的胜任力结构的研究上，提出基层警察的胜任力结构包含五个维度和28项素质，五个维度分别是一般能力、工作技能、个性特质、道德素质、政治素质。③ 上述模型建构是胜任力理论在公安队伍建设方面的实践应用，具有很好的启发价值。

在对不同警察专业和警种进行素质内容研究方面，杨成林、郭丽娜参照经典胜任力模型，运用行为事件访谈法、问卷调查法以量性分析的方式构建大数据背景下经侦警察胜任力模型，认为经侦警察胜任力模型的第一个维度为业务技能，其中包含"资金查控能力""经侦文书制作能力""涉案人、物处理能力""情报获取与应用能力"等任力；第二个维度为专业知识，包含"经济领域相关知识""统计学知识""犯罪学知识"等胜任力；第三个维度为个人特质，包含

---

① 范瑛：《警察胜任力模型建构与培养策略研究》湖南师范大学2015年博士论文。

② 张聪、张杰：《基于能力素质的警察执法武力分级模型研究》，载《公安学刊》(浙江警察学院学报)2018年第3期，第94-98页。

③ 杨勇：《基层警察胜任力模型的构建》暨南大学2011年硕士论文。

"协调能力""执行能力""创新意识""逻辑能力""决策能力""应变能力""表达能力"和"学习能力"等胜任力；第四个维度为政治素养；第五个维度为身心健康。① 唐浩、刘帝行认为公安院校教师身兼警察和教师两种身份，相互独立又整体统一，可以从教师胜任力模型和警察胜任力模型中，择取同时适用两个职业的胜任力素质；同时提出胜任力模型建构流程包括明确绩效领域、筛选样本并合理分组、收集数据、分析信息数据、对胜任力模型进行评估、验证和确认。② 这些研究深化和细化了不同警种专业的职业胜任力的素质要求。

在对如何提高警察胜任力进行方法探究方面，吴建军把公安机关的警察胜任特征归纳为核心胜任特征、基准胜任特征和鉴别胜任特征三种类型，提出从宏观层面促进"目标—岗位—民警"的匹配，引导民警争取良好工作表现；实施中结合地区实际，逐类进行系统分析，形成适宜民警自我完善和队伍管理依托的指标体系。③ 郝胜杰提出以警察胜任力为导向开展公安院校学生的职业生涯教育，公安院校应当对学生在进行经常性的养成训练，最关键的是对警察角色的认同、坚定的理想信念及正确的角色意识，应当从角色认知、生涯信念、生涯规划、生涯咨询这几方面探索公安院校学生职业生涯教育的内容。④

上述研究表明将胜任力理论引入我国公安队伍建设具有较大的理念契合性和实际应用价值，从不同视角，应用不同的研究方法，思考不同警种和专业的素质结构，有助于深化对警察胜任力的理解，动态化地提升我国警察队伍和警察个体的能力建设。

（二）警察胜任力的培养现状

与此同时，也应看到，当前我国警察队伍在素质能力建设方面还存在较多

① 杨成林、郭丽娜：《大数据背景下经侦队伍专业化建设新探——以构建经侦警察胜任力模型为视角》，载《广州市公安管理干部学院学报》2020年第3期，第13-18页。

② 唐浩、刘帝行：《公安院校教师胜任力模型构建初探》，载《辽宁教育行政学院学报》2020年第4期，第21-24页。

③ 吴建军：《公安队伍建设的新视点：警察胜任力》，载《公安研究》2011年第8期，第80-86、90页。

④ 郝胜杰：《警察胜任力目标导向的公安院校学生职业生涯教育研究》，载《武警学院学报》2021年第5期，第84-90页。

不完善的地方，从公安院校培养学生警察胜任力的角度来看，现存的主要问题有：

第一，警务专业人才培养模式存在重能力本位与重素质本位的差异。我国公安高校对警务专业人才培养目标基本都限定为“应用型”人才，公安机关对新招录的警察大多也是以“实践能力”为要求导向。为此，我国公安院校在警务人才培养模式的设计上，基本围绕基础素质和应用能力两个向度。应当指出的是，警务人才的专业核心能力不可能凭空产生，它只能在具体的警务实践环境和一定时段的经历过程积累升华而形成，对在校大学生提出过高的、不切实际“实践能力”要求有违人才培养规律。过分注重前者可能会冲淡基础素质培养。个体实践能力的基础在于个体的知识储备、精神涵养、身心健康等非显性要素。随着时代和社会的发展，警察职业所需求的实践能力更加多元化和综合化，更加需要基础的、隐性素质要素来支撑其发展成长。同样存在另一种情况，即将课程教学视为培养主渠道，而各实践能力培养环节被过程化、形式化，这也会导致素质教育与能力培养的脱节。因此，目前公安院校需要正视警务人才培养目标中的能力本位与素质本们的差异，二者不可偏废其一。

第二，卓越警务人才的培养路径有待拓宽。根据国家高等教育的中长期教育发展规划，我国一些公安院校正在实施卓越警务人才培养计划。如湖北警官学院提出“以培养适应公安工作现代化发展需求为导向，以完善人才培养体系为抓手，以人才培养模式改革为核心”的5+5现代警务人才培养体系。浙江警察学院提出“新国家安全观为引领，培养应用型与复合型、创新型相结合的警务人才”，“造就一批政治立场坚定、职业品质优良、专业基础扎实、警务技能过硬，具有法治意识、创新精神和国际视野的高素质卓越警务人才”。① 中国人民公安大学提出探索和建立课堂教学与警务实践有机结合，突出实践能力培养的“教、学、练、战”一体化的卓越警务人才培养模式，塑造“政治性、职

① 宫毅、丁建荣：《基于新国家安全观培养卓越警务人才》，载《中国教育报》2016年3月24日，第12版。

业性、行业性、战略性”的鲜明人才培养特色。[①] 河南警察学院提出着力培育“政治坚定、体能充沛、业精技良、法治思维”的公安人才队伍。[②] 从宏观看上，上述人才规格的设定都体现了公安警务人才的特殊属性要求，具有一定的前瞻性。但从各公安院校的人才培养实际成效来看，受制于现有校局合作机制不畅和院校办学能力等因素，卓越警务人才培养的实现路径还有较长的路要走。

第三，警察胜任力的培养主体能力有待提升。在现有人事管理制度下，公安机关对在职民警的胜任力培养缺乏动力，一般是以完成规定培训时间为考核标准。公安院校对大学生的警察胜任力培养则有赖于教师的胜任力。公安院校教师具有警察和教师的“双重身份”，但公安院校教师不具备公务员身份，没有执法资格，不能直接参与执法实践。从组成和来源来看，多数教师主要从事基础素质教育，部分专业教师有一定的融入实战经验，真正能将素质教育与实践能力融会贯通的“双师型”教师并不多见。在教师的胜任力培养上，存在简单移植普通职业教育的“双师型”观念、将“双师化”等同于“警务实践化”、与课程教学的联系被弱化的现象。因此，加快建设一支“双能型”的教师教官队伍成为公安机关和公安院校的紧迫课题。

三、创新校局合作机制，培养警察职业胜任力

职业胜任力是应用型人才培养教育的核心，如何将警察职业胜任力与核心专业能力、人才培养模式有机结合，贯穿整个教学过程和培养环节是值得公安院校和公安机关不断探索和实践的。警察职业是一个融执法、管理、社会服务于一体的实践性很强的职业，随着社会信息化的深入以及全面依法治国的施行，社会对警务人才的职业素养的要求越来越高，这就要求在警务专业人才的培养上不仅要注重对学生的学习能力的培养，更要注重包括警务执法能力、一

---

① 新华网：中国人民公安大学培养卓越警务人才，新增数据警务技术专业，http：//education. news. cn/2021-06/05/c_1211187294. htm，2021-07-05.

② 姬慧洋：《深化校局合作，培养卓越警务人才》，载《周口日报》2020 年 8 月 11 日，第 2 版。

般警事技能、写作与表达交流能力、群众工作能力以及新媒体工作等方面的能力、以创新方式解决复杂问题能力等方面培养。而能力的培养与基础素质之间存在密不可分的关联。2015 年国家人力资源与社会保障部门、公安部门、教育部门等六部委出台了《关于公安院校公安专业人才招录培养制度改革的意见》，强调公安院校要与公安机关共同培养警务专门人才。这种校局合作模式如果运用得好，可以在警务人才的职业胜任力培养中起到中介性的纽带作用，通过校局合作，实现素质教育与能力培养的双向往返，起到良性互动的作用。因此，如何深化协同育警理念，创新校局合作机制和途径，就成为培养警察职业胜任力的关键性路径。

（一）坚持以开放性观念开展校局合作，提升警务人才职业胜任力

目前我国公安院校都普遍开展了校局合作工作，有的院校在公安机关建立了实习实训基地，但也有不少合作主要停留于双方签订协议层面，具体而深入的合作育人、协同育警工作还相当不到位。究其原因，主要是公安院校与公安机关二者之间在观念上并没有“双主体”意识。公安院校积极性较高，而公安机关因自身主要职能定位关系，对合作育警积极性并不高，有些基层机关主要将来实习的学员当作警力补充力量。事实上，公安机关和公安院校应当都是校局合作的责任主体，双方均有合作的需要，双方均可以发挥自身的优势，最终实现双赢。公安院校通过校局合作，强化大学生的警务实践能力，提升警务人才培养质量，直接服务了公安工作。公安院校要认识到实战教学是培养学员养成政治忠诚思想、提高职业责任心和认同感、使命感的重要途径。从政治建警高度来说，具体的警务实践工作更能让个体理解“服务人民”的宗旨内涵。

公安机关也需要认识到公安高校的智力资源丰富，理论研究前瞻，通过校局合作可以促进队伍的素质能力协调发展，职业胜任力得到动态化成长。比如近年来，国家安全、经济安全、网络空间安全出现的问题，对公安工作提出新要求，基层公安民警的职业胜任力不够成为一个客观的现象。而公安院校可以充分利用擅长研究的智力资源，开有关国家安全、金融经济、网络安全的专题性培训。这无疑有助于在职民警职业胜任力成长，有助于公安工作的进步发展。

（二）创新校局合作机制，拓展合作育警新途径

认识到校局双方是警察胜任力培养的重要途径，校局双方都是合作育警的主体后，二者就要以建立良好的高水平运行机制为目标，大力实施常态化的合作培养工作。

首先是要建立校局合作的组织保障机制。校局双方要各自明晰并承担自己的主体责任，积极建立全时空、全领域、全过程、常态化的合作机制。公安院校要发挥自身的理论教学与智力优势，更好地服务实战、支持实战、协助实战。各级公安机关要发挥基层实践对专业教学的指导和实践教学支持的重要作用。湖北警官学院近年来在校局合作工作上，先后与省公安厅国保、刑侦、网安、交管等总队和武汉市、随州市、云梦县公安局等实战单位签订战略合作协议。双方充分发挥各自优势，不断加强人才培养、在职培训等各领域合作。学院与省内外各级公安机关共建 22 个校外公安实践基地，建成法庭科学湖北省重点实验室、湖北三真司法鉴定中心、物证溯源技术研究所、禁毒技术与情报研究中心、公安大数据情报分析实验室等一批实践育人和创新研究基地。

其次要建立校局合作动态化的良性运行机制。有了观念和组织的保障，就能够为校局双方动态化地持续推进合作打下了基础。从运行角度来看，校局双方应该动态化地研究警察胜任力的要求和存在的不足，有针对性地进行基础素质与实践能力的合作培养。这一过程中，双方需要保持不间断的协商交流，通过协商沟通，一方面加强双方的互信，另一方面也是凝聚共识、推进工作的需要。双方在共育、共建、共享上要不断有新的举措。公安机关可以通过参与警务人才培养方案制定、提供可以提升职业胜任力的实习实训岗位、组织教官根据胜任力要素来指导等环节介入。新时代公安队伍建设和实战需求在不断动态化发展，公安院校应当听取公安机关的建议，及时设置、调整学科专业及方向，加强公安机关急需紧缺警务人才的培养。比如当前公安部在推进“情指勤舆”一体化实战化运行机制改革，以进一步提升警务运行效能和实战能力。这对警察个体的胜任力提出了较高要求，如何实现警务数据融合共享、警种优势合成作战、网上网下同步应对，这都需要公安院校与公安机关共同来研究。高水平的合作育人可以本着“不求所有，但求所用”的原则，实现各自资源利用

效益的最大化。公安院校在实践教学基地、实验室、公安技术研发中心、实训点与环节等，都应当听取公安机关的建议。院校的各类资源，如图书、信息、师资、场馆、科研仪器等设备在满足学生需求的前提下，也可尽可能向公安机关共享开放，以此助推基层机关民警的素质提升。

再次要建立校局合作的反馈评估与激励机制。“反馈评估机制是对校局合作实践效果进行检查、评估、纠偏的机制，是合作各方对合作效果进行评估和检测、对照目标发现偏离合作初衷的情况及时纠正的过程。”①这一机制可以对警察胜任力各要素进行具体的评估。公安机关、学校和学生(教师、民警)三方在思想政治、职业素养、实践能力、创新能力等方面进行考核评价时，发现实习实训等培养环节对胜任力某些要素培养不足，就应当有后续的措施来解决问题。比如一旦发现学生或民警文书制作不规范、写作能力不能满足要求，就应当在人才培养方案或在职培训中加强有关写作模块的教学与训练。激励机制有助于激发校局合作双方内在的动力，双方应加大鼓励责任到位，管理规范，运行良好，表现优异的合作单位和表现突出的教师、学生和民警教官个人，通过及时表彰，激发使命感和工作热情，以调动各方参与合作的积极性，提升警察学员与在职民警的职业胜任力。

(三)以校局合作建设“双能型”教师教官队伍

良好的警察胜任力是推进警务现代化的重要保障，公安院校的教师则是培养警务人才职业胜任力的重要力量，建设一支结构合理、素质全面、能力出色、适应需要的“双能型”教师队伍成为当下公安院校的现实要求。公安院校教师不仅要有过硬的政治素质，扎实的公安专业理论知识，而且要有深入的警务实践经验。不仅要有培养警察大学生基础素质的教师，还要有一批旨在锻造学生警务技能和教师和教官，并且应能从中培养出理论联系实践的“双能型”教师教官。

提升公安大学生警察职业胜任力是个系统工程，当前迫在眉睫的事是“通

① 谭建华:《紧密型校局合作机制建设思考》，载《广西政法管理干部学院学报》2020年第6期，第104-108页。

过校局合作切实改变公安院校公安专业教师实践教学能力不足的现状”。[①] 从2015年起，公安部即要求分批次选聘理论基础扎实、实战经验丰富的公安业务部门骨干到公安院校任职驻校教官，同时要求分批次选聘公安院校骨干教师到公安一线部门挂职或兼职，参与警务实战工作。这一计划的实施对建设“双能型”教师教官队伍大有裨益。2018年1月30日教育部发布《普通高等学校本科专业类教学质量国家标准》规定，公安院校要定期选派教师到公安实战部门挂职锻炼，要求公安院校教师每3年应参加不少于6个月的公安工作实践，密切关注警务实践最新发展，促进理论教学与实践教学有机结合。目前我国公安院校教师多以挂职下派方式在实战部门锻炼，取得一定的成效。未来公安院校应主动向上级公安机关请示，要求进一步完善公安管理体制，使公安院校的教师既具备教师资格，又能在实习或挂职时直接执法和参与警务实践。

教师参与校局合作的实践途径和方式应当不断拓展，如湖北警官学院通过签订校局合作协议，构建较为通畅的教师参加警务实践的机制，每年按计划安排教师到全省公安机关锻炼，参与公安实战以加强教师队伍警务实践能力培养。学院经济侦查教研室在湖北省经侦总队的支持下，深入多个公安经济犯罪侦查机关进行深入调研，对使用大数据侦查方式取得成效的公安经济犯罪侦查实战机关进行了近距离接触，明晰了经济犯罪侦查警务人员的职业胜任力内涵。在此基础上，学院联合湖北省公安厅，建立了经济犯罪数据化情报导侦平台、经济犯罪侦查实训平台和经济犯罪侦查实训基地，依托经济犯罪实训平台，成立了专家工作室。学院的法学教师也有组织、有计划地到公安机关实践部门交流锻炼，参与法律实践，这些举措有力促进了教师警务实践能力和教学团队实战能力的升级。

由于警察胜任力的培养是一个系统的工程，公安专业大学生在院校内接受素质教育的同时，更需要及时将素质培养与警务能力联系起来，才能发挥理论联系实际的效果。公安院校的内部教师由于时间有限，难以通过短时期的挂

---

① 宋福荣：《新时期公安院校培养卓越警务人才的有效途径——以治安学专业人才培养为例》，载《湖北警官学院学报》2019年第1期，第137-144页。

职、下派、调研等形式来快速掌握不断发展的警务动态和实践技能，而且警务工作本身千变万化，教师数年前积累的一些经验未必就切合当前的警务工作实际。即使对于公安机关的民警来说，核心能力的提升也需要较长时间地锻炼磨炼，因此，选拔部分优秀民警任驻校教官就成为提升教师队伍能力水平的重要渠道。驻校教官机制作为警察胜任力培养的另一个重要力量，代表着公安教育训练改革发展的趋势，今后应该予以重点关注。如浙江警察学院组建了 13 个驻校教官教学团队，承担治安案件查处、群体性事件处置、实有人口管理、110 接处警规范、犯罪现场勘查、手印学、痕迹检验等 15 门课程的教学和训练任务；实施开展现场访问、模拟审讯、案件前期处置、实地勘验、现场分析、模拟场所视频分析、110 接处警规范、模拟各类案件接处警、群体性上访模拟处置等 20 多个实训实验项目训练与演练。① 实践表明，驻校教官机制能有力促进公安院校师资队伍建设、促进教学内容和教学方式的更新转变，同时也有助于公安机关自身的业务培训，有助于公安队伍警察职业胜任力的提升。

第二节　构建信息时代警务人才培养的新模式

本节提要：信息时代公安教育改革面临着警务人才培养目标、观念制度、培养模式等方面的挑战。面对新时代、新需求，公安院校应主动建构警务人才培养的新模式，在目标上应致力于培养具有优良的主体品格、网络状的知识结构和复合型工作能力与创新能力的公安警务人才。在具体建构新模式的过程中，应以开放性、包容性为指导观念，实现学历教有与警察职业培训的互融共生。在人才培养实践中，应加大对教学资源、管理制度、专业课程及教师队伍的信息化建设，同时要以科学与人文精神培育为主旨，加强公安院校的校园文化建设。

① 傅国良：《驻校教官工作的实践与创新》，载《人民公安报》2011 年 8 月 7 日，第 3 版。

21世纪意味着信息时代的全面到来，美国麻省理工学院教授尼葛洛庞蒂（Negroponte）被美国《时代》周刊列为当代最重要的未来学家之一，他的《数字化生存》一书描绘了数字科技为我们的生活、工作、教育和娱乐带来的各种冲击。书中指出，信息时代与以前时代的差异是原子（atom）与字节（bit）之间的根本差异，“工业时代可以说是原子的时代，它给我们带来了机器化大生产的观念，以及在任何一个特定的时间和地点以统一的标准化方式重复生产的经济形态。信息时代，也就是电脑时代，显现了相同的经济规模，但时间、空间与经济的相关性减弱了，无论何时何地，人们都能制造比特（bit）”。[①] 毫无疑问，信息时代所带来的不仅仅是社会经济生产方式的巨大变革，而且人类社会生活的各个领域都呈现出全球化、一体化的趋势，随着科技革命的日新月异以及信息工程的全面普及，无论发达国家还是发展中国家，都毫无例外地被信息化浪潮席卷进来。如果说若干年前“信息化”一词对大多数普通中国人来说还是一个期待的幻景，那么时至今日，电脑、智能手机、互联网、数字技术、数码产品、三维视像等这些信息时代的标志性技术与产品，已在不经意间进入了中国寻常百姓家的生活。同样，对于世界各国的高等教育来说，信息时代既送来了发展机遇，也带来了可能落伍的挑战。对于我国的公安高校来说，先前的教学理念、管理模式、教学方法、专业设置、课程安排、师资力量、校园文化建设等方面都面临着如何尽快适应信息时代运行机制的挑战，因此，建构新型的公安警务人才培养模式就尤其显得紧迫和必要。

一、信息时代对公安警务人才素质的新要求

人才学认为，人才是为社会发展和人类进步进行了创造性劳动，在某一领域、行业或其他社会工作方面做出较大贡献的人。公安警务人才理当是在公安实践工作中，能够充分发挥个人的能力才干，优质完成其职业工作的人。当然这是一种比较宽泛的警务人才定义，具体到不同的时代环境下，人才内在的素质要求会有很大的差异。马克思在1849年引用爱尔维修的话说：“每一个社会

① ［美］尼葛洛庞蒂：《数字化生存》，胡泳、范海燕译，海南出版社1996年版。

时代都需要有自己伟大的人物，如果没有这样的人物，它就要创造出这样的人物来。”①和历史上任何一个全新时期一样，信息时代也在召唤着属于它的人物。作为我国公安警务人才培养的主阵地，信息时代公安高校担负的培养高素质警务人才的任务更为艰巨。公安高校应当主动响应时代的召唤，积极构建适应新的时代特征的警务人才培养模式。当然，在构建警务人才培养新模式的同时，必须认识到这个新模式的“产品”的特性，也即人才的素质要求。毫无疑问，在信息时代的语境下，公安警务人才的素质要求远甚于传统工业社会对公安警务人才的要求，笔者认为公安高校尤其需注意警务人才的以下几方面素质。

（一）警务人才应当具有优良的主体品格

所谓主体品格，是指人才作为有主体意识的个体，在社会化的过程中，在定位自我与他人、群体、组织、社会等关系上表现出来的整体精神风貌。可以说主体品格如何，直接关系着教育培养出来的个体能否称得上是真正的“人才”，或者是“平才”，甚至是“庸才”“歪才”或“坏才”。信息时代扩大了技术理性或者说工具理性的统治性力量，但技术理性的“双刃剑”性质也为主体品格留下了更多的价值空间，“人”的因素并不因信息时代到来被弱化，相反，如何应对工具理性的负面作用正对“人”的主体品格提出了新的时代性要求。就公安警务人才的主体品格要求来说，我认为首先强调“德”仍十分必要。习近平总书记提出的“对党忠诚、服务人民、执法公正、纪律严明”十六字方针，这既是建警治警的总方略，也是公安警务人才的座右铭，为我们在新的形势下加强公安队伍建设、推动公安警务人才成长提供了根本遵循。这个总要求是人才主体品格的基本原则，决定了公安警务人才在新的时代里，必须具有忠诚于党和人民事业的品性，具有正确的价值观、良好的社会公德、高度的职业责任感，在社会活动和执法工作中遵纪守法，尊重他人，执法公正，纪律严明。

其次，信息时代公安警务人才的优良主体品格还要求“人才”的人格与心理处于健康状态。健康人格要求人才具有现代思想、现代社会的价值观，能够

① 《马克思恩格斯选集》(第1卷)，人民出版社1995年版。

在日常生活中乐观进取、勇于探索、合作包容。心理的健康在信息时代更不容忽视一方面信息时代带来了社会生活的诸多变动，另一方面也容易对人们的心理产生各种形式的冲击，比如电脑和智能手机的普及，使越来越多的人成为“数字一族”，他们终日沉迷于虚拟空间而忘怀真实的生活世界。泥沙俱下的网络信息容易使人消极颓废，1997 年美国游戏娱乐的头号明星是“电子宠物”，当年网上最热门的话题是“怎样让电子鸡复活”。因此，对于公安警务人才来说，形成良好的心理素质在信息时代的意义已经是不言而喻。

再者，优良的主体品格还要求警务人才具有充分的个性意识。所谓个性意识首先要求警务人才能够充分表现个人独特的兴趣爱好、思维方式、行为能力，拥有与众不同的“闪光点”，如果公安高校培养出来的“人才”千人一面，那是不正常的。实践证明，张扬的个性往往能够更好地促使人才创造性地开展工作。个性意识还包括自主意识，要求人才能够自尊自信、主动参与、自我选择、自我决断。尽管公安工作常常强调个人对命令的无条件服从和执行，但这并不否定个人发挥其主观能动作用，何况信息时代公安工作要面对的局面千头万绪，复杂纷纭，要求警务人才必须在复杂形势下作出自我的高质量判断。

（二）警务人才应当具有网络状的知识结构

新的世纪是人类从传统工业社会向信息社会转型的重要时代，这个转型过程中伴随着各类知识的快速创新与大量累积，所以信息时代也称为“知识经济”时代。和工业时代相比，信息时代的知识总量正在呈线性方式增长。计算机、无线通信和因特网等信息技术也使得知识的传播极为方便、迅捷。而且，各类知识间的联系日趋紧密，自然科学和社会人文科学的互渗交流，使各行业之间的专业界限趋于模糊，新兴学科和学科间的交叉也正在不断涌现。随着我国社会信息化的扩大和社会主义市场经济体制的全面形成，我国高等教育界和人才市场两方面都意识到人才整体素质和知识结构的重要性。知识上有宽度，专业上有深度，基础理论扎实，具有后续发展能力的人才更会受到市场的欢迎，尤其是掌握不同领域知识、具有综合能力的复合型人才更是这个时代的“弄潮儿”。

随着警务信息化的开展和深入，公安工作正逐步远离传统，进入向知识要警力的时代。公安高等院校培养的学生(学员)在实际工作中要接触社会生活的各个层次、各个领域，面临信息繁杂、头绪纷多的社会问题，这就要求公安警务人才的知识面不能狭窄，其知识结构甚至应该比普通高校学生更全面、更宽厚、更加“网络化”因此，对于公安警务人才来说，仅仅满足于对一般公安专业知识的学习和训练是不够的，更需要注重建构适合信息时代公安业务特点的“网络化”的知识结构。当然，公安警务人才的“网络化”知识结构也不完全等同于普通高校的要求，我认为应该至少包括三大方面。其一是各类基础知识，主要是社会人文知识，如哲学、逻辑、文学、外语、法学、社会学基础理论等，也包括自然科学领域的常识性知识；其二是公安专业的基础知识，包括刑事侦查、治安管理等众多领域；其三是各种应用技能性知识，包括外语听说、计算机应用、文字写作等通用技能，擒拿格斗、驾驶、射击等警体技能，刑事照相、现场勘查、痕检、文检、物证提取、法医鉴定等专业技能。毫无疑问，拥有这些“网络状”知识结构的公安警务人才，在实际工作时更能从容面对各种复杂局面。

(三)警务人才应当具有复合型的工作能力与创新能力

主体品格和知识结构并不能与人才的能力直接等同，确切地说，能力是一个人的主体品格、知识结构与行为方式的综合，而且不同工作领域对人才能力的要求也不尽相同，公安工作更有其自身的独特规律。对于信息时代的公安警务人才来说，单一能力难敷所需，固化的能力也跟不上时代的发展，复合型的工作能力以及在此基础上的创新能力才是公安警务人才的高层次要求。复合型能力既包括一般社会能力，如认识能力、学习能力、社交能力、调节能力，也包括各项专业技能，还包括更高层次的自我超越与自我创新能力。

从目前公安工作实际来看，复合型能力主要有这三种类型。第一类是精通公安业务基础理论和公安实战技能的复合型警务人才，这类警务人才是公安专业内部的复合型警务人才。第二类是精通公安业务基础理论和实战技能，同时又精通其他某一学科领域的基础理论和应用知识的综合型警务人才，这类人才是公安专业与其他学科领域交叉的复合型警务人才。第三类是掌握公安专业理论和实战技能，同时又具有良好的管理理论基础和技巧的复合型警务人才，这类人才是公安专业领域与管理领域交叉的复合型警务人才。我国目前的公安高校教育模式是学历教育与职业培训并重，这种双元培养模式也为上述三类的复合型警务人才的培养提供了有利的平台。复合型能力的获得与保持不可能完全来自公安高校的教学培训，尤其是置身于瞬息万变的信息时代。只有那些具备自我超越与自我创新意识的人才能将复合型能力长期保持下去。创新意味着人才能在工作中发现别人难以发现的问题，能够找到问题新的解决方法，更意味着能够创造新的工作理念。

二、信息时代公安高校警务人才培养模式的新建构

（一）公安高校警务人才培养模式的观念性建构

高等学校人才培养模式是高校在一定的教育思想和教育理论指导下，为学生构建主体品格、知识结构、能力素质而采取的教育教学组织样式和运行方式。它是关于人才培养过程的总体表述，具体体现在对人才的各种管理、设计、引导和建构过程中，在人才培养中起着统帅性作用。可以说人才培养模式从根本上规定了人才质量的目标性特征，同时一也集中反映教育者的指导思想与教育观念。上文论证了信息时代公安警务人才的素质要求，如何实现这些素质要求，是公安高校建构警务人才培养模式过程中必须时时思考的重要任务。新的模式如何“与时俱进”，如何与信息时代“合拍”，这样的问题不可能有确定的答案，但是，在建构新模式时，什么样的指导思想与教育观念无疑对问题的回答至关重要。

一般来说，评价高校人才培养质量的尺度主要有两种：一是学校内部的评价尺度，即学校根据一定的指导思想和教育理念，评价自己培养出来的学生，在整体上是否达到规定和期望的专业培养目标，而这种指导思想或理念通常带有宏观性、总体性，同时也具有较长时段的稳定性；二是学校外部的评价尺度，主要是社会和市场对高校毕业生的素质进行的评价。外部评价一般对高校内部的教育教学活动不太关注，更多关注的是毕业生群体能否很好地适应社会、市场，这种尺度往往随社会变迁发生变化。长期以来，我国公安高校各方面都强调公安教育的特殊性，在人才培养模式上坚持以内部评价为主要尺度，

而将外部尺度视为我国转型期社会的暂时要求。这种人才培养模式理念上带有先入为主的偏见，同时也忽视了当前我国社会的“转型”不是简单地从计划到市场的转变，更是信息浪潮席卷之下步入全球一体化的开端。这种人才培养模式观念往往在“公安特殊性”“国情不同”等名义下，忽略了信息社会对公安教育的全面挑战。

我国公安教育确实有自己特定的性质、任务、规律和特色，公安教育与警察执法工作相互联系、相互作用，人民警察的职业特点决定了公安院校教学训练的原则、特点和方法不同于一般普通院校。比如，公安教育更强调知识传授与能力培养的结合，强调警务化管理和实战性体能训练等。但是，公安教育本质上仍然是“教育”，而非“公安”，它是国民教育的一种，其首要目标在于“人的培养”。无论是学历教育还是职业培训，其任务都是培养为社会主义现代化建设服务的高素质人才。在信息时代，公安高校警务人才培养模式如果只是专注于公安教育的“特殊性”，而轻视教育的普遍性，很容易使警务人才在增长专业能力的同时，失去大量其他综合素质潜能，而后者在信息时代纷纭繁杂的公安工作中，具有更为长远的素质发展和职业成长价值。

党的十九届五中全会通过的《中共中央关于制定国民经济和社会发展第十四个五年规划和二〇三五年远景目标的建议》，《总体方案》一开始就明确指出：“教育评价事关教育发展方向，有什么样的评价指挥棒，就有什么样的办学导向。”因此，落实评价改革是发展素质教育的一个抓手，高校要真正在提高人才素质上下工夫。其实早在1996年，国家制定的《国民经济和社会发展“九五”计划和2010年远景目标纲要》中就提出，“积极推进教学改革，改革人才培养模式，由应试教育向全面素质教育转变”。公安高校警务人才模式固然不能以应试教育为中心，但也不能从一极走向另一极。全面的素质教育意味着建构新模式的指导思想与教育观念必须具有较大的开放性和包容性。开放性是信息社会的时代属性，公安教育不能自我划圈，囿于一隅；包容性意味着公安教育不仅可以坚持自己的特色，也可以学人之长，补己之短，其目的均在于培养高素质人才。同样，在开放的、包容的观念指导下培养出来的公安警务人才，也更能获得外部评价的肯定和社会方面的认同，更容易在信息时代的公安职业工作中表现出色。

(二)学历教育与职业培训的互融共生

当我们以开放性和包容性观念来建构信息时代公安高校的警务人才培养模式时，长期困扰公安教育总体发展规划的“学历教育与职业培训”的两难问题也可以相应地得到解决。当前世界警察院校教育主要有两种模式：一是警察职业培训模式(主要是美国)；二是学历教育和职业培训相结合，并以学历教育为主的模式(欧洲多数国家)。我国公安教育主要是后一种模式。随着公安教育改革的深入，近些年我国公安教育界出现了两种完全不同的声音，并曾一度引起过较大的论争。其一是要求“把学历教育甩给社会，构建科学的职业培训体系”，如毛志斌《我国公安教育模式的检讨与重建》，持相近观点者还有卜安淳《公安教育的改革路向》等文；其二是认为公安高等学历教育有着“职后教育”不可替代的优势，如陈沂雄《关于发展公安高等学历教育的思考》，石伟波《也来谈谈公安教育模式》等文。现在看起来，肖剑鸣先生的观点更切合信息时代公安高校的现实发展需要：公安教育体制改革的关键是寄希望于构建一个新型“综合分层建模、配套协同发展”的包含“不同类型、不同层次”各种相应“不同教育模式”在内的，而又一体化的现代化公安教育体系，将公安职业培训教育与公安院校教育融为一体，使公安职业培训标准化，公安院校教育集约化，以适应社会主义市场经济条件下公安教育自身发展规律为原则。①

这些关于公安高等教育模式问题的争论，提出了信息时代我国公安高校警务人才培养模式改革方案的设计问题。应该看到，我国当前公安高校的“两结合”模式本身并无多大问题，即使在信息时代这种模式仍然有其明显的优势。首先，信息时代公安队伍的总体素质都必须有很大的提高，学历教育可以优化整体队伍的学历构成。再者，学历教育可以使学生在三到四年里系统地学习公安专业知识，也可以掌握信息社会不断补充进来的科技、经济、文化等方面的新内容。更重要的是，信息时代的智能型犯罪、利用高科技手段犯罪明显增

---

① 肖剑鸣：《论走向21世纪的公安教育模式》，载《河南公安高等专科学校学报》1998年第5期，第2页。

多，而且由于信息化的普及，这些新型犯罪手段也很容易扩散。开展学历教育可以在公安高校内部凝聚一批专家、学者，加入公安理论研究和公安科技开发，同时可以培养、带动学生的与公安有关的科研热情，而且可以逐步开展硕士、博士高层次的公安警务人才教育，从而更好地为新形势下公安工作服务。另外，学历教育发展也为警察职业培训提供了良好的物质条件。

学历教育的这些作用是短期的职业培训无法具备的，当然，职业培训的价值更不容忽视。

首先，信息时代知识更新不断加快，人们在学校接受的教育已经不能终身受用，终身教育已经成为全社会接受的新观念。随着新知识、新规则、新情况的层出不穷，各行各业的竞争更加激烈，任何一种职业的培训都不可能是一次性的，一劳永逸的，都需要根据形势的发展变化而作出新的调节。信息时代的公安教育也不例外，学历教育结束的同时，也是警察职业教育新的开始。

我国警察法明文规定了警察在入警、晋职、晋级时都必须接受相关的职业培训，而这些任务主要就是由公安高校来承担，可以说职业培训也是公安高校警务人才培养的重要组成部分。

其次，信息时代公安警务人才综合素质的提高离不开实践能力的提高，比较起来，学历教育存在重理论知识、轻实战技能训练的不足，需要通过职业培训予以弥补和强化。

再次，职业培训本身可以提供学历教育诸多公安工作的实践问题和经验，为学历教育更好地联系公安实际工作提供了丰富的教学和科研资源。总起来看，公安学历教育与职业培训完全可以做到互融共生。有学者认为，公安教育离不开国家的教育制度和管理机制以及公安队伍的现状，应把提升学历教育层次与加入警察职业训练力度有机地结合起来，“两条腿走路”，二者一旦拆解开来，带来的不仅是现有公安教育格局的混乱，也很难在一段时期里创造出适应信息时代的公安警务人才培养的新模式。“因为在我国社会主义初级阶段，生产力比较落后，社会主义市场经济体制还不完善和成熟，加上公安教育培养目标、培养手段及人才使用的特殊性，决定着我国今后相当长的一个时期必须保留学历教育，走单纯职业教育培训的条件是不具备的。"①而目前公安高校警务人才培养方面的问题，我认为更多在于这种模式的内部方面亟待新的建构。

（三）教学资源、管理制度、专业课程及教师队伍的信息化建设

美国当代科学哲学家托马斯·库恩（Tomas Kuhn）在其名作《科学革命的结构》一书中指出，新观念的合理性并不必然促使人们放弃旧的即使是不合理的观念。只有当新制度、新规范建立起来并得到全面施行后，人们才会逐渐放弃旧观念转向新观念。② 信息时代公安高校警务人才培养模式从观念到实践的真正落实，也有赖于新的人才培养机制的建立，有赖于能够适应信息时代规律的操作规范的全面推行。从公安高校的内部实际来说，建立新模式的运行机制，既包括教学资源的信息化建设，也包括管理制度、专业设置、课程教法、教师队伍等方面的信息化建设。

信息技术与公安教育的当代发展有着密切的联系，对公安教育的未来变革有着巨大影响。公安教育的信息化要求公安教育各个领域全面应用现代信息技术，开发利用信息资源。公安高校教学资源的信息化建设在新的警务人才模式中占有相当重要的位置。目前公安高校在教学资源的信息化方面存在较多不足，应尽快建成公安系统内部、特别是院校和科研机构之间的共享平台，促使信息化研究成果能尽快应用于院校教学。同时，公安高校也应加大对公安教育应用软件的开发和升级力度，应用软件的开发应吸收最新的计算机技术，紧密结合公安教育信息资源开发及其管理的具体运作机制，设计上要体现出便于教学使用、方便数据维护等特点。这样，以信息技术为基础建设起来的完备、方便的教学资源，必然为公安高校培养优质警务人才提供强大的支持力量。

公安高校在实现教学资源信息化的同时，更要注重信息资源以及整个学校的规范化、标准化管理。信息时代对规范化、标准化的要求大为提高，公安高校内部的行政与教学管理都应该尽快走上规范化、标准化轨道。公安高校内部

① 李光文：《中法警察教育之比较——兼谈我国公安教育的走》，载《湖北警官学院学报》2002 年第 1 期，第 74-77 页。

② ［美］托马斯·库恩：《科学革命的结构》，金吾伦、胡新和译，北京大学出版社 2003 年版。

管理机制改革可以借鉴普通高校的成功经验和方法，建立起一个精干高效、政令畅通、奖罚分明的科学合理的内部管理机制。当然，新的人才培养模式是一个长期的系统化工程，公安高校规范化、标准化的管理制度也不可能一蹴而就，一次到位。我认为管理大局上应该围绕以培养适应信息时代需求的优质警务人才为中心，实践中做到统筹规划，循序渐进，动态调整，即既要能制定出长远的、周密的发展规划，又能在实践中做到分步实施，滚动推进，还要能根据信息时代公安工作和教育工作的发展特点，及时作出动态性的优化调整，摸索出具有较强适用性、系统性、兼容性和前瞻性的公安高校管理规律，从而加快公安警务人才培养新模式的整体建构。

我国公安教育是职业性很强的教育，有为国家专政机关培养人才的特殊性，其追求的效益主要是社会效益，与此同时，公安教育也是国民教育的组成部分，既致力于培养学生的综合素质，也要兼顾学校自身的发展。因此，为适应信息时代公安高校警务人才培养目标的实现，以及公安高校教育的可持续发展，公安高校就应该充分利用现有资源，走多形式、多层次、多渠道办学之路。这样，在专业设置上也不必囿于纯粹的传统侦查学、治安学、公安管理等寥寥数个专业，而应考虑专业设置的多向化，即增设一些与公安专业相近、甚至非公安的专业，如法学、计算机应用、安全防范、外语等信息社会急需的专业。专业设置的多向化既可以增加新的系部，也可以在原来系部基础上增设专业。可以说多向化的专业设置，既是素质教育的主观要求，也是公安工作现实状况的客观需要。在立足培养全面素质型警务人才的框架下，各专业应依照信息社会的发展特点，制定新的教学计划、教学方案。根据信息时代的现实发展，新的模式中应该适时地、动态地调整课程结构，不断增设代表信息时代发展要求的新兴课程，淘汰一些内容单一、落后的课程。课程建设既要突出公安的专业性，加强与公安实践工作的联系，还要突出其学术性，引导学生进入高层次的学术研究，前者有助于学生工作能力的大幅提升，后者无疑有助于学生知识的“专精广博”。新模式中的课堂教学应该充分利用信息技术。

公安高校信息资源的不足问题应高度重视，如硬件设备陈旧，信息警务人才欠缺，信息技术应用程度不高，各类数据库尚欠完备，高校与高校之间缺乏交流，与公安实战部门的资源共享较少，等等。教学资源管理上一也是各自为据，分割管理，标准各异，内容混杂、重复交叉。在建设人才培养的新模式中，公安高校应在目前已有的教学资源基础上，加大信息技术的硬件投入，加快建立一些对教育教学和信息化的教学资源，将现代信息技术广泛应用于教学实践。课程建设离不开教材建设，应着力编写高水平、高质量、具有国际前瞻性、面向信息时代的精品教材，以培养学生适应复杂社会治安形势，对付各种犯罪和具有解决复杂社会问题的综合能力。

信息时代公安高校新的培养模式最终能否培养出优质警务人才，公安高校的教师队伍仍起着决定性的作用。目前我国公安高校的师资总体水平和普通高校相差较大，具有硕士、特别是博士学位的教师较少。既有完备的知识结构、较高的理论水平，又有公安机关实践经验的教师更加匮乏。因此，加强信息时代公安高校师资队伍建设，提高教育者的业务素质及其信息化水平已成为公安教育改革的当务之急。根据信息时代的特点，教师队伍建设应着力于这几个方面：

首先，公安高校应打破教师的“终身制”，全面推行聘任制。应注重引进高学历、高水平的新人进入教师队伍，新引进的人才也要考察其信息化的能力及综合素质。

其次，在内部分配机制上，应大力改革现行制度，更多地向教学、科研一线教师倾斜，应出台规范化的科研奖励制度，建立起学校内部的良性竞争机制。

再次，要重视现有教师的信息化、学术化问题。公安高校的教师应不断丰富更新知识，始终站在信息时代的前沿，同时教师还应具备一定的学术研究能力，通过学术研究提高理论水平，完善知识结构，及时了解公安实践工作的国际新动态。公安高校也应制定和完善骨干教师的培训、进修、访学和出国考察等制度，为教师的快速信息化和综合能力的提升提供更多有利条件。

三、科学与人文：信息时代的公安院校校园文化建设

信息时代公安高校警务人才培养模式的新建构是一个综合化的、整体化的

过程，无论是观念、制度上的变革，还是具体操作规划的施行，最终的成效还要体现于各个高校的整体风貌。在信息时代，文化育人的观念深入人心，公安高校在建构警务人才培养新模式的同时，也不可以忽视校园文化的整体建设。从信息时代的社会特征来看，公安校园文化建设的主旨应该是科学与人文两者并重。信息技术的扩展为校园文化形成科学氛围奠定了良好的基础。当然，"科学"不仅是技术，信息时代自然科学与社会科学的联系更为密切，公安工作本身更与社会科学息息相关。公安高校校园应注重社会科学氛围的培养，比如多成立一些学生社团，邀请知名的社会科学专家作讲座，组建学生社会调查小组等。

而现代人文精神对于公安警务人才的品格锻造，更具有不可替代的影响作用。现代人文精神强调人的尊严，注重现实的人性健康发展，尊重人的感性生活追求以及自由运用其理性进行批判的权利，并在此基础上体现出超越个体的生命关怀。在价值目标上，它致力于人类社会的和谐共处，强调通过人类传统文化的继承和新秩序的建构，以支持和发展现代文明。德国哲学家雅斯贝尔斯说："大学的理想要靠每一位学生和教师来实践，至于大学的组织的各种形式则是次要的。如果这种为实现人学理想的活动被消解，那么单凭组织形式是不能挽救大学的生命……"①因此，无论从公安警务人才"政治合格"的要求出发，还是从信息时代的道德要求来看，公安高校校园文化都非常有必要凸显现代人文精神建设。

现代人文精神的建设应该融入公安高校校园文化中的物质文化、行为文化、制度文化和精神文化各个层面。路径上可以通过举办科技节、文化节、人文讲座，通过成立读书会、文化沙龙、诗社、影视评论社、剧团、乐队等形式陶冶大学生的人文情操。可以说，这种校园文化的人文提升既综合反映了公安高校的整体精神风貌，也反映了警务人才培养新模式的实际成效，进而促进警务人才培养模式的新建构，并且可以在信息时代的不断变革中形成人才培养模

① ［德］卡尔·雅斯贝尔斯：《什么是教育》，邹进译，北京三联书店 1991 年版。

式与校园文化建设的良性互动，稳步走向成熟。①

第三节 公安警务人才网络参与能力的培养

本节提要：随着网络技术的迅速发展，越来越多的网民开始通过网络这个新途径和新渠道，积极参与社会生活各个层面。培养公安院校大学生网络参与能力是公安院校培养高素质应用型人才的必然要求，有利于公安院校更好地实现自身的高素质警务人才培养职责，有利于培养适应电子警务模式、密切警民关系的应用型公安后备人才，有利于培养公安大学生适应主动警务、创新社会管理的能力，有利于培养具有公共精神的现代公民，从而在积极参与中推动公安工作科学化发展。当前公安大学生网络参与方面存在网络素养不高、警察主体性身份意识不明显、参与力度和参与效果有限等缺陷，公安院校应着力于调整人才培养方案，强化他们参与的主体意识，打造优质的网络参与平台，从而大力提升其素养和网络参与能力。

近年来，随着网络技术的迅速发展，越来越多的网民开始通过网络这个新途径和新渠道，积极参与社会生活各个层面。据统计，当前我国大学生网民是人数规模最大的群体。由于大学生网民大多掌握一些网络技术，具有较好的文化基础，同时又有青年人爱好学习知识、扩大人际交往、参与社会生活等内在动力，所以大学生网民又是网上表现最为活跃的群体。网络的双刃剑性质决定了青年大学生在网络参与中也存在一些需要正视的问题，事实上，这一群体的网络参与表现近年来已得到许多有识之士包括公安高等教育界许多人士的高度关注。

① 本部分系湖北省高等教育学会2022年度决策咨询调研项目专项重点课题“基于警察胜任力的人才培养模式与量化评价研究”(2022XB48)成果。

一、"网络参与"的理论内涵分析

本文提出的"网络参与"这一概念显然不能简单从字面上理解为"接触网络"或"参与网络"，这一概念虽然与网络行为直接相关，但在理论上应该来源于政治学和公共管理学中的"公民参与"概念。与"公民参与"有关的名词还有诸如"政治参与""全民参与""公共参与""公众参与"等。这些词语虽然使用的学术领域和具体语境不同，但其所涉及的参与行为与意义大致类似。"公民参与"理论认为，公民参与可以使政府公共部门更能反映民众关心的问题，解决民众与政府的冲突，促使公共决策的合法化，并提高政府的执政能力。

国家行政学院汪玉凯教授认为，"在网络社会到来的背景下，公民参与特别是网络参与成为当今中国民主政治发展中的一道重要风景线。"①公民参与就是指公民试图影响公共政策和公共生活的一切活动。公民参与有广义和狭义之分，广义上主要指政治参与，狭义的公民参与主要指公民针对具体的公共政策的制定和实施而施展影响的活动。因之，本文所提出的网络参与概念，其内涵主要指通过网络这个现代信息技术性的载体来积极参与各种公共事务或公共议题，通过表达自我意愿，传达一定的主张和诉求，以此来推动现实事务的现实发展。

公民参与主要有三个基本要素，一是参与的主体，二是参与的领域，三是参与的渠道。公安高校大学生网络参与的主体即在校青年大学生，其动机是通过网络展示自我性存在，表达自我意见。现实中，公安大学生参与的领域非常广泛，既包括国际国内政治经济社会文化等大事，也包括校园内的学习与生活。当前网络参与的渠道也呈现出多样化形式，尤其是手机上网技术的飞速发展，促使公安大学生与普通高校大学生一样，掌握了微信、博客、QQ 群、论坛等即时在线参与能力。同时，由于电子警务的发展及其在公安高校教学中的传播，公安大学生对信息的敏感程度事实上更甚于普通高校大学生。从当前以及长期来看，培养公安院校大学生网络参与能力既具有基础素质培养也具有业

① 汪玉凯：《网络社会与公民参与》，载《学习时报》2012 年 4 月 2 日。

务能力培养的双重意义。

二、公安院校培养大学生网络参与能力的现实意义

(一)有利于公安院校更好地实现自身的高素质警务人才培养职责

公安院校担负着培养公安队伍后备警务人才的重任，党和政府历来非常重视公安院校的警务人才培养质量，始终把培养具有高度政治思想觉悟和道德素养以及业务能力的警务人才作为公安院校的基础性、长期性、根本性的职责任务。随着互联网络的快速发展及应用，网络在公安院校大学生的政治思想、道德品质、人格形成、价值取向等方面发挥着越来越重要的作用，公安院校大学生也同样通过网络进行多种形式的活动，比如学习、人际交往、商业消费、舆论传播、政治与社会参与等，网络正成为公安大学生的行为塑造以及思想道德形成的重要平台。

重视公安大学生的网络素养，关注大学生的网络参与，及时发现现阶段大学生网络素养的缺陷，发现大学生网络参与中存在的问题，提出改善的措施和实施培养的路径，正成为公安高等教育界有识之士的共同心愿。与普通高校相比，公安院校大学生虽然群体数量并不很大，但由于他们作为我国公安队伍的重要后备力量，在其今后的公安日常工作中承担着重要的社会管理与执法管理等工作职能，而且虚拟社会管理也是公安工作的重要内容，因此这一群体的网络素养与网络参与能力如何得到恰当的培养和提升，无论在当前还从长期来看来都具有重要价值。

(二)有利于培养适应电子警务模式、密切警民关系的应用型公安后备人才

首先，网络参与能力的提升能直接带动网络素养的提升。网络参与以较高的网络素养为基础，良好的网络素养包括正确的认知网络、掌握一定的网络技术以及正确的、合法的运用网络平台能力。当前公安工作正向立体化、动态化、信息化、社会化方向纵深发展，电子技术和网络技术的广泛应用，要求每一名公安民警都必须熟悉网络，并且能在公安“打、防、管、控”工作中能熟练运用。其次，随着社区警务作为新的警务革命模式的提出，网络参与在开展

社区基层业务工作、优化警务工作流程、降低警务管理成本、培育警察服务意识及重塑和谐警民关系等方面都起着不容忽视的推动作用。

随着公安微博、微信公众号、网络警务室、社区民警 QQ 群、社区民警博客、社区警务网络论坛等网络参与方式逐渐兴起，社区警务中民警的网络参与有利于密切警民关系，促进社区警务的有效开展。有学者指出，民警的社区民警的网络参与有利于增强民警的责任感，提高公安机关的回应力；有利于警务信息公开，提高社区警务的透明度；有利于社区警务运行机制的重组及再造，提高警务工作的效率；有利于培育公共精神，提升网络参与水平。① 鉴于此，公安院校在警务人才培养中应当提前注重培养大学生的网络素养和参与意识。

（三）有利于培养公安大学生适应主动警务、创新社会管理的能力

针对当前日益突出的社会矛盾和人民群众对警务工作的新期待和新需求，我国各地公安工作都提出了以情报信息为主导，以积极主动警务模式为内涵的新型警务工作理念。开展实施积极警务、主动警务，是公安工作解决当前警务工作适应社会发展、促进社会管理创新、回应人民群众新期待等现实要求的重要途径和手段。主动警务对公安民警的能力素质提出了更高的要求。当前网络已经成为整个社会人际交往的重要工具，人民警察积极主动的网络参与构成了主动警务一个基础性要素。通过主动的网络参与，民警在情报信息采集、密切警民关系、化解矛盾、服务群众等方面的效能会得到有力提升。从社会管理创新角度来看，我国社会管理经过多年的探索，已经构建形成了社会管理组织网络，制定了社会管理基本法律法规，初步形成了“党委领导、政府负责、社会协同、公众参与”的社会管理格局。警察积极主动的网络参与也会影响和带动社会组织的协同和公众的合作参与，进而有利于形成长效、良性的社会管理创新机制。

① 王苏醒：《论社区警务网络参与》，载《中国人民公安大学学报》（社会科学版）2011 年第 3 期，第 138 页。

（四）有利于培养具有公共精神的现代公民，从而在积极参与中推动公安工作科学化发展

现代公共管理学认为，现代社会管理是国家与社会和公民个体的合作共治。当前形势下，公民网络参与是合作共治的重要方式。随着科学技术尤其是互联网技术的飞速发展以及普通民众参与意识的不断增强，以韦伯科层制理论为核心的传统公共管理范式已经显得不合时宜。唐纳德·凯特尔在《行政过程中的政治：公共行政学新论》一文中指出，在网络化公共行政背景下，由于公共管理界域的多维性、相对性与权衡取舍标准的差异性，必须抛弃传统的界域管理理念，政府才能实现对社会的有效治理。① 公共管理理论强调管理主体的广泛性、多元化，管理主体间的密切合作才能共同完成公共管理的职能。

从公安院校警务人才培养目标来看，培养高素质的具有公共精神的现代公民应当是公安高等教育的当然目标之一。高素质的具有公共精神的现代公民是推动社会良性发展的基本力量，是我国建设社会主义小康社会和社会主义和谐社会的必然要求。在当前我国公安高校毕业生还不能做到百分之百的“毕业即从警”的现实情形下，培养在校大学生的公共精神就有更加特别的意义。通过积极性的网络参与，可以使得具有公共精神的公安大学生不仅在今后社会生活中更加适应和追求“合作共治”，而且当他们身为警察行使职责之时，也更容易理解“合作共治”“社会参与”等社会管理的内涵意义。在现实公安内部工作机制中，各项警务机制的改革与优化既需要自上而下来推动，也需要自下而上的反馈沟通来促进。积极的网络参与可以适时反馈基层的问题和民警真实心声，从而构建起一种良性循环的决策机制，进而推动公安工作科学化发展。

三、当前公安院校大学生网络参与中存在的问题分析

（一）大学生的网络综合素养尤其是网络道德素养有待进一步提高

网络素养是指网络社会中人们在了解一定的网络知识和掌握一定的网络技

---

① 王金水：《网络政治参与与政治稳定机制研究》，载《政治学研究》2012 年第 4 期，第 53 页。

术的基础上，使用和应用网络过程中表现出来的修养与技能，是人们综合素养的一个重要组成部分。网络素养的内容既包括网络知识和网络应用能力，还包括应用中体现出来的网络伦理道德和网络创新能力等。

当前公安院校大学生大多出生于1990年以后，能熟悉运用网络、微信、QQ、博客、论坛、电子邮件，甚至个人DV、网络视频等新型网络工具，而基于手机平台的海量应用软件更是层出不穷，无时无刻不在更新增长。多样化的网络应用为这个新生网络群体提供了一个展现自我、表达思想、宣泄情感、寻求自我身份文化认同的重要平台。但这些虚拟而散漫的海量应用也潜伏着不容忽视的危机。青年大学生在成长过程中还未建立一套较为系统和完善的知识架构和价值理念，他们还难以对网络上的海量信息进行正确的区分辨析，进而导致部分人过分追求网络自由，沉湎于自我幻想，呈现出网络道德缺失。这种道德缺失也会反映在他们的网络参与行为中，即一旦他们意识到自己是在虚拟的网络空间，以匿名的方式尽情表达自我，他们就容易呈现出随意性、偏激性甚至会伤害他人身心、侵犯他人权益，而缺乏应有的责任意识。

(二)大学生的理性自律精神和警察身份的自觉意识有待加强

公安院校大学生素质培养中需要融入法治、理性、自律、纪律等精神，同时还需要培养大学生的警察身份意识。正是这种长期的养成教育，使公安院校毕业生在素质构成上明显区别于普通院校大学生。在公安院校日常管理中，大学生们常能遵守各项警务化管理纪律要求，但在网络的无政府状态下，大学生在网络参与中的自我约束就显得不足。由于在互联网这个虚拟社会中，每个人均以电子化的“符号”存在，大学生的主体行为往往可以避开现实社会因面对面的交往所要承担的责任，可以避开传统习惯、纪律规则、道德评价和行为惩戒等外来压力，因而消减了他们的自律精神和身份自觉意识。

事实上，有相当一部分大学生将网络上的非理性行为当作日常压抑的宣泄方式。而在有关社会热点、议题或可能引发群体性事件的评论中，大多数公安院校学生有种“旁观热闹”“事不关己”的思想，并没有意识到自己的准警察身份，缺乏积极维护社会稳定的意识。大多数学生没有充分明白在哪些问题或议题上值得自己参与以及如何参与。对于网上发布的反政府言论、小道消息、封建迷信、色情内容等，虽然有六成以上的学生表现出反感，但对于恶意批评政府甚至是诋毁公安机关的言论则有不少学生表现出较为宽容。这些现象应引起教育者的重视。

(三)缺乏教育引导和参与平台，导致参与力度和效果受限

目前，公安高校德育教育的内容、方式和手段大多创新不足，与大学生真实的网络生活之间有较大的差距，难以做到与时俱进。大学生网络道德伦理教育尚未找到合适的载体和渠道，导致一方面大学生网络生活和网络参与形式丰富，另一方面却时常遭遇诸多的困惑与迷茫。据调查，大部分学生认为学校有关网络知识、网络道德、网络心理方面的教育几乎是空白，而大多教师的网络知识技能并没有领先于学生，难以正确指导和引导大学生的网络生活。从学校平台建设上看，有些学校网络硬软件建设还处于落后状态，跟不上信息技术和信息社会的快速发展。有些学校虽然硬件建设较好，但缺乏相应网络平台建设与人力维护。比如公安高校的校园论坛应当是大学生交流互动、网络参与的重要平台，但事实上，很多高校疏于管理，或者不及时、不积极回应大学生的诉求，导致大学生网络参与积极性受到影响。

从参与力度与参与效果来看，公安大学生的网络参与大多限于从众型跟帖、表情化点评、游戏化网聊等形式，参与力度整体较弱。在一些重要议题中，缺乏勇担“意见领袖”的动力，网络参与效果尚不明显。美国传播学者保罗·拉扎斯菲尔德认为“意见领袖”是人群中比较活跃的群体，比一般的人更多地接触媒介，经常为他人提供经过自己头脑加工过的意见、观点或建议，并对他人施加个人影响。① 意见领袖的观点、意见、情绪容易为受众所接受，甚至引起受众的共鸣，会产生巨大的舆论影响。网络参与既为“意见领袖”提供了发表言论的平台，也通过其交互性特点为网民提供了对言论进行反馈的渠道，进而造成更大影响，甚至形成网络民意。

因此，在公安工作实践中，需要一些公安民警在一定时机表现出意见领袖

---

① 陆士祯等：《对当代青年网络政治参与的理论分析》，载《中国青年研究》2012 年第 7 期，第 29 页。

的素质和能力，从而为公安机关和政府解决某些事件造成影响，有时候甚至能迅速扭转局面态势。当前我国一些地方出现的涉警群体性事件未能及时有效处置，与当地公安民警的网络参与能力有限也有一定关系。

四、公安院校大学生网络参与能力提升的实践选择

(一)提高认识，改革方案，努力培养公安大学生的网络素养

网络素养教育内容可以划分为网络基础知识教育、信息教育、基本技术教育和网络伦理道德教育。尽管目前公安大学生网络知识了解已经较为丰富，网络运用也较为娴熟，但从高层次高目标的网络参与角度来看，他们还有许多需要提高的地方。网络素养教育的内容应包括了解计算机和网络的基础知识，对计算机、网络及其使用有相应的管理能力；培养创造和合法正当传播信息的能力；培养保护自己安全的能力，即在网上能够处理不良信息，保护自己不受侵害等。国外学者莱恩·马斯特漫也提出：媒介素养教育是一种值得认真对待，并有重要意义的努力尝试。它事关大多数人的权利得失和社会民主结构的稳定与盛衰。

媒介素养教育应当着眼于增强学生(对于媒体信息)的独立自主的批评、判断能力，而不仅仅是单纯要求学生记住某些批评、判断的手法和技巧。① 所以，从网络素养教育来看，我国公安院校在警务人才培养方案、课程设计、课堂教学、师资组织等方面仍有大量工作可做。从警务人才培养方案来看，应当将网络素养参与能力纳入目标。从课程角度来看，笔者以为，当前应当考虑改革计算机基础课程和思想道德教育类课程，增加网络素养与网络伦理类课程，至少短期内应列入选修课建设方案。从课堂教学来看，可以考虑在教学中增加网络参与的内容，比如增加学生参加网上讨论、热点人物和议题撰文等“情境教学”内容，这样做有助于让学生切实体会到自身的知识理论与现实生活的紧密联系。为此，公安高校也应当对教师进行网络素养的专题培训，提高教师在

① 郭志法：《信息过载与媒介素养教育》，载《中国社会科学院研究生院学报》2006 年第 1 期，第 129 页。

网络素养教育中的角色意识和引导能力。

（二）引导大学生树立正确的网络参与的主体意识

公安高校教育者作为主导性力量，在培养大学生网络参与能力方面应当认识到，树立正确的参与主体意识处于非常重要的位置，即要致力于将公安大学生塑造成积极、主动、具有警察身份意识的主体性参与者。为此，教育者首先要不断加强调查研究，充分了解公安大学生作为受教育者在成长方面的各种需要，并根据公安大学生使用网络的目的以及接受网络影响状况的差异，在德育、专业学习和日常教育和警务化管理过程中一方面满足其成长成才的需求，另一方面也提高他们网络参与的能力。教育者在工作中要尊重青年学生的主体意识和参与热情，注重对其网络参与观念的引导，规范其网络参与行为方式的健康发展。在教育方法上，要积极发挥正面宣传教育阵地的桥梁和纽带作用，建立规范化的交流沟通渠道，并与现实中的渠道密切结合，争取实现网上网下相结合的沟通和反馈机制，引导公安大学生树立法制、民主观念，从而实现合理、有序的网络参与行为。我们在教育实践中发现，将一些先进典型警察人物的网络参与事迹和经验作为教育案例，往往能受到良好的效果。

另外，要注意充分调动大学生作为自我教育者的主体的能动作用。当代青年大学生在自我意识、民主意识以及成长意识等方面快速发展，大多表现出了理性、自信、自主、自觉的积极精神状态，因此我们要充分发挥公安大学生的自我教育作用，引导他们在网络条件下积极参与对理想信念问题、社会热点问题、公共安全问题、警察形象和自身的成长发展等问题的讨论、探索、争辩；引导他们在网络上交流时事政治问题的学习心得和体会，等等，帮助大学生通过网络参与来发现问题、独立思考以及总结提高。

（三）营造良好的参与氛围，打造优质的网络参与平台和渠道

网络参与能力的提升最根本最直接的途径还是网络参与行为本身。大学生的网络参与，主要就是借助互联网这一媒介，通过网上评论、讨论，表达主张和意愿，以期影响相关事项的进展和决策。

公安高校应有意识的打造一些优质的网络参与平台和渠道，同时要与现代电子警务模式相结合，让大学生意识到提高网络参与能力，既是现代公民政治参与的需要，也契合了现代电子警务的发展需要，是一种业务能力的锻炼与提升。卡罗尔·佩特曼认为真正的民主应当是所有公民直接、充分的参与公共事务决策的民主，从政策议程的设定到政策的执行，都应该有公民的参与。① 只有在大众普遍参与的氛围中，才有可能实践民主所要实现的基本价值，如负责、妥协、个体的自由发展、人类的平等。比如从具体方式来说，公安高校及其内部组织单位在事关大学生的有关决策中，可以尝试让大学生通过网络参与来进行沟通协商，参与决策，以此培育大学生的网络参与的热情，鼓励大学生提高网络参与的实践能力。还可以针对大学生思想实际，学校有关组织可以动员大学生开展诸如“网络建言”“网络评比”“网络辩论”等活动，让大学生意识到自我的网络参与行为与实际的现实之间发生着直接的联系，充分体验到网络参与的现实意义和实际效果。

第四节　公安院校“双师型”教师队伍建设的问题与探索

本节提要：公安院校教育对于公安队伍建设乃至公安事业的发展起着相当关键的作用。公安院校教育和培训的质量直接关系着公安民警的综合素质、业务能力。在当前全面深化公安改革、建设法治公安的大背景下，公安院校需要深度谋划如何能及时跟上当代公安工作的发展形势。公安院校只有不断提升办学水平，努力提升警务人才的能力素质，才能跟得上现代警务运行机制的更高要求。教师是人才培养和学校事业发展的重要资源，建设一支结构合理、素质全面、能力出色、适应需要的“双师型”教师队伍成为当下公安院校的现实要求。当前存在一些认识的误区，如简单移植普通职业教育的“双师型”观念，简单将“双师化”等同于“警务实践化”，与课程教学的联系被弱化等。针对公安院校建设“双师型”教师队伍面临的一些困境，当前

① ［美］卡罗尔·佩特曼：《参与和民主理论》，上海世纪出版集团2006年版，第8页。

需要完善“双师型”教师队伍建设的顶层设计，转变传统教学模式，加大实践教学力度，拓展校局合作交流途径，建立校局研讨机制，完善“双师型”教师的激励机制。

我国各公安高校为公安队伍培养了大量合格的后备警务人才，同时还担负着大量在职干警的教育培训工作。公安部将公安院校教育定位于战略性、基础性、先导性的地位，表明公安院校教育对于公安队伍建设乃至公安事业的发展起着相当关键的作用。公安院校教育和培训的质量直接关系着公安民警的综合素质、业务能力。在当前全面深化公安改革、建设法治公安的大背景下，公安院校需要深度谋划如何能及时跟上当代公安工作的发展形势。公安院校只有不断提升办学水平，努力提升警务人才的能力素质，才能跟得上现代警务运行机制的更高要求。教师是人才培养和学校事业发展的重要资源，建设一支结构合理、素质全面、能力出色、适应需要的“双师型”教师队伍成为当下公安院校的现实要求。

一、公安院校“双师型”教师队伍的内涵界定

公安院校在我国具有特殊的属性和特色，一方面属于普通国民教育的高等教育序列，需要遵循一般普通高校的办学规律和警务人才培养要求，另一方面其本身具有明显的“警察职业”教育特色，这种特殊的职业教育又使其部分带有一般职业院校教育特征。在职业教育中，作为教育的主体者——教师，具有特别重要的作用，他们既要懂理论，又要懂应用，即要具有“双师型”特征才能满足普通高等教育和职业教育的双重需要。“双师型”是“办好职业教育的根本要求，它是我国职业教育工作者在职业教育的长期实践中思考、提炼而出的一个概念，也是世界职业教育发展的普遍实践性规律”。① 因此，公安院校提出建设“双师型”教师队伍也就具有现实合理性和迫切性。

① 王屹、逯长春：《职业教育“双师型”教师队伍的顶层设计探析》，载《职教论坛》2016年第15期，第38页。

据研究，我国“双师型”教师概念早在20世纪90年代初被首次提出，后来成为建设示范性职业院校的基本要求和目标。通过中国知网检索“双师”+“公安”的主题文章，可以检出约20篇2008年以后的文章，从这些文章可以看出，学者对公安院校“双师型”师资队伍建设还停留在一般的政策理解上，尚缺乏较多关注和较为深入的研究。普通职业院校的“双师型”教师内涵一般多指“双职称”“双能力”“双证书”“双证+双能”等。在现有的研究中，公安院校的“双师型”教师有时也被移植过来，“既指专兼结合的‘双师型’教师队伍，又指兼具理论水平与实战能力的专任教师。‘双师型’教师，应符合‘人师’素养、教学能力、实战能力和研究能力四项细化标准”。① 笔者认为，对于公安院校来说，“双师型”教师这一概念的内涵不能仅从“双师”这个单向度来理解，还需要从三个方面来做进一步界定。

（一）从教师个体来说，“双师型”教师个体在身份属性上主要是一名公安院校在岗教师

教师个体要兼具双重素质和能力，既能教授专业性的理论知识，又能指导在校大学生的警察职业技能训练。可以说，“双师型”教师称号是对一名公安院校在岗普通教师的高标准要求，要求教师个体理论知识丰富的同时，还要对公安实践工作比较娴熟，并且还要有较高的讲授与训练技能。实际上，当前公安院校更多的是理论传授型教师，他们多从普通高校取得相关学历学位后，经过招聘来校从事相关课程的教学，一般没有公安基层工作经历。即使部分来自部属公安高校的研究生，一般也只是具备较多的公安专业理论知识，警察职业的工作实践、办案规范、法律文书制作等方面仍然缺乏经验，难以高质量地承担公安院校大学生警务实践的指导和执法办案工作的训练任务。

（二）从教师队伍这个群体来看，公安院校“双师型”教师队伍是学校师资建设的重要目标和建设内容

校方不仅要考虑教师个体中兼具专业理论和警察职业能力的“双能力”教

① 金怡：《公安高等院校“双师型”教师队伍建设研究》，载《北京警察学院学报》2017年第1期，第105页。

师，还要关注师资队伍整体中的层次、分工和结构问题。既要有一部分教师擅长理论教学，承担专业理论知识的传授任务，又要有一部分教师擅长警务技能和执法办案，因而能很好地指导学生进行专业训练和执法实习。两种类型的教师都是公安院校教师队伍的必要组成部分，他们对公安院校大学生的专业知识学习、实践能力培养和警察职业素养的培养形成，都具有重要意义。

（三）从教师队伍的构成来看，还应有来自公安机关的教官和来自其他实务工作机构如法院、律师事务所等的兼职教师

学校聘请部分公安机关以及实务部门的兼职教师，这部分兼职教官和教师可以弥补本校专职教师队伍数量不足及实践经验短缺的问题，有效提升在校公安学生的专业实践能力。当然，聘任教官和兼职教师原则上应依据人才培养方案和培养环节的实际需要，比如现场勘查课程的实训课程就可以考虑聘请公安机关教官，法律实务课程则可以聘请既具备较丰富的工作经验、又具有较好理论素养的司法实务部门专家。

二、当前对公安院校“双师型”教师队伍的认识误区

当前我国公安院校大多提出了建设“双师型”教师队伍的目标，主要是通过教师岗前培训、挂职、下派、警务实践、基层调研等方式，促进教师与公安基层的联系，加强教师理论与实践的结合。但从反馈的情况来看，效果仍然比较有限，其原因在于认识上还存在一些误区。

（一）简单移植普通职业教育的“双师型”观念

普通职业教育中关于“双师型”的研究已经相当丰富，公安院校教育因为带有浓厚的警察职业教育特色，很多时候也被视为普通职业教育的范畴。有学者将公安院校“双师型”教师界定为“拥有培养合格应用型专门人才的教育教学和科学研究能力，能够从事理论课程讲授和公安应用理论研究，同时取得人民警察基本级及以上执法资格证书，拥有服务公安一线的实践能力，能够对公安实战及实践教学予以指导的专职教师”,① 这种界定与普通职业教育的双师型

① 金怡：《公安高等院校“双师型”教师队伍建设研究》，载《北京警察学院学报》2017年第1期，第105页。

即“双证书”的论断几无差别，即使强调了“双能力”，也是过于笼统宽泛。近年来各地的公安职业院校升格为普通本科院校，实际上已经将公安院校教育与普通职业院校拉开了距离。这种距离从内在方面来说，在于二者的人才培养目标和培养规格是有很大差异的。普通职业教育主要是以技术能力为本位，学生毕业后主要从事相关技术工作或在相关行业内工作，其工作模式以及职业素养要求与人民警察的职业要求差异明显。

在我国人民警察属于国家公职人员，从事的是社会行政执法工作和刑事侦查工作，大多数民警日常工作中面临的是如何做好治安管理、规范执法、为群众服务等非技术类业务，而且实践中民警在其职业生涯中常会变换警种和岗位。因此公安院校教育的警务人才培养目标不应当定位于应用性的职业技术警务人才，而是素质全面的综合性的公务执法人员。如此以来，对公安院校教师的素质和能力要求也应有别于普通职业院校，其需要了解和理解培养对象未来的工作领域和工作内容，需要更加注重综合素养和执法办案能力的培养。普通职业院校的“双师型”教师，只需要对自己从事的技术领域熟练掌握即可，但从原则上来说，公安院校的每一名教师都应当深入公安实践，了解警察日常工作和生活的原生态。

（二）简单将“双师化”等同于“警务实践化”

近年来，随着全国20余所公安专科院校升为本科院校，公安高等教育在国民高等教育中逐渐占有一席之地，与此同时，公安院校的学科建设、警务人才培养、科学研究、办学评估等事项都要与普通高校看齐。普通高校教师队伍建设一般把学术科研能力置于重要地位，高校间学科专业的竞争实质上是教师学术科研能力的竞争。近来普通职业院校已经意识到学术研究对职业教育的重要作用，“学术课程知识（文化课程知识）与职业课程知识（专业课程知识）的偶联被忽视，使得学术课程的‘职业’价值无法彰显。而这两个被忽视的方面恰恰对综合职业人的培养至关重要”。[①] 公安院校因为办学属性的特殊性，目前

① 陈鹏、陈沛酉：《双课程整合视野下职业教育“双师型”教师新解》，载《江苏高教》2017年第4期，第89页。

院校间的竞争并不充分，导致学校对教师的学术科研发展重视不够。

这种不充分的竞争也导致其在教师队伍建设上只要一提出“双师化”，往往就等同于“公安专业化”，进而等同于“警务实践化”。即使我们承认公安院校是一种职业教育，也应当认识到学术科研仍然具有无法超越的价值。浓厚的科研氛围，更能促进在校大学生主动追求现代文化知识，形成现代公民观念，树立现代法治理念，塑造现代警察职业伦理价值观念。

过度强化“公安专业化”或“警务实践化”，实质上是把公安高等教育中的“双师型”问题简单化、形式化。比如有学者提出公安院校的“双师型”就是四种核心能力的组合，“即公安专业课基本理论知识驾驭能力、教学能力、教学学术研究能力和公安学与刑事技术科研能力”，①认为“双师型”教师必须与公安业务和公安实战联系起来。应该说，从公安专业的角度强调理论要联系实践、关注公安基层实战，这对“双师型”教师发展以及警务人才的培养具有重要的现实意义。但是，公安院校教师是一个多学科多专业的教师群体，一些学科尤其是通识类的人文文化学科教师，他们不属于公安专业教师，但在警务人才的人文素养、职业精神培养方面发挥着不可或缺的重要作用。还有大量的法学专业教师虽然在专业分类上不属于公安专业，但其任教的课程直接塑造、培养警察的核心能力。这些非公安专业教师的“双师化”成长被忽略，他们游离于公安专业和警察行业之外，也会直接影响公安院校“双师型”教师队伍的建设成效。

（三）与课程教学的联系被弱化

长期以来，中国高校的课程教学一直偏重理论知识，各门课程把系统传授专业理论知识作为教学目标。在公安院校，刑事侦查、治安管理等专业都是实践性很强的专业，这样只注重理论教育的模式往往导致理论与实践的脱离，甚至脱节，不利于公安院校培养应用型警务人才的定位。公安院校提出“双师型”师资建设，但如果只是注重教师自身理论联系实践的能力，而没有把这种

① 施发笔：《公安院校“双师型”教师的现实价值、核心能力与培养策略》，载《公安教育》2016年第4期，第70页。

能力与教师所从事的课程教学(包括实习和实训教学)有机联系起来，那么，这种“双师型”实际上远离了建设的初衷。

师资建设的主要目的在于提升警务人才培养质量，而实现这一目的的渠道主要是课程教学。实践中公安院校的“双师型”教师队伍建设中过多强调教师到基层实践的履历，而对如何通过基层实践来提升课程教学质量，并没有细致的考量。“双师型”教师实际上一方面可以通过把基层公安部门或其他司法实务部门的优质实践教学资源引进高校，加强公安民警、司法实务工作者与院校之间的交流联系，以此促进实践教学的力度和效果，使理论知识教学与实践教学有机融合起来；另一方面也可以在教学中进一步加强实践内容和环节的教学设计，包括教学目标设定，教学内容安排，教学方法采用等，使课程教学中理论与实践得到真正的有机连接。因此，公安高校的“双师型”教师如果未能在课程及其他人才培养环节中突显作用，不能不说是一种遗憾。

三、当前公安院校“双师型”教师队伍的建设困境

(一)公安院校师资队伍建设缺乏宏观的顶层设计

“顶层设计”原为工程学术语，其意为统筹考虑项目的各个层次结构和各个要素，旨在从最高的宏观层次上进行建设规划。从国家层面上看，《国家中长期教育改革和发展规划纲要(2010—2020年)》已经明确了高等教育改革的战略方向和总体目标，即“提高质量是高等教育发展的核心任务，是建设高等教育强国的基本要求”。在“双师型”教师队伍方面，国家提出要加强实训基地建设，建立健全技能型人才到院校从教的制度，完善符合职业教育特点的教师资格标准和专业技术职务(职称)评聘办法等要求。从公安高等教育层面看，要落实提高警务人才培养质量的要求，必须进行全面的统筹规划，其中“双师型”教师队伍的建设更应该谋划精细，落到实处。

事实上，公安部已对公安院校专业课教师提出了明确的公安基层实习和挂职的时段要求，多数公安院校在师资建设中也有规划，但在运行中这些规划并没有得到很好的落实。即使公安专业教师下去了，但这种形式上的到位，并不能保证能力、素质的到位。以顶层设计推动公安“双师型”教师队伍建设和发

展，就要明确警务人才培养的现实需求和发展要求，综合考虑和权衡各种影响“双师型”教师队伍建设的因素，通过政策和制度层面的系统设计来规划框架和出台措施，以此来有效引导、督促和激励院校二级系部、教师主体以及公安机关三个方面，协同建设“双师型”教师队伍。而且，各校校情也不尽相同，应基于自身长期的战略发展目标和人才培养目标，设计适应本校实际的“双师型”教师发展的顶层设计。顶层设计中要重点考虑“双师型”教师队伍的数量、结构比例、实践时间、校局联络机制、政策保障、绩效考核等内容。

(二)校局合作的建设机制不够完善

对于普通职业院校来说，其“双师型”教师的来源比较广阔，既可以依托其他高校来培养，也可以从相关的社会行业或企业聘请技术能手，直接担任兼职教师。但对于公安院校来说，外聘兼职“双师型”教师就比较受限。公安院校“双师型”教师的首选来源应该是公安机关，实际上，公安机关与公安高校之间平时在工作上并无很多联系，如果没有共同的上级机关发文要求，公安机关从自身工作利益考虑，大多并不愿意将优秀干警派送到公安院校担任兼职教官。可以说，校局合作双方缺乏共同的利益连结点，也缺乏刚性的制度约束。即使公安院校主动将教师下派到基层，基层实际上对此项举措并不十分重视，下派教师很多时候只是分担了一部分基层机关的日常工作，没有发挥自己的专长，没有实现锻炼能力的初衷，总体收获不大。

公安院校教师有理论知识的优势，可以从理论、政策的宏观层面分析公安基层工作现状，同时作为非机关编制内人员，教师可以以旁观者角色深度研究基层工作现状和各种运行机制，从而为公安机关提供有益的建议。但事实上，教师的这种优势没有很好地发挥出来。从笔者所在的院校来看，校局合作目前形式的因素多于实质性因素。校局双方签署合作协议，安排一定数量的教师去挂职等，从形式上看是一种合作联盟，但后续的工作双方都没有深入下去做细、做实。基层机关如何为下派教师提供研习平台和条件，院校如何促使教师不仅仅是人下去，还要将经验和成果带回来，目前看来这些关键性的机制有待完善。

(三)教师主体缺乏去基层实践的积极性

尽管很多公安院校意识到“双师型”教师对于培养警务人才的重要性，但在日常工作中对此关注并不够，对实践教学以及“双师型”教师的实践能力培养，学校出台激励性的政策不多，资金支持有限，提出的一些政策往往雷声大，雨点小，具体措施难以真正得到落实。学校在绩效分配、职称评定、职务晋升等方面主要强调的还是学历、科研论文数量和教学工作量等显性业绩，而对教师警务实践技能的掌握、指导学生实习实训效果等方面缺少量化考评和激励措施。公安院校教师对下基层实践的积极性不高，由于长期身在校园，受学校考评规则影响，多数教师在完成本职教学任务之后，宁愿把大量的时间花在论文撰写、课题研究等事务上，也不愿挤出时间去公安基层参加警务实践。公安院校和公安机关联合倡导的所谓的“校局合作”也大多是松散式的合作，除非学校安排下派，否则教师个体并无动力主动去基层实践。

四、公安院校建设“双师型”教师队伍的策略

(一)完善双师型教师队伍建设的顶层设计

建立一支层次结构合理、数量比例合理、素质能力优良的“双师型”教师队伍，是培养适应新时代警务工作发展的师资基础和前提。公安院校需要设计好建设目标、建设路径和相关配套制度，持续推动“双师型”教师队伍发展。首先制度设计上要加强对“双师型”教师队伍的培养和激励，要从战略层面上思考如何招聘、引进具有“双师型”发展潜力的教师，要思考如何更好地对现有教师队伍进行结构优化建设和团队建设、如何为教师个体进行职业生涯的发展规划、如何更好地为教师“双师化”发展注入持续动力等问题。

二是要制定“双师型”教师队伍的规格和标准。“双师型”教师队伍建设涉及教师的能力素质、专业经历、数量比例等要求，而且是一个渐进发展、不断更新的过程。一般来说公安院校总的双师数量比例不应低于50%，每个专业都应有一定比例数量的双师型教师，不同专业背景的教师应有不同的标准要求。公共通识类课程教师也应融入“双师化”建设。

三是建立教师到公安基层实践的常规制度。教师到公安基层实践是增强教

师了解公安工作、提高能力素质、适应公安教育发展变迁的重要途径，是公安院校“双师型”教师队伍建设的主要渠道。即使是公共课程教师也有必要下派基层，因为实践经历可以提高教师教学的针对性。

四是建立兼职教官聘用制度。兼职教官是公安院校教师队伍的重要补充力量，也是有机组成部分。我国《高等职业学校设置标准(暂行)》规定高等职业学校“必须配备专、兼职结合的教师队伍，其人数应与专业设置、在校学生人数相适应”。公安院校的公安专业隶属于法学大学科门类，警务人才也是法律人才。2013年起教育部会同中央政法委等六部门联合启动的高校与法律实务部门人员互聘“双千计划”，其主要任务就是选聘有较高理论水平和丰富实践经验的法律实务部门专家，到高校兼职或挂职从事教学工作；同时选聘高校骨干教师到法律实务部门兼职或挂职从事法律实务工作。公安院校应当根据自身教师队伍实际，积极加入“双千计划”，以此提升本校法学教师的实践能力和丰富法学课程的实践内容。公安院校要努力构建校局合作的畅通机制，一方面让本校教师能方便地下派到基层，另一方面也能让公安机关上派教官上得来，稳得住，教得好。

(二)转变传统教学模式，加大实践教学力度

“教育改革与教师专业发展之间是双向、互动的关系，不包括教师专业发展的教育改革不可能取得成功。在这一意义上，推进教育改革是教师专业发展的重要诉求。”①当前我国确立了法治公安建设的目标，法治公安对队伍建设提出了更高要求，公安专业本身是一门法律性和实践性都很强的专业，公安院校毕业生走上工作岗位以后，必须能尽快进入警察角色，将所学知识和技能运用于警务实践，以解决警务实践中的问题。要处理好理论教学与实践教学的关系，当前应当加大教学改革的力度，弥补实践教学的缺陷。

实践教学“一方面可以使学生巩固和深化所学理论知识，培养和提高学生分析问题和解决问题的能力，使其关注社会治安现状，增强职业意识和社会责

① 龙宝新：《论国外教师专业发展的现状与走向》，载《现代基础教育研究》2016年第3期，第25页。

任感；另一方面，可以促进公安院校构建理论和实践相结合的更为完善的教学体系，培养更加符合社会需要的新型警务人才。”①实践教学对“双师型”教师提出了较高要求，同时也在培养锻炼教师队伍。

目前公安院校的课程教学的主要模式仍然是传统的理论知识教学模式，教师和学生把几乎全部的时间都花费在课堂上。这种教学的优点在于可以使学生的理论知识很丰富很扎实，但是与公安警务人才的培养目标还存在差距。随着深化公安改革的形势发展，基层机关更加需要应用型人才。通过“双千计划”和校局合作，可以把实际工作部门的优质实践教学资源引入公安院校，同时也可以加强院校教师与实际工作部门的交流联系。二者的结合会推动传统教学模式的转变，促进实践教学的质量提升。实训实习是公安学生专业培养的重要环节，要不断打破现有的蜻蜓点水式的教学训练方式，可以考虑让一些素质较高的兼职教师融入进来担任指导教师，共同打造高质量的实践教学。

（三）拓展校局合作交流途径，建立校局研讨机制

校局合作是全国各公安院校建设“双师型”教师队伍的主渠道，当前这一机制建设需要不断发展和深化，需要改革那种形式上的“人到而心不到”的松散状态，建立一种紧密型的合作关系。如浙江警察学院在全省各地公安机关建立了 50 多个教学实习基地和 39 个公安理论研究基地，与 5 个基层公安机关建立了紧密型的合作伙伴关系，与省公安厅刑侦总队、治安总队、网络监察总队和警察协会等警种部门开展了广泛的合作。② 在校局合作机制不畅的院校，教师很少到公安基层去进行理论讲学和实践锻炼，教师与学生往往只能在校内开展教学和实训活动，一些本该鲜活的理论课由于缺乏新鲜案例，也会变得空洞枯燥，效果大打折扣。从另一方面看，公安机关一些有丰富实践经验的办案或技术专家也因为机制不畅，难得有机会去公安院校分享其经验，难以与公安院校教师一起解决在实践中遇到的问题。

---

① 宋福荣：《构建公安院校实践教学保障体系的思考》，载《湖北警官学院学报》2016 年第 3 期，第 118 页。

② 傅国良：《校局合作的理论研究与实践探索》，载《公安教育》2009 年第 1 期，第 70 页。

公安院校与公安机关双方应当加强多方位合作，找到合作的共赢点和结合点。公安机关可以让优秀教官去高校，以上派、讲座、报告、咨询等形式，介绍基层的工作状况和实践经验，双方致力于打造专兼职相结合的公安专业教学团队。公安院校教师可以以挂职锻炼、短期调研等形式，进行工作调查、案例收集、人员访谈、法律文书查阅和有关法律问题的专题调研。教师把自身的理论知识、学术成果传播和应用于公安实践。在警务人才培养方面，公安院校可以与公安机关共同研究制定专业培养目标，共同设计课程体系方案，共同研究建设实习实践基地等。

客观地说，警务实践能力的提升需要长时间地锻炼和磨炼，一个民警甚至要经历数年乃至数十年才能成为一名优秀的专家。公安院校在岗教师时间有限，不可能通过短时期的挂职、下派、调研等形式来快速掌握警务技能和提升执法办案水平，而且警务工作随时代不断发展变迁，数年前的经验未必就切合当前工作实际。为此，公安院校应建立实践专家与院校教师的长年研讨机制。可以经常邀请基层优秀专家来校进行交流、对话、研讨，也让教师直接而快速地了解和掌握基层的工作动态、工作要求、办案规律和存在问题等，促进教师不断更新教学内容，改进实践教学的方法。

这种研讨机制还会促进教师与基层之间保持密切联系，进而共同开展高水平、高质量的理论与实践研究。公安院校还担负着民警培训的大量任务，校局合作基础上的常态研讨也有助于建立公安院校与公安机关之间的培训专题研发机制。可以“按照需求指引，实战牵引原则，通过培训项目带动开展公安工作的难点、热点和焦点问题”①的研究，比如遴选新媒体应对与涉警舆情引导、医患矛盾纠纷处置、警察执法权益保障、突发事件应急处置等专题，这样既可以开发出培训精品专题，又能提升教师的警务理论研究为公安实战服务的水平。

（四）完善“双师型”教师实践能力提升激励机制

作为未来警务人才的培育者，公安院校教师的实践能力如何，成为影响我

---

① 曾卫国、陈俊豪：《基于民警培训的“校局合作”长效机制建设的几点思考》，载《湖南警察学院学报》2014 年第 1 期，第 110 页。

国公安队伍素质的重要因素。公安院校应当尽力去引导教师从事警务实践，不断完善激励机制，以此培养一支理论知识扎实丰富、实践能力出色的“双师型”教师队伍。也唯有如此，才能培养出高素质的优秀警务人才。实践也证明，一些参加过警务实践的教师，由于积累了丰富的案例素材，课堂教学更加生动活泼，教学效果更加显著。

提高教师的实践能力离不开保障政策和激励机制的支撑。当前公安院校与普通高校一样平时采取的是绩效考核制度，职称晋升主要考评教学和科研工作量。教学、科研与教师个人切身利益密切相关，直接关系到经济收入和职级职称。保障激励措施的缺失，会影响教师提高实践能力的热情与激情，降低其为提升警务技能而从事警务实践工作的积极性。学校要鼓励教师积极参与警务实践，一方面需要相对减轻教师的课堂教学负担，为教师参与警务实践提供时间和渠道，另一方面还要激发教师参与警务实践、提升自身实践能力的热情，需要把参与警务实践以及警务实践能力作为重要的因素，按一定的权重纳入绩效考核、职称职务晋升的考量范畴。唯有如此，才能增加教师自我追求成为“双师”的动力。

第六章　新时代育警文化建设论

第一节　中华优秀传统文化的育警功能及实施路径

本节提要：中华传统文化是中华民族在长期历史发展中形成的价值观念、思维方式、道德礼仪、宗教信仰、审美趣味、生活方式等诸多层面的统一体。其中的优秀文化因子是民族进步和社会发展的文化源泉和精神动力，也是涵育新时代警务人才优良道德品格的重要基础。中华优秀传统文化教育对塑造公安大学生忠诚品格具有深化内涵认知、促进人格成长、提升职业忠诚度等方面作用。公忠爱国、民为邦本等思想资源为涵育忠诚品格提供充足的血脉养分，自强不息、匹夫有责等思想观念提供强大的精神力量；文化英雄人物提供忠诚奉献的人格示范；优美的文学艺术和典章文物润泽心灵，消解职业倦怠。公安院校要积极营造公安大学生学习优秀传统文化的氛围，拓展公安院校忠诚教育的实践途径。

我国公安机关担负着维护国家长治久安、社会治安大局稳定和人民安居乐业的神圣职责。公安高校大学生是我国公安事业的重要后备力量，党和人民长期以来对人民警察的道德思想、品格修养、职业操守提出严格要求并寄予深切期望。习近平同志对当代公安机关和人民警察明确提出要做到“对党忠诚、服务人民、执法公正、纪律严明”。① 在人民警察的价值体系中，“忠诚”历来被当作首要的政治品格和职业道德准则，其内涵包蕴丰富，既指对组织和信仰的忠诚，也涵盖有忠诚于祖国和民族，忠诚于人民，忠诚于公安事业和本职工作等内容。培养具有忠诚品格的人民警察是公安高校的自身职责。当前我国上下正在大力弘扬中华优秀传统文化，公安院校认识优秀传统文化对公安大学生思想道德教育的意义，深入阐发传统文化的丰富精神内涵，积极发挥优秀传统文化的立德树人功能，对培养公安大学生的忠诚品格具有重要的现实意义和价值。

一、优秀传统文化对培育公安大学生忠诚品格的现实意义

（一）深化公安大学生对忠诚品格内涵的理解

当前我国公安院校对大学生忠诚品格的培养途径主要是通过思想政治理论课程来完成。公安高校大学生年龄尚轻，阅历尚浅，其人生观价值观、思维方法和知识体系等，均处于发展和建构阶段。课堂上他们对“忠诚”二字可能在字面上能理解记诵，但大多数人只是简单化地理解为对学校纪律的服从，尚难以从文化层面上做深入而细微的理解。实际上有些公安大学生由于不能理解忠诚的文化价值，甚至还会一定程度上存在逆反心理。如何促使大学生从心理上和情感上真正理解忠诚的内涵，促进大学生思想道德修养在校期间得到有力提升，是当前公安教育者的一项重要命题。

民族传统文化像空气一样无所不在，无时不有，它与这个民族的生活密切结合在一起，潜在地影响和支撑着人们的思想和生活。“忠诚文化是中国传统文化的重要内容，是中国文化大系统中的一个子系统。它是立身做人的道德品质，矢志追求的自我要求。”②把中华民族的忠诚文化内涵意蕴发掘出来传播开来，从传统文化的层面阐释“忠诚”的精神价值和现实功用，无疑能深化公安

---

① 习近平：《始终坚持人民公安为人民，做到对党忠诚服务人民执法公正纪律严明》，载《人民日报》2017年5月20日，第1版。

② 张艳国：《忠诚文化及其现代价值》，载《江汉论坛》2005年第9期，第97页。

大学生对忠诚概念的内涵认知。

中华民族经历五千年的文明发展，至今依然熠熠生辉，民族的核心文化观念不容轻易否定，传统的忠诚文化观念值得继承和发扬光大。传统文化历来崇德尚贤，重“忠”厚“诚”，贬奸斥伪，历来将忠诚视为高尚的人格操守，奉为世人行效之典范。儒家文化是传统文化的主流，儒家经典《论语》中孔子的学生曾参说“吾日三省吾身；为人谋而不忠乎？与朋友交而不信乎？传不习乎？”传统儒家士人把忠于人事、忠于职守、诚意待人、讲究信用等当作日常修身的主要内容。《荀子·尧问》说“忠诚盛於内，贲於外，形於四海”，意思是内在有忠诚品德的人，就会在言行的外在方面得以展现，进而可以传播影响他人。深入学习并理解我国传统文化中忠诚观念，有助于公安大学生理解忠诚品格的历史渊源和文化内涵，进而认识到讲究“忠诚”并不是空洞的说教，而是有着千百年的文化积淀，同时也具有现代性的价值内涵。

（二）促进公安大学生忠诚人格的成长

大学生的人格成长是个体在与他人及社会相互碰撞中形成发展的过程，同时也是个体在历史文化和精神思想中不断自我探索、不断追寻的过程。“中国文化是人格塑造的基点和平台。塑造完美的人格，是文化创造的根本目的之一。任何一个人的思想和精神发展，都离不开传统的民族文化精神，后者将决定前者发展的方向、水平和前景。”①近年来公安队伍的整体素质引人关注，一方面是无数民警在不同岗位浴血奋战，任劳任怨，无私奉献，另一方面也有少数民警违法乱纪、贪污腐化、徇私枉法。公安院校大学生正处于身心急剧发展和自我人格意识逐渐走向成熟的关键期，其在校期间能否培养出忠诚的人格，能否具备良好的警察职业道德，对其整个从警职业生涯乃至整个人生历程都十分重要。

当前我国社会正处于深度市场化转型阶段，商品拜物教、极端个人主义、庸俗功利主义等思想观念在一定程度上盛行，“在商业社会，人们往往被逐利动机所宰制，功利关系成为人际交往中的主导关系。它对道德的排斥，带来了

① 金振邦：《从传统文化到网络文化》，东北师范大学出版社2001年版，第28页。

道德的弱化”。[①] 公安大学生如果缺乏坚实的价值观支撑，缺乏相应的文化价值立场来抵制，则其人格成长中很容易遭受各种不良社会思潮影响，难以在校期间塑造和培养出忠诚人格。

我国传统文化向来崇尚人格尊严，注重道德修养，追求人生价值。余英时先生说，“孔子用‘仁’字来界定‘人’字，孟子讲得更细些，提出仁义礼智的四端，后来陆象山更进一步提出‘不识一字也要堂堂做一个人’的口号”。[②] 孔子说“三军可夺帅也，匹夫不可夺志也”。(《论语·子罕》)强调每个人都应具有坚定的志向和独立的人格。孔子还说“德之不修，学之不讲，闻义不能徙，不善不能改，是吾忧也”。(《论语·述而》)孟子说“富贵不能淫，贫贱不能移，威武不能屈，此之谓大丈夫”。(《孟子·滕文公下》)其所谓大丈夫的崇高人格就是始终忠诚地坚持自己的人生原则，决不动摇。受儒家文化影响，传统士人多崇尚以天下为己任，许多志士仁人都将修身、齐家、治国、平天下作为自己的安身立命之所在，实际上也是忠诚于自己的文化理想。而且，以孔子为代表的儒家文人更强调在现实生活中忠实践行自己信奉的价值观念和行事原则，《论语》中诸如“古者言之不出耻躬之不逮”“君子欲纳于言而敏于行”“听其言而观其行”“其言之不怍，则为之也难”等语句，俯拾即是，亦是明证。

向公安大学生阐明“忠诚”作为一种德性和品格，与个人品格修养具有密切的关系，与传统的“修、齐、治、平”一脉相连，具有深厚的历史文化渊源和实践价值，可以激发大学生在民族文化传统中找到价值归依，进而激励其信仰忠诚，践行忠诚，拒绝流俗，从而在个体人格上打上深深的忠诚烙印。

(三)提升公安大学生的警察职业忠诚度和警察身份认同感

我国公安机关和人民警察担负着打击犯罪，铲除邪恶，保护人民，守护安宁的神圣使命，行使的是奉公执法、治国安民之职责。这种特殊职能定位决定了人民警察具有不同于一般社会职业的特殊身份和职业道德要求。公安部近年

---

① 何中华：《在创造创新中彰显传统文化的时代价值》，载《光明日报》2017年1月9日。

② 余英时：《儒家伦理与商人精神》，载《余英时文集》(第三卷)，广西师范大学出版社2004年版，第3页。

来在全国公安机关组织开展“为何从警、如何做警、为谁用警”大讨论活动，教育引导广大民警充分认识公安机关的职责职能和力量源泉，其目的在于促进人民警察深入理解并认同警察身份，忠实履行立警为公，执法为民的职责职能和职业道德要求。公安大学生的忠诚品格是警察职业道德素养的重要内容，最终要落实到大学生从警后对警察职业表现出来的职业忠诚度和警察身份认同感。一个具有忠诚品格的公安大学生，会更加热爱警察职业，遵守警察职业道德，认同并珍爱自己的警察身份。

传统文化积淀着民族最深层的精神追求。我国传统上历来注重修身养德，弘道笃行；褒扬深挚的家国情怀，积累有深厚的民为邦本、为政以德的执政风尚；倡导天下为公、重义轻利的伦理原则。比如，《论语・乡党》载：“厩焚。子退朝，曰：‘伤人乎？’不问马。”这里孔子对普通民众的关切之情溢于言表，令人感动。墨家创始人墨子激烈批判社会上自私自利的行为，提出“兼相爱”“交相利”的学说思想，主张“爱人若爱己身”，“视人之国若视其国，视人之家若视其家，视人之身若视其身”。(《墨子・兼爱》)我国人民警察来自人民，根植人民，其根本宗旨就是服务人民。具有忠诚品格的人民警察会发自内心地认同警察职业，以身为人民警察为荣，尽心尽力践行警察职业的忠诚爱国、爱民奉献、执法公正的警察核心价值观。

二、优秀传统文化对培养公安大学生忠诚品格的价值功用

中华传统文化是中华民族在长期历史发展中形成的价值观念、思维方式、道德礼仪、宗教信仰、审美趣味、生活方式等诸多层面的统一体。其中的优秀文化因子是民族进步和社会发展的文化源泉和精神动力，也是涵育新时代优良道德品格的重要基础。以优秀传统文化培育公安大学生忠诚品格，笔者认为尤其需要注重阐发二者间的逻辑关联，找准理论的契合点，有利于在警务人才培养过程中发挥优秀传统文化的价值功用。

(一)公忠爱国、民为邦本等思想资源为忠诚品格提供充足的血脉养分

公安大学生的“忠诚”品格，在具体言行上应表现为对党、祖国、人民和公安事业的无限忠诚，其情感根基在于对国家、民族和人民的挚爱之情。爱国

主义、为人民服务是社会主义的核心价值理念，是公安机关人民警察的宗旨，其在中华传统文化中更是源远流长，影响深远。

中华民族在长期发展中形成了强大而持久的公忠爱国的思想传统。我们民族历来崇尚爱国、报国、忧国，甚至以身殉国的价值追求。《左传·昭公元年》有语："临患不忘国，忠也；思难不越官，信也；图国忘死，贞也；谋主三者，义也。"爱国主义思想在儒家传统政治文化中蕴含丰富，虽然大多时候爱国与"忠君"相连，但在发展过程中，其对中国社会的整合、凝聚和发展起到不可磨灭的贡献。这种建立在农业基础上的带有宗法制特点的思想观念，更加强调集体和整体利益，要求社会成员把民族国家利益置于个人利益之上，"先天下之忧而忧，后天下之乐而乐"。这种忠君爱国的情怀使得古往今来的仁人志士主动把个人的命运与国家命运、民族利益紧密联系起来，许多仁人志士在危难关头心忧天下，勇于担当，发挥自身的主人翁意识，主动承担历史和社会赋予的责任，甚至不惜付出身家性命。

民本思想是我国传统政治文化的优秀思想结晶。中华民族早在两千多年前就提出"民惟邦本，本固邦宁"(《尚书》)的思想。儒家奠基人孔子提出"仁者爱人""己所不欲，勿施于人"的学说，儒家亚圣孟子曾指出"民为贵，社稷次之，君为轻"，(《孟子·尽心章句下》)要求统治者"忧民之忧""与民同乐"解民于倒悬。荀子还提出"天之生民，非为君也；天之立君，以为民也"(《荀子·大略》)的民本政治观。道家的老子也说"圣人无常心，以百姓心为心"(《道德经》第四十九章)。西汉思想家贾谊提出国家政治生活的基本准则就是以民为本，"国以民为安危，君以民为威侮，吏以民为贵贱。此之谓民无不为本也"。(《新书·大政上》)唐太宗说"水能载舟，亦能覆舟"，强调民本思想对于执政的重要性。可以说，爱民、重民、保民、安民、恤民等民本思想千载以下，连绵不绝。在中国传统的政治实践中，民本思想要求统治者关注民生、顺应民意、体察民情，由此才能受民拥戴。今天中华民族正在走向伟大复兴之途，伟大的时代召唤新时代的公安大学生汲取民族传统中的民本思想血脉，铸造忠诚品格，从而在未来的从警生涯中做到忠诚爱国、服务人民。

（二）自强不息、勇于担当等思想观念为忠诚品格提供强大的精神力量

我国人民警察肩负崇高的历史使命、光荣的法律义务和艰巨的社会责任。除恶扬善、扶危救困，这是人民警察的天然使命；廉洁奉公，公平正义，是人民警察的法律义务；打击犯罪、保护人民，是人民警察的社会责任。责任和义务通常会给人带来沉重感压迫感，但崇高的、具有使命感的责任和义务更会令人心潮澎湃，激情燃烧，果敢坚强。

自强不息、刚健有为，勇于担当、以天下为己任是中国传统文化精神的重要内容，也是中国传统士人的人生态度。《周易》说“天行健，君子以自强不息”，意思是有品德的个人要天一样，刚强劲健，发奋图强，绝不可懒惰懈怠。“儒家思想是主张积极人世的，它要求每一个人都要以天下为己任。”①孔子说“发愤忘食，乐以忘忧”。曾子说“士不可以不弘毅，任重而道远”，(《论语·泰伯章》)。回顾历史，我们可以发现诸多为担当责任而做出巨大奉献，甚至献出生命的仁人志士。南宋初年著名将领岳飞率领岳家军英勇抗金，所向披靡，令人感叹“撼山易，撼岳家军难”。明末清初著名思想家顾炎武的“天下兴亡，匹夫有责”，更是现今人们耳熟能详之语。有学者指出，传统文化中的儒家“具有强烈的责任意识、深沉的忧患意识，倡行君子人格、勇于奉献，在漫长的封建社会对促进国家统一、社会进步、经济发展、文化繁荣等发挥过积极的作用”。② 即使今天来看，传统文化中的自强不息、勇于担当、以天下为己任等观念仍然具有强大的现实意义，值得借鉴学习，传承弘扬。今天的公安大学生一旦深切理解警察职业的神圣职责，坚持以自强不息、匹夫有责的精神勇于担当责任和义务，会在情感和理智上认同这一职业，从而尽心尽力做好本职工作，其忠诚品格也因为有强大的精神支柱和动力之源而愈发坚韧。

（三）历史上重义轻利、忠诚奉献的英雄人物提供忠诚人格示范

传统儒家提出以“义”为价值准绳和守身之本，孔子说“君子喻于义，小人喻于利”。(《论语·里仁》)荀子说“先义而后利者荣，先利而后义者辱”。

---

① 田广林：《中国传统文化概论》，高等教育出版社2011年版，第132页。

② 徐月高、汪谦干：《谈儒家担当观》，载《光明日报》2015年6月3日。

(《荀子。荣辱篇》)从中华民族的文化历史上看，无数仁人志士怀有强烈的家国情怀，他们面对危难坚贞不屈，为民请命鞠躬尽瘁，勇于担当，上下求索，百折不挠。屈原在《离骚》中说“吾将上下而求索”，“亦余心之所善兮，虽九死其犹未悔”，既表达了其对国家命运和百姓疾苦的关心，也表明他对自己肩负责任的清醒认识和决绝担当。西汉名将霍去病的“匈奴未灭，何以家为?”寥寥几字千百年来激励无数人士殚精竭虑，投身报国。北宋大儒张载提出“为天地立心，为生民立命，为往圣继绝学，为万世开太平”(《张子语录·中》)，充分表现出儒者的襟怀、器识与志向。千百年来，屈原、司马迁、包拯、岳飞、文天祥、戚继光、林则徐、林觉民、秋瑾，以至现代无数革命先烈，他们身上都闪现着忠贞爱国、舍生取义的光辉品格。鲁迅先生曾说：“我们自古以来，就有埋头苦干的人，有拼命硬干的人，有为民请命的人，有舍身求法的人……虽是等于为帝王将相作家谱的所谓‘正史’，也往往掩不住他们的光耀，这就是中国的脊梁。”①这些脊梁人物在今天仍具有强大的忠诚人格示范价值。

我国公安战线近年来涌现了诸如任长霞、谭纪雄等英模人物，这些公安英模的事迹既很好地诠释了新时期人民警察的忠诚品格，也体现了中国传统文化中重义轻利、忠诚奉献的价值操守，值得当代公安大学生景仰崇敬、学习效仿。习近平同志说，“广大公安英雄模范身上体现的忠诚信念、担当精神、英雄气概，是中华民族伟大精神的真实写照”。② 宣传和学习这些历史上和现实中的英雄人物，体会英雄人物的忠诚品格和家国情怀，对培养公安大学生的忠诚品格大有裨益。

(四)优美的传统文学艺术、典章文物可以陶冶情操，润泽心灵，消解警察职业倦怠

公安大学生的忠诚品格意味着对警察职业要有始终如一的热爱和坚持。现代社会中个体容易在工业化、科层制、模式化的社会生产结构中产生身心疲倦

① 鲁迅：《鲁迅全集》(第六卷)，人民文学出版社 2005 年版，第 122 页。

② 习近平：《始终坚持人民公安为人民，做到对党忠诚服务人民执法公正纪律严明》，载《人民日报》2017 年 5 月 20 日，第 1 版。

感。警察要面对处心积虑的各色犯罪、要面对日常的平庸和琐碎，有时会感觉自己就像是一台工作的机器或者像个疲倦的陀螺，缺乏活力、激情、斗志。今天我国警察大多工作时间过长、工作量和工作压力过大，而且工作满意度过低。当代公安大学生是未来的人民警察，他们在入警后工作一些时段后，不可否认，部分人的工作热情下降，产生职业倦怠。

笔者认为，公安大学生在踏入警营之前，除了前述的忠诚教育外，还需要培养形成一定的传统文化修养根基，最好能具备一定的传统文学艺术、典章文物的审美素养。中国传统文学艺术和典章文物内容丰富，意蕴生动。读屈原《离骚》中的“路漫漫其修远兮，吾将上下而求索”之语，会激励个体不畏艰难积极进取；读曹植的“捐躯赴国难，视死忽如归”、范仲淹“先天下之忧而忧，后天下之乐而乐”会生出报效国家之雄心壮志；读曹操的“生民百遗一，念之断人肠”、杜甫的“朱门酒肉臭，路有冻死骨”，会生发出对民生疾苦的深沉同情，等等。中国传统书法、山水画、丝竹管弦音乐等，可以培养公安大学生高雅的审美情趣。这些作品中浸蕴着中国传统文人的坚贞人格力量，可以潜移默化地陶冶人们情操，化解内心的烦躁。古典诗词文赋、传统书法、绘画、音乐、戏曲、建筑及各类典章文物等都能给人很好的审美熏陶，可以增进知识，可以明志养气，可以修身养性。公安大学生如果具备一定的阅读和欣赏素养，就能在繁忙的工作之余徜徉其间，获得丰富的审美享受，心灵由此润泽、净化，很大程度上可以化解职业倦怠感，促进忠诚品格持续耐久，不受干扰，不断丰富和自我更新。

三、以优秀传统文化培育公安大学生忠诚品格的实施路径

(一)做好传统忠诚文化的创造性转化工作

当前我国社会兴起的国学热、儒学热为公安高校通过优秀传统文化教育培养大学生忠诚品格提供了良好的社会氛围。学术界也认识到传统文化对当代国人的重要意义，武汉大学郭齐勇教授等人认为：“儒学与中国现代化有着不解之缘。儒学与现代化并不是绝对对立的，它是参与现代化的积极力量，而且不仅仅只具有克服现代病、治疗现当代顽疾的作用，也不仅仅只具有心理慰藉的

作用。儒学的主要精神与价值理念，仍然是人之所以为人、中国人之所以为中国人的安身立命之道。”①汤一介先生提出对待儒学要有“反本”和“开新”的态度，二者不能分割，“只有深入发掘儒家思想的真精神，我们才可能适时地开拓儒学发展的新局面；只有敢于面对当前人类社会存在的新问题，才能使儒学的真精神得以发扬和更新，使儒家在21世纪的‘反本开新’中‘重新燃起火焰’，以贡献于人类社会”。②

当然，公安高校要注重以马克思主义理论教育和引导大学生树立正确的人生观价值观，但这并不排除传统文化可以发挥出自身的独特价值功用。毛泽东同志在如何正确对待传统文化上确立了“剔除其糟粕，吸取其精华”的原则，习近平总书记指出，弘扬和保护各民族传统文化，要去粗取精、推陈出新，努力实现创造性转化和创新性发展。

公安高校大学生如何从中华传统文化中汲取养分，首先面临着如何对传统文化进行甄别、传承、创造性转换和创新的任务。实际上传统的忠诚文化既具有积极性，也有其局限性，比如在我国漫长的皇权专制政治发展中，“人本”“民本”思想往往通向的是以君为本。公安高校在实施传统忠诚文化教育的同时，务必要注意反对封建糟粕的愚忠和小诚。有学者指出，“忠”“孝”等传统文化范畴的基本精神在当下虽然仍有一定的价值，但在表达方式、表现形式、践行要求、评判标准等方面，更需要结合现实情况进行创新性发展。③ 当前公安高校宣传与阐释传统的忠诚文化，需要与马克思主义的世界观、价值观、人生观联系起来，与社会主义核心价值观与人民警察价值观教育联系起来，需要与我国公安队伍建设的现实要求结合起来。

我们主张可以从中国传统文化的精髓中得到有益的思想资源、智慧和启

① 王杰、顾建军：《2008年马克思主义与儒学高层论坛综述》，载《孔子研究》2009年第1期，第125页。

② 汤一介：《在儒学中寻找智慧》，载《汤一介集》(第五卷)，中国人民大学出版社2014年版，第2页。

③ 商志晓：《中华传统文化创造性转化创新性发展的哲学审思》，载《光明日报》2017年1月9日。

发，但要防止以高扬传统文化为旗帜，把忠诚文化作狭隘化理解。近年来有些地方出现的小群体、小圈子文化，某种程度上就是打着“忠”字旗号的沉渣泛起，必须予以警惕。

（二）将优秀传统文化教育纳入公安院校警务人才培养体系

公安院校培育公安大学生的忠诚品格需要有系统化、整体化的思路。高校的人才培养模式决定着人才培养的目标和规格，将优秀传统文化教育纳入公安院校警务人才培养模式，在现有的公安院校中尚不多见。2014 年教育部颁布了《完善中华优秀传统文化教育指导纲要》，阐明了加强中华优秀传统文化教育的重要性、紧迫性及其指导思想、基本原则和实现方式等，强调从“爱国”“处世”“修身”等层面推进立德树人教育。目前各公安高校主要依托思政课和大学语文课程来进行少量的传统文化教育，其教学效果尚难以彰显，国家教育部门的要求尚难以落实。

传统文化唯有走进公安大学生的头脑和心灵，才能滋养其灵魂，锤炼其忠诚品格，进而在公安大学生中焕发出新的活力和生命力。笔者在此建议利用好公安院校的课堂主阵地，发挥课堂教学的正面引导优势。

具体来说，第一，修订人才培养目标，完善人才培养方案。人才培养目标决定了培养路径和培养过程，在公安专业的警务人才培培养目标中，建议增加“具有较好传统文化修养”的内容，在此基础上进一步思考人才培养方案的修订和完善。

第二，加强人文通识类课程和教材建设。除大学语文必修课程外，在有条件的公安高校开设中华优秀传统文化必修课，增设国学经典、中国哲学史、书法等课程，课程要以学分制纳入培养计划。现有的大学语文课程要进一步提高教学质量和教育针对性，既要增强公安大学生的民族文化自信，也要把传统文化中的忠诚思想资源梳理清楚，解说透彻。要重视适应公安大学生特点的教材建设，公安院校间可以组织教师联合编写传统文化教育教材，如《警察大学语文》《警察古诗文选读》等。教材编排和选文要更加注重思想性和艺术性的统一。

第三，在思想政治理论课程中增加传统文化中的忠诚文化教育专题。公安高校的思想政治理论课程数量和教学时数都较多，但不少学生觉得课程趣味性少，不够接地气，尤其是文化熏陶的作用不明显。中国传统文化与思想政治理论课在教学内容上有着内在的契合点，目标都是培养培养公安大学生正确的世界观人生观价值观，如果设计得当，二者可以实现融合和创新。

（三）加强传统文化教育的师资队伍建设

教师是院校教育工作的主体，其在公安院校立德树人工作中的作用不容忽视。长期以来公安高校因为其“公安”特色属性而注重公安专业建设，作为代表传统文化的中国文学、历史、哲学等学科在学校的建设和发展中难以得到足够的重视，也因此缺乏结构合理的师资队伍。以传统文化培育公安大学生忠诚品格，需要一支懂文化、品行好、做表率的高素质教师队伍。教师不仅需要丰富的优秀传统文化知识，而且能以身作则，以行示范，这样的教师才能够得到学生的认可、取得学生的信任、锻炼学生的忠诚品格。此外，现有的思想政治理论课教师以及学生管理教员也不仅要精通业务知识，还应该全面细致的学习和领会中华优秀传统文化的内容，有意识地去学习中国古代文学、历史、哲学等方面的知识，以此增加自我文化修养和人格魅力，让公安大学生对思想政治理论课和中华优秀传统文化同时产生浓厚兴趣，自觉接受忠诚文化的浸润熏陶。

（四）大力拓展教育空间和途径，营造公安大学生学习优秀传统文化的浓厚校园文化氛围

公安校园文化是公安大学生日常生活于其中的人文环境，以潜移默化的方式影响着大学生的思想情感和道德品格，是不可忽视的教育力量。我国各所公安院校都把忠诚作为校园文化的核心精神。湖北警官学院近年来坚持以“忠诚、荣誉、使命”作为校园文化的主旨，开展深入的研究、宣传和文化建设，取得了良好的效果。以优秀传统文化涵育公安大学生的忠诚品格，就应当把传统文化教育融入到公安校园文化建设的各个方面，不应仅体现在课程教学等正式层面上，还应注重发挥公安大学生的主观能动性，积极开展各类校园文化活动，加强校园传统文化氛围的营造。

一是要充分发挥大学生的主观能动性，促进学生主动学习和研究优秀传统文化，自觉从传统文化中汲取忠诚人格的精神养分。如湖北警官学院大学生近年来成立了律风文学社、国学社等社团组织，平时开展阅读经典、读书会等学习交流活动，取得了较好的效果。

二是要开展丰富多彩的与优秀传统文化有关的校园活动，如举办学术讲座，知识竞赛、读书会、演讲、征文、传统戏曲进校园、书法展览、汉服展示等校园文化活动，让公安大学生参与其间，耳濡目染，体味传统文化的内在意蕴和忠诚内涵。

三是要注重校园的物质文化如景观建设。近年来各地公安院校在校园文化景观方面作出了很多探索，但大多注重警察职业元素的展示，缺乏具有传统人文情怀和传统美学风味的楼宇、亭台、假山、雕塑、铭刻、人像、格言警句等景观陈设。湖北警官学院近年来在校园内建立了忠诚广场、忠诚丰碑、英雄山等标志性景观，实现了文化与景观的较好融合。

四是要拓展中华优秀传统文化的教育和传播方式。如邀请传统文化名家进校园，组织学员走出校园与普通院校大学生进行对话交流，组织学生去历史文化遗迹实地参观，使学员更加直观地了解祖国传统文化等。

五是要注重发挥互联网的快速化、便捷化、交互化功能。当前互联网已成为非常重要的教育阵地，公安高校传统文化教育要充分利用校园网站、微信公众号、校园 BBS、微博、手机 App 等即时通信工具对大学生进行宣传教育，积极主动地引导青年大学生去关注和学习，促进大学生在潜移默化中自觉践行公安校园文化的忠诚精神。

第二节　信息时代公安文化的系统化建设

本节提要：现代信息技术打破了传统的时空局限，冲决了人们的惯常思维观念，对人类的物质生产、行为方式、制度规范以及精神世界产生了重大影响，使人类社会由传统工业社会向全面信息社会迅速位移。目前，在我国公安领域，现代信息技术得到大力推广和实施，但在这一进程中很多人只是将现代信息技术看作单纯的技术手段和物质装备，而忽视了信息时代公安文化范式转换的必要性与紧迫性，忽视了现代信息技术在公安文化建设中的重要作用。信息时代公安文化建设面临新的任务，因而公安文化的物质文化必须实现信息化，行为文化必须实现行为观念的多重转变，精神文化必须强调以人为本，坚持科学理性，高扬法治精神和注重群体协作。在重视现代信息技术对公安文化建设的重要作用的同时，还必须防范其负面影响。

15世纪中叶，德国金匠约翰·谷腾堡(Gutenberg·Johannes，1399—1468)发明金属活字印刷机，带来了人类社会第一次真正意义上的信息技术革命，直接促进了欧洲宗教改革和文艺复兴运动，加速了人类文明的现代化进程。进入21世纪，伴随计算机技术、数字通信技术和国际互联网的高速发展和普及应用，人类社会拉开了一个全新的信息时代大幕。与活字印刷技术相比，现代信息技术形成了更为强大的力量。现代信息技术打破了传统的时空局限，冲击了人们的惯常思维观念，对人类的物质生产、行为方式、制度规范以及精神世界产生了重大影响，使人类社会由传统工业社会向全面信息社会迅速位移。目前，在我国公安领域，现代信息技术得到大力推广和实施，但在这一进程中很多人只是将现代信息技术看作单纯的技术手段和物质装备，而忽视了信息时代公安文化范式转换的必要性与紧迫性，忽视了现代信息技术在公安文化建设中的重要作用。本文对信息时代公安文化建设课题进行初步探索，以期促进我国公安文化的建设和发展。

一、加强信息时代公安文化建设的紧迫性和必要性

(一)加强信息时代公安文化建设是现代社会的迫切需要

美国未来学家尼葛洛·庞蒂(Negro Ponte)指出，信息社会与以前社会的差异是原子(Atom)与字节(bit)之间的根本差异①。现代信息技术的突飞猛进，促使当今社会文化呈现出极为明显的信息化特点，并与传统社会文化迅速拉大

① [美]尼葛洛庞蒂：《数字化生存》，胡泳、范海燕译，海南出版社1996年版。

距离。随着科技革命的日新月异以及信息工程的全面实施，无论发达国家与发展中国家都毫无例外地被卷入“信息文化”。与传统社会文化相比，现代信息文化来势更猛，影响更深、更广。数字化、全球化、虚拟化、交互化正成为当下社会文化的景观性特征。对于我国的公安文化建设来说，尽快与信息文化接轨、融合已成为当前的紧迫任务。这种接轨与融合意味着公安文化必须迅速主动、快速回应信息文化的强力冲击和挑战，意味着先前的文化建设策略必须尽快适应信息社会的运行机制。

（二）加强信息时代公安文化建设是警务信息化的必然要求

社会信息化使人际交流更频繁，各种不安定因素增多，尤其是以信息技术为代表的高科技将更多地被犯罪分子利用。利用计算机技术、现代通信技术、现代仿真技术手段的现代化犯罪，具有更大的社会危害和侦查难度。因此社会信息化也对公安工作提出了警务信息化的要求。所谓“警务信息化”，就是指“以公安计算机通信网络为载体，以数字化公安信息为实体，以高度共享利用、提高警察作战能力为目的，依职权开展的警务活动”。① 警务信息化是信息技术与公安工作的结合，它能有力促进公安机关的警务工作模式由传统模式向现代信息技术化转变。警务信息化对公安工作来说是一场深刻的警务革命，它为公安机关利用现代信息技术提高工作效率和实战能力提供了广阔的发展空间。警务信息化不仅是警务手段与方法的变革，它要求现有的警务观念、执法思维、行为模式、制度制定等方面都必须跟上警务信息化的发展。因此，警务信息化也对公安文化的信息化提出了必然要求。公安文化的信息化发展程度将直接影响、反映警务信息化的实际成效。

二、信息时代公安文化的系统化建设

文化是一个具有包容性的系统，就其系统的主要组成部分来说可分为物质文化、行为文化和精神文化。公安文化有广义和狭义之分，广义的公安文化是

① 赵志飞：《实施信息警务，开展网上作战》，载《公安教育》2001年第10期，第11-14页。

公安工作实践过程中形成的物质技术、规章制度、习惯作风、精神品格等，它包括实体和观念两种形态的内容。狭义的公安文化仅指观念形态。就当前公安文化的系统建设来说，既离不开现代信息技术的物质建设，也离不开与此相关的精神层面的建设。

（一）信息时代公安文化的物质文化建设

马克思主义认为，人类改造世界和改造人本身的活动是文化的源泉和基础。在物质资料的再生产中，也再生产着文化本身。“在再生产的行为本身中，不但客观条件改变着……而且生产者也改变着，炼出新的品质，通过生产而发展和改造着自身，造成新的力量和新的观念，造成新的交往方式，新的需要和新的语言。”①因此，人类的文化发展及其形态的变更，主要依赖于人类生产方式的发展及其形态的变更。

信息时代的物质生产已大不同于从前的生产，“数字化”是其最显在的特征，因此信息时代公安文化的建设首先要高度重视数字信息技术的物质建设。数字化公安信息就是把各种公安情报资料（话音、资料、文字、图像）通过计算机进行综合处理而形成数字化信息，进而通过计算机网络进行交换、存储、传输和利用。全国各地已经或正在建设的警务信息系统主要有：人口管理信息系统、刑侦信息系统、出入境管理信息系统、监管人员信息系统、交通管理信息系统、办公管理信息系统、禁毒信息系统等。当前我国公安工作的实践表明，以计算机网络为基础的数字技术在公安工作的办公调度、预警防查、监控破案、数字统计以及队伍管理等方面发挥着极为重要的作用，同时，也为信息时代公安文化的发展构建了重要的物质基础。

信息时代公安文化的物质建设还包括创造能体现信息文化特点的产品。这方面内容涵盖面很广，既包括信息技术含量很高的警用产品，也包括能体现信息时代特点的文化产品。后者如公安题材影视剧的创作拍摄、公安网站的编辑设计，警事讯息传播、警察形象宣传、警用标志的设计制作等。总而言之，发达的物质文化能为信息时代公安文化建设提供强有力的支撑，离开了物质文化

① 《马克思恩格斯选集》（第46卷），人民出版社1979年版，第494页。

建设这个基础，公安文化的信息化建设只能是无源之水，无根之木，难免成为一个空洞的架子。

(二)信息时代公安文化的行为文化建设

伴随着公安部“金盾工程”的进一步展开，我国警务信息化逐步得到了加强，公安文化信息化的物质基础得到了大幅度提升。这种提升也进一步对信息时代公安文化的行为文化建设提出了要求。公安行为文化是指公安机关和警察个体在警务活动中处理各种关系、依法执行各种措施时呈现出来的行为观念和活动表现。信息时代公安部门担负的打击犯罪、维护治安的任务更为艰巨，面临的形势更为复杂。针对各种新情况新问题，公安机关和民警必须努力学习和应用现代信息技术，改变其原有的行为观念和思维方式，实现行为观念的转换，同时在公安警务实践行为活动中做到反应快捷化。

就公安行为观念来说，应尽快实现以下三种思维模式的转换。

第一是由被动型向主动型转换。信息时代公安部门要积极主动地去适应形势发展的需要，按照紧贴实战，综合研判的要求，探索建立各类情报信息体系；在依法办事的前提下，建立高效的预警机制，通过主动预先介入方式，最大限度地把不稳定因素解决在萌芽状态，从源头上缓解社会矛盾和控制违法犯罪的发生。

第二是由单向型向多向型转换。工业时代由于生产分工的细致化，导致人们在观念上更加注重局部，其思维方式也呈现出单向型特点。信息时代，信息各局部之间联系更加紧密，这也要求公安机关的行为观念必须注重发挥全系统的整体功能，思考问题更注重全局利益，以多向型思维从多个方面、多个角度作出更为全面的思考。

第三是由封闭型向开放型转换。封闭型行为观念已不能适应信息时代公安工作的发展要求，在社会信息化、经济全球化的时代巨浪里，公安行为文化必须树立开放型观念。所谓开放型观念就是敞开思想，放眼世界和公安工作全局，使主体思维活动经常处于全方位、动态化的“扫描”之中。这要求我们必须站在信息时代公安战略发展的高度，找准信息时代公安工作的目标定位，既借鉴其他国家的警察思维和工作方法，顺应世界警察事业发展的大方向，又能理性审视自我，做到兼收并蓄，从而使我们的公安行为文化能时刻呼应信息社会的时代脉搏。

基于信息化文化的数字化、交互性、一体化的特点，信息时代公安警务的实践行为活动中应该努力做到反应快捷化。这要求公安机关必须加强快速反应机制建设，提高指挥决断和快速反应能力。加强公安机关快速反应机制建设，这是新形势下维护社会治安、打击犯罪和服务群众，以及有效应对传统和非传统安全问题的客观要求。为确保信息畅通、指挥有力、手段先进、运转高效，部分省市的公安厅组建成立“警令部”，作为本地区公安机关综合指挥调度机构，这一举措适应信息时代的特点，有助于提高公安机关指挥决断时效和快速反应能力。

（三）信息时代公安文化的精神文化建设

俄罗斯思想家别尔嘉耶夫在其著作《俄罗斯命运》中指出，“俄罗斯的精神文化，还没有在世界上占有伟大强国的地位，而这种精神文化才是生活的核心，国家机器不过是表面的外壳和工具而已”。① 别氏明确提出精神文化才是一个国家的核心。对于作为国家机器的公安部门来说，我们认为，精神文化也具有不可替代的核心功能。笔者认为，信息时代公安文化的精神文化建设应主要包括以下方面：全面树立“以人为本”的警察价值观、坚定现代科学理性精神、高扬现代法治精神和倡导群体协作精神等。

公安文化是警察群体的意识形态，它是警察思想、职业道德和价值观的总和，其核心是警察价值观。前文讲过，现代信息技术大力改进了人类的物质生产、行为方式、制度规范以及精神世界，促使现代知识、现代价值观念以及现代人文精神迅速传播并深入人心。现代人文精神强调人的尊严，注重现实的人性健康发展，尊重人的感性生活追求以及自由运用其理性进行批判的权利，并在此基础上体现出超越个体的生命关怀。坚持以人为本，就是要以实现人的全面发展为目标，从人民群众的根本利益出发谋发展、促发展，不断满足人民群

① ［俄］尼古拉·别尔嘉耶夫：《俄罗斯的命运》，汪剑钊译，云南人民出版社 1999 年版。

众日益增长的物质文化需要，切实保障人民群众的经济、政治和文化权益，让发展的成果惠及全体人民。

因此，对于当前我国公安精神文化建设来说，必须尽快确立“以人为本”的警察价值观。“以人为本”的价值观一旦确立，会转化为公安民警习惯性的心理定式和行为准则，对于警察队伍群体也具有一定的规范、指导意义。“以人为本”价值观的确立，将意味着公安工作的各个环节中都要将“人”作为基本的价值评判尺度和最高目标，无论“人”的身份是一般公民，警察自身，还是犯罪嫌疑人。“以人为本”价值观的全面确立，将使公安机关的“服务人民”执法理念有了“人”字支撑，更加具有现实的人文意义。

信息时代的公安精神文化必须强调树立警察“以人为本”的价值观，并以此作为警察精神文化的核心功能。这种“以人为本”的精神所体现的是价值理性的认识，与价值理性相辅相成的是体现工具理性的科学精神。科学精神是一种事实上的认识，要求尊重客观事物和客观规律，将人的认识看作是对客观事物和规律的反映，将客观事物和客观规律看作人的认识的唯一源泉。科学精神和人文精神可以统一融合，事实认识要求有人文精神做支持，价值认识要求有科学精神做烘托。

现代信息技术的出现和发展正是现代科学发展的当代产物，其哲学和思想基础源于现代科学精神。因此，现代科学精神必然也是信息时代公安精神文化不可或缺的重要组成要素。坚持科学精神，将有助于公安机关在实际工作中坚持实事求是的原则，有助于公安民警办案中遵循客观规律，从而最大限度地减少盲目性、主观随意性，减少类似“佘祥林杀妻案”的冤错案件。此外，科学精神的内涵还具有独特而丰富的真善美架构：“科学之真表现为它的客观性、自主性、继承性、怀疑性；科学之善表现为它的公有性、人道性、公正性、宽容性；科学之美表现为它的独创性、统一性、和谐性、简单性。”①公安精神文化坚持、发扬科学精神，也必然有助于公安机关在精神文化建构中，常葆

① 李醒民：《科学精神和科学文化研究二十年》，载《自然辩证法通讯》2002 年第 1 期，第 83-89 页。

"真、善、美"的文化品格。

"以人为本"的警察价值观主要强调以超越性的眼光来关怀个体生命。科学精神强调的是实事求是的思路原则，而在信息时代的公安实际工作中，我们还要高扬现代法治精神，并以之作为具体工作的指南。现代法治精神表现为一整套关于法律、权利和权力问题的原则、观念、价值体系，其本质要素主要有法律的最高权威、善法之治、公平、制约权力、人权本位、主体自由、程序正当等。公安部门作为我国的执法机关，在精神文化方面高扬现代法治精神有其特殊的意义，它反映了我国实现依法治国的基本要求。公安精神文化高扬现代法治精神既需要有关部门制定结构严谨、内部和谐、体例科学的完备法律和制度体系，也需要公安机关自身严格按照法律程序执法，还需要有意识地培养民警个体对现代法律所蕴含精神的信仰，并将这种信仰体现于执法实践。类似多年来"坦白从宽、抗拒从严"这样的办案口号，既无法在法理逻辑上自圆其说，也严重丧失了现代法治精神，必须在当代公安精神文化的层面予以摒弃。

此外，信息时代的公安精神文化还应该大力倡导、培植群体协作精神。现代信息技术推动了信息传播速度，实现了知识的社会共享，一方面促使个人意识不断增强，个人依赖性不断减弱；另一方面，由于信息科技的发展，生产社会化和专业化水平也不断提高，各部门、行业的联系与协作又更加紧密。对于公安部门来说，信息科技还带来了犯罪复杂化、动态化、高科技化的新特点。因此，从公安文化建设来说，加大群体的凝聚力，培植民警的群体协作精神更有其特别的价值意义。比如利用国际互联网的平台，建立一些"警察虚拟社区"，可以聚集不同地域、不同警种间的联系交流，通过有效的管理，促进民警在社区中平等交流、畅所欲言，进而实现思想的凝聚和团队的合作。团队的凝聚力有助于公安队伍最大程度地发挥出警力效能。

三、信息时代公安文化建设需要注意的问题

(一)信息时代的公安文化建设离不开现代信息技术的应用与普及，同时亦须把握好尺度

因为"现代信息技术说到底，仍然只是人的主体性力量的延伸"，"具有双

刃剑特征，既可以为我所用，也可能为彼所伤”。[①] 过分倚赖信息技术，将使公安文化建设中的主体性、动态性降低，这样即使实现了物质文化的信息化，但在行为、管理、制度以及精神等层面上，仍然停留在以前的状态，甚至会不时出现方枘圆凿的尴尬。因为，前者只是表层的器物之变，只有与后者结合，并体现于后者才能实现公安文化的本质提升。作为主体的公安机关和民警，必须在信息文化的浪潮里找准自我定位，只有那种将人的主体性置于第一位、技术置于人之掌握下的公安文化，才能是真正意义上的人文与科学精神相融合的时代文化。

（二）信息技术尤其是国际互联网技术促进信息传播的全球化，促进跨文化的交流与传播，但一定要与中国国情相结合

这种跨文化交流与传播将进一步加速文化的碰撞与交融，也会促进人们思维与观念的多元化、全球化。但在信息时代各国仍然有自身的国情，“我们必须警醒的是，美国警察也只能为新的全球化的警察文化贡献一部分力量”。[②] 我国公安文化建设也应该有自我的特殊性，如果不加选择地追求所谓的“多元化”“全球化”，可能会使我国公安文化建设一定程度地迷失方向。此外，互联网仿佛信息汪洋，其中泥沙俱下，鱼龙混杂，既传播有益信息，也包含不良甚至有害信息，比如危害国家安全和社会稳定的信息，反科学或伪科学的信息，误导人们政治信念、精神信仰的信息以及一些消极腐朽的人生观、价值观的宣传信息，等等。如果对这些不良信息或有害信息不加防范，公安文化在建设的同时，也必然会产生诸多负性内容，从而给我们的公安工作造成或大或小的危害。

（三）强调公安文化建设信息化的同时，对于传统公安文化的有益部分也须有正确的态度

加拿大历史学家麦克鲁恩认为，人类历史上存在三种文化：口头文化、印

---

① 林华瑜：《现代信息技术对传统学术研究的影响》，载《光明日报》2005 年 2 月 8 日。

② Christopher Stone：*Strengthening Account Ability in the New Global Police Culture*, Washington D. C：Wilson Quarterly，（Winter 2000）.

刷文化和电子文化。电子文化，即电子传媒的文化，它以迅猛的发展趋势，剧烈地冲击着印刷文化的线性阅读，用光盘、计算机信息高速公路、多媒体技术、超文本链接，将人类带进了比特时代，同时预示着另一种文化经验的失落。① 信息技术为基础的信息文化促使偏重世俗娱乐和感性享受的大众文化流行，社会全体成员不同程度地融入大众文化，不同程度地丧失自我个性，而成为单向度、平面化的“同化物”，这种“同化物”很容易使警察丧失自己的职业角色意识。然而，一个民族、国家，以及作为国家机器的公安机关，必须有其长期坚持的意识形态和价值观来作为其文化的内核支撑。我国公安文化长期以来重视对党、祖国和人民的忠诚，对岗位职责的坚守，对纪律的坚定服从等，仍然是信息时代公安文化的核心价值，并不因时代环境的改变而改变。只有坚持这些核心价值文化，信息时代的公安文化才能既吸收时代风气，又不失自我立场，才能营造一个既重以人为本、又讲科学法治、注重群体协作、坚持为公为民的积极健康、和谐奋进的公安文化氛围。

第四节　警察亚文化与警察越轨的深度思考

本节提要：我国社会仍处于转型时期，由于相关法律制度还不完善、有效的权力制衡和舆论监督环境还未形成，各地公安机关还较多存在不同程度的警察越轨现象。在全面建设社会主义法治国家的进程中，我们必须重视警察越轨问题。警察越轨的原因很多，其中职业性的暴力亚文化影响、职业圈内的过度文化认同、普遍存在的规制越界等文化因素，起着较强的渗透、教化和刺激的负性功能。警察亚文化从属于警察主流文化，二者之间存在一致性。警察亚文化中的一些特点和当前社会文化因子经常处于相互影响和渗透的状态，并且会对主文化产生较强的示范作用和冲击力。以警察亚文化视角观照警察越轨

① 伍诚选：《信息文化与大众文化探析》，载《图书馆学研究》2002 年第 4 期，第 92-93页。

现象，有助于从文化层面抑制并矫正警察越轨现象的滋长。

警察越轨(Deviance)是指警察在行使法律赋予的职权过程中实施的违反法律规章或制度规范的行为。当前我国社会仍处于转型时期，由于相关法律制度还不完善、有效的权力制衡和舆论监督环境还未形成，各地公安机关还较多存在不同程度的警察越轨现象。在全面建设社会主义法治国家的进程中，我们必须重视警察越轨问题。从亚文化视角观照、分析警察越轨现象，有助于从文化层面抑制并矫正警察越轨现象的滋长。

一、警察亚文化的内涵与功能

所谓亚文化(subculture)，指的是与主文化相对应的非主流的、从属性的局部文化现象，它产生在主流文化或综合文化的背景下，带有某一区域或某个群体所特有的价值观念、生活方式和习惯风气。作为整体文化组成部分的亚文化，既留刻着主流文化的烙印，又拥有自身独有的、主流文化不可涵盖的内在特质。

美国社会学家波普诺对亚文化的解释是："当一个社会的某一群体形成既包括主文化的某些特征，又包括一些其他群体所不具备的文化要素的生活方式时，这种群体文化被称为亚文化。亚文化可以围绕着职业种类发展而成。"①所谓警察的职业特性是指警察既是国家的执法者，同时又是社会人。前者决定了警察代表政府执行法律、维护法律、服务社会、公平公正，必须明显体现主流文化中的价值观和基本理念；而后者决定了警察在遵守法律原则、履行法定职责的前提下，也允许他们有自己的群体的和个体的生活方式、价值取向、群体风尚等等文化习性。后者的非规范性与前者的规范化事实上总是集于一体，共同推动警察完成自己的职能。

现代国家政府从法律上赋予警察特殊的权力和职责，警察主流文化的价值

① [美]戴维·波普诺：《社会学》(第十版)，中国人民大学出版社1999年版，第78页。

核心即围绕警察职业的基本功能：打击违法犯罪，维护社会稳定，保护公众的生命和财产安全。在这种主流文化制约、统摄下，公安机关和警察个体都着力于在公众面前塑造奉公守法、廉洁公正的亲民形象。警察亚文化“是与主流文化既相联系又相分离的、由警察职业所限定并与警察职能相适应的次属文化”①。警察亚文化从属于警察主流文化，二者之间存在一致性。警察亚文化中的一些特点和当前社会文化因子经常处于相互影响和渗透的状态，并且会对主文化产生较强的示范作用和冲击力。由于在社会中所处的相对环境的差异，警察亚文化也具备自身的某些特点。罗伯特·瑞那在其著作《警察政治学》中归纳出了警察文化的一些特点，诸如神圣的布道感、玩世不恭与悲观主义、猜疑、对外孤独与对内共鸣、保守主义、大男子主义、种族歧视、经验主义，等等。② 职业的共通性决定了这些特点在我国警察亚文化中也有不同程度的表现。

警察亚文化对所属警察群体具有相当的影响力和约束力，亚文化通过影响警察群体的行为规范以及警察群体的价值观念，进而影响警察群体和个体的思维方式、生活方式和行为评价，并延伸到警察职能的行使过程。在不违背警察主流文化规范的时候，警察亚文化所产生的差异性往往被忽视。但如果与警察主流文化的价值标准差距加大，甚至形成冲突，就有可能产生各种警察越轨行为，诸如不正之风、滥用职权、“灰色腐败”，甚至违法犯罪。在警察亚文化视角中，警察各类越轨行为存在一个从量变到质变的过程，越轨主体存在多样性和差异性，但追踪这些警察越轨现象的原因，我们往往可以找到相同的亚文化根源。

二、暴力亚文化与警察暴力权的越轨使用

离开了警察职业，就不会有警察亚文化的存在。警察亚文化与警察职业环

① 皮艺军：《警察“亚文化”探析》，载《江西公安专科学校学报》2003年第1期，第5页。

② 张兆端：《警察文化学》，中国人民公安大学出版社1996年版，第55页。

境息息相关，并直接融入职业环境，成为其中的有机组成部分。生活其间的警察群体很快适应这种环境，并进而共享、习得和承传这种文化。相对于普通民众生活和普通职业环境而言，警察的特殊性表现在这一职业具有非常态性：法律特权的运用、随时面临暴力冲突、案件处置中真假悬疑，同时还必须小心谨慎地对待各种制约性法规和程序。这些迥异常态的职业图景构成警察亚文化的生成土壤，在一定条件下引发警察越轨的文化因子亦伴随滋生。

考虑导致警察越轨的亚文化因子时，首先进入我们视角的是暴力亚文化。

警察作为国家机器的武装力量，使用暴力是其最显著的特征。艾根·比特纳指出："威胁性暴力"是警察的基本概念和职能，能够使用暴力是警察社会角色的核心。我们"之所以报警求助，就是以暴力可能是必要的这一信念为基础的。警察享有使用暴力解决各类社会问题的权力。报警即是求助于暴力"①。我国现代意义上的警察是在清末"新政"中从西方引进的，但就警察的职能和具有这种职能的机构设置来说，则可以追溯到国家产生的最初时期。《尚书·舜典》记载，舜帝告诫皋陶："蛮夷猾夏，寇贼奸宄。汝作士，五刑有服，五服三就。五流有宅，五宅三居。惟明克允。"意思是应当用"五刑"的暴力手段来对付"寇贼奸宄"，这样才能统治天下。我国《警察法》明确规定，在特定情况下，公安机关的人民警察可以依法执行盘问、搜查、拘留、逮捕、使用警械和武器等强制措施。

在执法过程中，警察常常遭遇各种暴力对抗，采取以暴制暴是当然的选择，即使有些暴力超过必要的限度。威廉·韦斯特利研究认为，现实中存在一种警察文化，在这种文化中，警官拥有共同的支持使用暴力或要求使用暴力的信仰和价值观。这种文化认为，警官使用过分暴力对付显然犯罪的人和那些挑战警察权威的人，即使不是应该的，也是合理的。② 这种非正式的价值观，尽管与公众的预期和警察机构的规章制度相左，但却起到判定某种事态是否需要

① ［美］罗伯特·兰沃西、劳伦斯·特拉维斯：《什么是警察：美国的经验》，群众出版社2004年版。

② ［美］罗伯特·兰沃西、劳伦斯·特拉维斯：《什么是警察：美国的经验》，群众出版社2004年版。

暴力方法的作用。

除了法律规定情境之外，警察暴力的使用也常常表现在合法与违法之间的“灰色地带”。比如执法对象对警察执法使用语言谩骂、身体推搡等，很可能对警察的克制力形成挑战，进而激怒警察使用过度暴力。常见的过度暴力也出现在警察与凶犯经过持久较量而最终获胜之时，这时的暴力可以被看作是对自己多日辛苦的报偿，是对负伤战友的复仇，同样也是警察自我压力和情绪的一次最彻底的释放。严重的越轨暴力是施加于嫌疑人的虐待乃至刑讯逼供，昆明警察杜培武“故意杀人”冤案洗清后，调查显示，原办案人员采用的刑逼手段包括：连续审讯不准睡觉；拳打脚踢或者指使、纵容办案人员对杜滥施拳脚；用手铐把杜吊挂在防盗门上，反复抽垫凳子或拉拽拴在杜培武脚上的绳子，致使杜双脚悬空、全身重量落在被铐的双手上……杜培武难以忍受，喊叫时被用毛巾堵住嘴巴，还被罚跪、遭电警棍击打，直至杜屈打成招，承认了“杀人事实”，指认了“犯罪作案现场”①。

编剧理论也可以解释部分警察热衷于诉诸暴力的原因。美国学者戈夫曼提出过一种解释人类行为的编剧理论（Dramaturgical ApproaAch），认为人就像舞台上的演员，要努力展示自己，以各种方式在他人心目中塑造自己的形象，即在人际互动过程中，行动者总是有意无意地运用某些技巧塑造自己给人的印象，选择适当的言辞、表情或动作来制造印象，使他人形成对自己的特定看法。② 部分警察“天然”地认为暴力是警察的特权，应当使用暴力来炫耀自己，也只有暴力才能解决问题。唯有如此作为警察才有职业的尊严、才能赢得他人的赞许和尊敬。对于头脑中有这样的暴力亚文化的警察而言，他们越轨使用暴力之时不但没有负罪感，反而从中享受成就感。如 2005 年 5 月 3 日，太原市公安局民警刘某驾车途中，与驾车来太原度假的北京市公安局民警李某因车辆避让发生争执，事后，刘觉得自己受了欺负，想教训对方，打电话叫来多人将李某团团围住，暴力殴打致其死亡。此案中，当事警察首先考虑到的是诉诸暴

① 殷红：《警察对警察的刑讯逼供》，载《中国青年报》2001 年 7 月 20 日。

② Goffman Erving：*Presentation of Self in Everyday Life*，New York；Doubled Ay，1959.

力来解决问题，其思维方式一定程度反映了当事警察对自我身份的暴力形象定位，其思维逻辑可表述为：我是警察—有暴力权—我受欺负—使用暴力。

分析警察职业心理则有助于进一步认识警察暴力文化的形成原因。李玫瑾教授认为，许多警察最初发生的暴力行为可能是在制止犯罪的活动中、发生在逮捕危险的犯罪分子过程中，或者发生在讯问那些令人厌恶、充满敌意和挑衅的犯罪人身上等。① 最初的暴力行为可能富有正义色彩，或具合法性。久之，警察将这种暴力行为方式保留下来并逐渐固定成为一种习惯或带有倾向性的行为方式。具有暴力习惯的警察不仅在执法工作中容易实施暴力，其中一些警察甚至回家后也会轻易就实施家庭暴力行为，对家庭成员如孩子施暴。李玫瑾教授的分析表明，警察暴力很多是在职业经验中形成并成为一种行为反应方式，一种对他人的态度和习惯。

当前我国社会仍处于转型时期，由于法律制度的不完善，市场经济条件下形成的商品拜物教意识强烈诱导着警察个人内心的逐利冲动。在缺乏有效权力制衡和舆论监督的环境中，部分警察通过权力寻租来实现其逐利目标。在此过程中，一切妨碍其寻租逐利的个人或群体，就不可避免地成为警察暴力的牺牲品。而社会长期以来对警察不当暴力权的过分默许，也从另一个角度加强了警察越轨使用暴力的趋向。在暴力亚文化影响下，一些警察除了使用武力性暴力以外，还在工作和生活中表现出一种“软暴力”，即对普通民众不信任、怀疑，甚至粗鲁对待。软暴力往往伤害民众的精神情感，与“硬暴力”一样严重影响警察的公众形象。

三、圈内过度认同导致互惠越轨

警察越轨在国内外都是一种带有普遍性的现象。国外流行一种“烂苹果”(Rotten Apples)理论，这种理论认为腐化枉法导致个别警察的烂掉，个别“烂苹果”会污染周围的警察，如果处理得不及时，局面得不到有效控制，那么

---

① 李玫瑾：《警察违法暴力心理原因分析》，载《中国人民公安大学学报》2001 年第 1 期，第 109 页。

“烂苹果”就会发展成为“烂口袋”。作为整体的警察部队中免不了“烂苹果”警察的存在，世界上几乎所有的警察机构都十分注意同这种“烂苹果”和“烂口袋”进行斗争。我国很多公安机关在总结警察内部的违法犯罪现象时，也多用“害群之马”来指代。事实上，无论是“烂苹果”，还是“害群之马”，都与大的“苹果树”或者“马群”不无关系。从一定意义上说，警察圈内的过度认同文化对警察越轨行为的影响力亦不可小觑。

警察职业圈内认同源于多种原因，同一职场内部认同是一种普遍性的社会文化现象。按照美国人本主义心理学家马斯洛的分析，人们在基本物质需要满足后就自然产生爱和归属的需要，其中群体归属感是个体进一步追求自我实现的重要基础。我国目前的情况是，大部分警察从入警那天起就几乎终身从事本职或相关工作，因此他们更容易对集体产生强烈的依赖感和归属感。适度的圈内认同文化有助于加强警察的职业荣誉感，促进警察个体积极追求事业成就。但是，当前我国社会治安复杂，警察与公众的关系有时并不和谐，警察职业所特有的危险性和紧张性使得他们生活在一种与圈外公众相对隔离甚至对立的状态，长时间的工作和无休止的加班，使许多警察缺乏与职业圈外人员交往的时间和机会。于是，相同的生活方式和工作内容，把警察个体进一步限制在自己的职业圈内，彼此心理上产生许多共鸣，从而产生了超越同事间情谊的“过度认同”。

我国传统文化尤其重视建立在血缘基础上的各种“共同体”文化，比如在官场文化中，同姓、同乡、同学、同僚等往往成为彼此联系的重要纽带，通过这些纽带，官员们往往建立起“一损俱损，一荣俱荣”的关系文化。同在公安机关工作，警察之间一方面容易结成浓厚的同事情谊，另一方面也易于结织成各色“关系网”。公安机关中的关系文化存在是不容忽视的现实，一方面，当前社会对于这种关系文化普遍认同，另一方面，这种关系认同观念也很容易进入个人的头脑。在由圈内认同发展而成的“关系网”文化影响下，一些警察的越轨行为很难被外部及时发现。圈内过度认同也是国外警察越轨的原因之一。理查德·伦德曼在谈到控制警察不当行为的困难时指出：“警察通常孤立于他们所服务的公众，而且由于有行政程序和广泛的内部规章制度，警察很少受到纪律调查，通常是被警察拒绝的民众投诉警察有不当行为。我们已经看到，警察的工作往往是无监督的，工作中的决策透明度低，难以检查和控制。”“警察中存在有些人所谓的蓝幕，或者警察秘密。警官们往往既不报告其同事的不当行为，也不配合关于不当行为的调查。”①

在圈内过度认同的文化影响下，警察群体间容易导致圈内互惠的越轨追求。一般来说，互惠大致可分为物质性互惠(主要指钱物、商品和服务等)、准物质互惠(如职务、职称、奖项、荣誉、机会等)、抽象互惠(如信任、服从、支持、尊重、感激、情感等)等。当上述互惠极大地损害了组织或公众的利益时，或者影响了法律的公正执行，就构成了越轨型互惠，甚者构成了集体腐败或违法犯罪。

当前我国的基层民警普遍待遇不高，而现实社会中财富往往成为个人成功的重要标志，因此一些警察很容易产生利益追求的冲动。罗伯特·默顿(Robert Merton)的失范理论认为，一个理想的社会应该是这样的：它的所有成员都可以用社会所认可的手段来取得社会所赞许的目标。但现实社会往往无法在所有的时刻、所有的地方为所有的成员提供达到理想目标的正常途径，因此，部分成员就可能会去寻求通过越轨的途径来实现自己理想的目标②。基于圈内过度认同而生成的警察越轨行为大致可分为两类：一类是普遍的无组织越轨，也就是某一机构内大部分警察都存在越轨行为，但他们的越轨都是独立的，只不过大部分人为了个体或群体利益，同时出于圈内认同心理，而对一些轻微的越轨采取漠视态度；另一类是普遍的有组织越轨，是指包括组织领导者在内的警察机构大部分成员共同从事越轨或违法现象，如常见的乱收费、乱罚款等。后一类越轨很容易导致严重的集体违法犯罪。据报道，成都火车站派出所有四五十名警察长期与站内小偷勾结、谋取不义之财，而成都火车站派出所共有公安干警不到150人，一次被查处的警察占该派出所全部警察总数的三分

① ［美］罗伯特·兰沃西、劳伦斯·特拉维斯：《什么是警察：美国的经验》，群众出版社2004年版，第440页。

② ［美］默顿：《社会研究与社会政策》，林聚任等译，北京三联书店2001年版，第92页。

之一。同一个派出所内如此多的警察同时卷入越轨犯罪，其圈内必然存在一个较长时段的相互默契和认同，即很多人明知行为违法，但大多采取默认态度，以求彼此得到经济好处。

罗伯特·贝尔曾说道："亚文化刚刚开始活动．的时候，它的一项重要职能就是招募和同化新成分……个人一旦被亚文化吸引过去，经过一段时间的学习便可达到完全同化的地步。"谁想要归属亚文化，谁就应掌握它的全部符号和特征。他不仅应当根据自己的意愿，而且要根据亚文化的要求作出非随众行动。① 警察圈内过度认同和互惠亚文化的泛滥，潜移默化地瓦解着警察固有的价值判断模式，对警察越轨起着诱导、蛊惑和强化作用。因此公安机关必须正视这一文化现象，对过度认同文化加以适当的引导和矫正。

四、"规制越界"亚文化下的越轨冲动

所谓"规制越界"是警察亚文化中的另一行为模式，即警察在执行有关规则制度过程中，有意或无意地突破有关规制要求，其中有些行为具有一定的现实合理性，另一些则形成越轨。"上有政策，下有对策"是当前一些政府部门在执行政策规定时的一种消极状态，这种状态一方面源于相关部门工作能力欠缺，人员素质低下；另一方面，上级部门制定的一些规章制度可能没有充分考虑到具体执行部门的实际困难，强行推行要求之下，也会造成下级部门采取变相推诿方法来应付。

作为执法机关的公安部门尤其重视各项制度法规的制定和执行，实践中这些规制保证了执法的基本水准，但与此同时，一些形式烦冗、琐细、不合实际的规制也给基层增加了负担。一些规制在执行过程中可能遇到发挥、变通、修正、偏离、违反等情况，而且其中多种情况听起来也合乎情理。

这种"规制越界"有其产生的社会历史文化背景。我国古代即有"将在外，君命有所不受"的传统，改革开放以来，社会发展迅速，新情况、新问题层出

① 朱力：《抑制社会转型中的不良亚文化》，载《社会科学研究》1995年第1期，第63页。

不穷，理论、政策甚至一些法律法规都可能存在局限性。一些创新的做法往往是在突破规制的实践中摸索出经验，再通过规制修改等方式得以推广和确立。这种规制越界亚文化尽管在主流文化中很少被称赏，但事实上它一直存在。当规制越界失却其中的合理性、创新性内容时，“越界”就作为一种习惯乃至文化的形式而保存下来，起着促使越轨冲动的负面作用。

警察身上存在的“规制越界”现象比较普遍，在很多地方，“越界”文化已经融入群体的行为模式，甚至对规制的取舍、突破和修正在很多情况下发展成为一种惯例。比如有的警察根据自由裁量权对同一车辆违规行为执行不同的处罚力度。有时警察根据政府或有关官员的要求，对本地区一些虽然违规但有收益的行为宽松处置，或者通过一些不太明显的违规以增加本单位的活动或福利经费等。在这些“规制越界”中，警察事实上以谋取局部利益、群体利益和个人利益而损害国家、社会、公众的利益，其违反规制的行为在当前特定的亚文化氛围中很少被定义为腐败，反而被认为具有合理性。

当然，一般来说，警察的规制越界大多能控制在适当的限度之内，这个“度”就是不能违背社会主流文化最基本的道德和制度性规范。但是，这种越界亚文化本身与政策规制之间存在一定的冲突，对于警察行为容易形成潜在的影响。一些警察正是在潜移默化之中逐步动摇了自觉遵纪守法的观念，形成越轨乃至违法的冲动。从警察越轨以及腐败的现实案例来看，大多数违法乱纪的当事人和组织机构，与“规制越界”亚文化的影响有一定关系。因此，阻遏警察越轨冲动，必须及时防范“规制越界”亚文化的过度泛滥。

参考文献

(一)著作类

[1]马克思，恩格斯：《马克思恩格斯选集》(第一卷)，人民出版社 1995 年版。

[2]《马克思恩格斯选集》(第四卷)，人民出版社 1975 年版。

[3]列宁：《国家与革命》，人民出版社 2015 年版。

[4]《列宁专题文集——论无产阶级政党》，人民出版社 2019 年版。

[5]《毛泽东选集》(第四卷)，人民出版社 1991 年版。

[6]《毛泽东文集》(第六卷)，人民出版社 1999 年版。

[7]公安部政治部编：《毛泽东公安工作理论》，群众出版社 1993 年版。

[8]《邓小平文选》(第二卷)，人民出版社 1994 年版。

[9]公安部政治部编：《毛泽东公安工作理论》，群众出版社 1993 年版。

[10]毛泽东思想生平研究会、陕西师范大学马克思主义学院编：《毛泽东与人民军队新论》，陕西人民出版社 2018 年版。

[11]朱德思想生平研究会编：《朱德大辞典》，中央文献出版社 2016 年版。

[12]习近平：《习近平谈治国理政》(第二卷)，外文出版社 2017 年版。

[13]中共中央文献研究室编：《习近平关于全面依法治国论述摘编》，中央文献出版社 2015 年版。

[14]全国政协研究室编：《中国人民政协全书》(上卷)，中国文史出版社 1999 年版。

[15]《中共中央关于全面深化改革若干重大问题的决定辅导读本》，人民出版社 2013 年版。

[16]中共中央党史和文献研究院编：《十八大以来重要文献选编》，中央文献

出版社 2018 年版。
[17]费孝通：《乡土中国生育制度》，北京大学出版社 1998 年版。
[18]赵冰梅、刘晖编著：《危机管理实务与技巧》，航空工业出版社 2007 年版。
[19]张晓玲主编：《突发公共卫生事件的应对及管理》，四川大学出版社 2016 年版。
[20]罗锋、李建和主编：《中国警学理论》，群众出版社 2017 年版。
[21]薛澜、张强、钟开斌：《危机管理——转型期中国面临的挑战》，清华大学出版社 2003 年版。
[22]张翼：《当代中国社会结构变迁与社会治理》，经济管理出版社 2016 年版。
[23]郭台辉：《齐格蒙特·鲍曼思想中的个体与政治》，上海人民出版社 2007 年版。
[24]刘建华：《网络陷阱与数据侦查》，武汉大学出版社 2020 年版。
[25]冯姣主编：《法府拾穗》，浙江工商大学出版社 2019 年版。
[26]郑宏源、徐超主编：《大学生安全教育教程》，云南大学出版社 2020 年版。
[27]许章润：《犯罪学》，法律出版社 2007 年版。
[28]金耀基：《从传统到现代》，中国人民大学出版社 1999 年版。
[29]余秀豪：《警察学大纲》，商务印书馆 1946 年版。
[30]司岩、何少涛主编：《大学生就业指导教程》，东软电子出版社 2013 年版。
[31]金振邦：《从传统文化到网络文化》，东北师范大学出版社 2001 年版。
[32]余英时：《余英时文集》，广西师范大学出版社 2004 年版。
[33]田广林：《中国传统文化概论》，高等教育出版社 2011 年版。
[34]汤一介：《汤一介集》(第五卷)，中国人民大学出版社 2014 年版。
[35]刘昭瑞：《中国古代饮茶艺术》，陕西人民出版社 1987 年版。
[36]华旭：《中华茶道探微》，厦门大学出版社 2018 年版。

[37]陈林、李丽霞主编:《茶文化传播》,中国轻工业出版社 2015 年版。

[38]张兆端:《警察文化学》,中国人民公安大学出版社 1996 年版。

[39]葛志山:《公安群众工作制度化规范化建设研究》,中国法制出版社 2017 年版。

[40]马文元编:《人民公安优良传统》,广东高等教育出版社 1994 年版。

[41]张立刚:《公安执法规范化监督管理体系建设》,吉林人民出版社 2020 年版。

[42]张小劲、于晓虹:《推进国家治理体系和治理能力现代化六讲》,人民出版社 2014 年版,第 200 页。

[43][德]裴迪南·滕尼斯:《共同体与社会》,林荣远译,商务印书馆 1999 年版。

[44][美]伯尔曼:《法律与宗教》,梁治平译,中国政法大学出版社 2003 年版。

[45][美]黛安娜·克兰:《文化生产:媒体与都市艺术》,赵国新译,译林出版社 2001 年版。

[46][德]伊丽莎白·诺埃勒·诺依曼:《沉默的螺旋:舆论——我们的社会皮肤》,董璐译,北京大学出版社 2013 年版。

[47][美]凯斯·R·孙斯坦:《风险与理性——安全、法律及环境》,中国政法大学出版社 2005 年版。

[48][德]乌尔里希·贝克:《世界风险社会》,吴英姿,孙淑敏译,南京大学出版社 2004 年版

[49][德]乌尔里希·贝克:《风险社会》,张文杰,何博闻译,译林出版社 2004 年版。

[50][英]安东尼·吉登斯:《现代性的后果》,田禾译,译林出版社 2000 年版。

[51][英]安东尼·吉登斯:《现代性:吉登斯访谈录》,尹宏毅译,新华出版社 2000 年版。

[52][英]安东尼·吉登斯:《超越左与右——激进政治的未来》,李慧斌、杨

雪冬译，社会科学文献出版社2000年版。

[53][德]尼克拉斯·卢曼：《信任：一个社会复杂性的简化机制》，瞿铁鹏、李强译，上海人民出版社2005年版。

[54][美]托马斯·库恩：《科学革命的结构》，金吾伦、胡新和译，北京大学出版社2003年版。

[55][德]雅斯贝尔斯：《什么是教育》，邹进译，北京三联书店1991年版。

[56][美]卡罗尔·佩特曼：《参与和民主理论》，上海世纪出版集团2006年版。

[57][美]尼葛洛庞蒂：《数字化生存》，胡泳、范海燕译，海南出版社1996年版。

[58][俄]尼古拉·别尔嘉耶夫：《俄罗斯的命运》，汪剑钊译，云南人民出版社1999年版。

[59][美]戴维·波普诺：《社会学》(第十版)，中国人民大学出版社1999年版。

[60][美]罗伯特·兰沃西、劳伦斯·特拉维斯：《什么是警察：美国的经验》，群众出版社2004年版。

[61][美]默顿：《社会研究与社会政策》，林聚任等译，北京三联书店2001年版。

(二)论文类

[1]苏忻：《习近平总书记关于公安工作论述的理论维度解读》，载《河南警察学院学报》2021年第1期，第101-108页。

[2]杨学科：《弹性治理：枫桥经验生发的阐释》，载《治理研究》2018年第5期，第27-34页。

[3]卞建林：《论公安刑事执法规范化》，载《东方法学》2019年第4期，第4-13页。

[4]张伟珂、李春华：《法治公安视域下公安执法规范化实证研究》，载《中国人民公安大学学报》(社会科学版)2015年第4期，第114-124页。

[5]张江伟：《论公安执法规范化建设》，载《北京警察学院学报》2017年第3

期，第 7-13 页。

[6]袁周斌、张君萍：《公安权力清单制度的实践困境与完善路径》，载《湖北警官学院学报》2017 年第 5 期，第 11-19 页。

[7]向达：《外部视角下公安机关执法规范化问题思考》，载《湖北警官学院学报》2018 年第 1 期，第 72-77 页。

[8]张英龙：《推进公安基层派出所执法规范化的思考》，载《湖北警官学院学报》2016 年第 2 期，第 66-70 页。

[9]裘有度：《新媒体时代公安执法规范化研》，载《公安海警学院学报》2016 年第 3 期，第 71-75 页。

[10]沈国琴：《公安执法规范化建设中的改革变量分析》，《山东警察学院学报》2018 年第 3 期，第 140-146 页。

[11]张彩凤、刘洋：《公安执法规范化的法理逻辑》，载《中国人民公安大学学报》(社会科学版)2011 年第 5 期，第 104-112 页。

[12]张伟珂、李春华：《法治公安视域下公安执法规范化实证研究》，载《中国人民公安大学学报》(社会科学版)2015 年第 4 期，第 114-124 页。

[13]王欢：《新时代网络涉警舆情的内蕴风险及治理方向》，载《湖北警官学院学报》2018 年第 4 期，第 120-127 页。

[14]吴汉东：《国家治理能力现代化与法治化问题研究》，载《法学评论》2015 年第 5 期，第 1-9 页。

[15]夏正林、马良全：《改革开放以来法治观念的嬗变与启示》，载《广东社会科学》2019 年第 3 期，第 225-233 页。

[16]乔雪、吕向文：《我国警察媒介素养调查分析》，载《湖北警官学院学报》2018 年第 6 期，第 130-135 页。

[17]沈国琴：《公安执法规范化建设中的改革变量分析》，载《山东警察学院学报》2018 年第 3 期，第 140-146 页。

[18]俞可平：《中国的治理改革(1978—2018)》，载《武汉大学学报》(哲学社会科学版)2018 年第 3 期，第 48-59 页。

[19]崔亚东：《实施社区警务战略是公安工作的里程碑》，载《公安研究》2002

年第 9 期，第 16 页。

[20]黄传军、张军、杨逸波：《略论全面深化公安改革背景下社区警务建设》，载《上海公安专科学校学报》2016 年第 3 期，第 42 页。

[21]周延东：《嵌入联结领域：后单位社区安全治理的新框架》，载《公安学研究》2018 年第 2 期，第 25-46，122-123 页。

[22]刘江斌、陈慧君：《中国警务模式本土化思考——基于中西方社区警务对比研究》，载《湖北警官学院学报》2021 年第 2 期，第 45-57 页。

[23]习近平：《在网络安全和信息化工作座谈会上的讲话》，载《人民日报》2016 年 4 月 26 日。

[24]张康之：《论高度复杂性条件下的社会治理变革》，载《国家行政学院学报》2014 年第 4 期，第 52 页。

[25]郑功成：《新时期社会治理的挑战与机遇》，载《光明日报》2015 年 1 月 26 日。

[26]辛鸣：《依法治国：历史自觉与国家治理新路》，载《文汇报》2014 年 10 月 24 日。

[27]谭代雄：《古典与现代双重视角下的公安信息化刍议》，载《广东公安科技》2014 年第 3 期，第 5 页。

[28]彭知辉：《公安信息化建设对当前公安情报工作的影响》，载《中国人民公安大学学报》2012 年第 2 期，第 125 页。

[29]高小平：《借助大数据科技力量寻求国家治理变革创新》，载《中国行政管理》2015 年第 10 期，第 12 页。

[30]孙东方：《将总体国家安全观贯穿抗疫斗争全过程》，载《学习时报》2020 年 3 月 9 日，第 2 版。

[31]黄文瀚：《突发公共卫生事件中舆情引导与社会信任建设研究》，载《江南大学学报(人文社会科学版)》2020 年第 2 期，第 14-19 页。

[32]粟锋：《新中国成立以来党领导人民抗击重大疫情的历史回顾与经验启示》，载《思想教育研究》2020 年第 3 期，第 3-7 页。

[33]席文：《以科技创新助推公安工作跨越式发展》，载《人民公安报》2020 年

1月2日，第3版。

[34]陈柏峰：《风险社会的技术治理与应急决策》，载《中国法律评论》2020年第2期，第12-17页。

[35]刘龙：《论大型赛事突发事件的预防与处置——英国希尔斯堡事件的教训与启示》，载《湖北警官学院学报》2020年第1期，第15-21页。

[36]李明德、王含阳：《新媒体传播模式及其对舆情治理的新要求》，载《西北大学学报》(哲学社会科学版)2021年第2期，第151-159页。

[37]罗俊、罗教讲：《互联网舆情偏态传播与引导》，载《人民论坛》2015年第36期，第26页。

[38]赵林栋：《虚拟政治场域中网络话语的失序危机及其化解之道》，载《理论导刊》2014年第3期，第14页。

[39]李富强：《以先进的执法理念指导公安机关执法规范化建设的认识与思考》，载《公安研究》2010年第1期，第66页。

[40]唐钧：《社会治理与政社分开》，载《党政研究》2015年第1期，第97-101页。

[41]王浦劬：《国家治理、政府治理和社会治理的基本含义及其相互关系辨析》，载《社会学评论》2014年第3期，第14页。

[42]郭若冰、陈肖龙：《国家网络空间治理面临的基本形势》，载《中国信息安全》2013年第9期，第44页。

[43]张权：《网络舆情治理象限：由总体目标到参照标准》，载《武汉大学学报》(哲学社会科学版)2019年第2期，第175-183页。

[44]陈媛、古丽阿扎提·吐尔逊：《论网络舆情法律规制的国外经验及其启示》，载《情报理论与实践》2016年第2期，第44页。

[45]蒋建国：《新媒体事件：话语权重构与公共治理的转型》，载《国际新闻界》2009年第2期，第91-94页。

[46]唐远清、吴雷：《舆情治理：制度逻辑与行动策略》，载《学术界》2021年第1期，第69-77页。

[47]李纯：《政府再造工程：建设服务型政府——访国家行政学院刘熙瑞教

授》，载《中国青年》2006 年第 1 期，第 19 页。

[48]薛晓源、刘国良：《全球风险世界：现在与未来——德国著名社会学家、风险社会理论创始人乌尔里希·贝克教授访谈录》，载《马克思主义与现实》2005 年第 1 期，第 44-55 页。

[49]陈家刚：《疫情危机治理与风险社会反思》，载《学习与探索》2020 年第 4 期，第 35-42 页。

[50]刘涛：《从生产逻辑到生成范式：后新冠疫情时代的风险文化及其批评转向》，载《新闻界》2020 年第 6 期，第 28-38 页。

[51]朱华桂：《论风险社会中的社区抗逆力问题》，载《南京大学学报》(哲学·人文科学·社会科学版)2012 年第 5 期，第 47-53 页。

[52]秦红岭：《增强社区韧性应对公共卫生危机》，载《城乡建设》2020 年第 19 期，第 12-15 页。

[53]李雪琴：《基层社区在突发事件防范与应对中的角色定位及能力建设研究》，载《理论月刊》2020 年第 7 期，第 127-132 页。

[54]胡业勋、王彦博：《突发公共卫生事件社会共治路径构建——以公私权力冲突为视角》，载《北京行政学院学报》2020 年第 3 期，第 37-45 页。

[55]王锋：《"枫桥经验"对加快建设创新型国家的启示》，载《湖北警官学院学报》2020 年第 1 期，第 126-132 页。

[56]魏嘉珩、李辉：《新时代公安品牌的建设与发展路径研究——以"漳州 110"品牌建设为例》，载《湖北警官学院学报》2020 年第 1 期，第 133-140 页。

[57]闫梦洁、陈光捷、高雪、宫紫星：《多元主体参与社区治理的策略选择》，载《党政论坛》2020 年第 3 期，第 42-44 页。

[58]高其才：《自我卫护：习惯法视野下非常时期的城市社区管控规范——以 2020 年初防控新冠肺炎疫情为对象》，载《法学杂志》2020 年第 4 期，第 1-11，21 页。

[59]张大维：《国际风险治理：分析范式、框架模型与方法策略——基于公共卫生风险治理的视角》，载《国外社会科学》2020 年第 5 期，第 99-111 页。

[60]习近平:《全面提高依法防控依法治理能力健全国家公共卫生应急管理体系》,载《求是》2020年第5期,第4-8页。

[61]王欢:《警务监控情境下公共领域隐私权研究》,载《湖北警官学院学报》2020年第1期,第70-79页。

[62]雷琼、喻卫斌:《常态化疫情防控中的社区治理:逻辑、困境与出路》,载《中共石家庄市委党校学报》2020年第12期,第27-31页。

[63]孔娜娜:《辖区单位参与社区治理的机制创新》,载《人民论坛》2020年第11期,第64-65页。

[64]聂远征:《共同体视域下社区媒体融合发展与社区治理》,载《湖北大学学报》(哲学社会科学版)2020年第4期,第157-165页。

[65]卢光明、范贞等:《27所医院医疗纠纷发生率和赔付情况调查》,载《中国医院管理》2015年第6期,第34-36页。

[66]《最高检:2016年以来起诉故意伤害医务人员等犯罪7816人》,载https://www.spp.gov.cn/spp/zdgz/201803/t20180309_369890.shtml.

[67]薛晓源、刘国良:《全球风险世界:现在与未来——德国著名社会学家、风险社会理论创始人乌尔里希·贝克教授访谈录》,载《马克思主义与现实》2005年第1期,第44-55页。

[68]郑杭生、洪大用:《中国转型期的社会安全隐患与对策》,载《理论参考》2004年第11期,第14-16页。

[69]齐文远:《应对中国社会风险的刑事政策选择——走出刑法应对风险的误区》,载《法学论坛》2011年第4期,第12-20页。

[70]宋辰婷:《司法系统:医患冲突中尴尬的第三方》,载《江汉大学学报》(社会科学版)2016年第6期,第24-29页。

[71]罗以澄、王继周:《医患冲突议题中新闻报道的话语策略及启示——以近年四起医患冲突事件为例》,载《当代传播》2016年第5期,第44-47页。

[72]王宇、孙鹿童:《责任与过失:医患关系中的媒体角色——以新浪、腾讯、凤凰三家网站的报道为例》,载《现代传播》(中国传媒大学学报)2017年第2期,第34-38页。

[73]李晓宏:《国外预防解决医患矛盾一瞥》,载《人民日报》2015年9月1日,第22版。

[74]张成福、谢一帆:《风险社会及其有效治理的战略》,载《中国人民大学学报》(社会科学报)2009年第5期,第25-32页。

[75]李晚莲:《基于信息不对称视域医患矛盾风险及防控》,载《湘潭大学学报》(哲学社会科学版)2015年第5期,第47-50页。

[76]陈卓:《新媒体时代"枫桥经验"对涉警舆情处置的启示——以周杰伦西安演唱会辱警事件为例》,载《中国刑警学院学报》2018年第3期,第84-88页。

[77]缪金祥:《大数据背景下网络舆情发展态势与管控研究》,载《中国刑警学院学报》2016年第2期,第28-33页。

[78]中国医师协会:《中国医师执业状况白皮书》,http://www.cmda.net/rdxw2/11526.jhtml.

[79]徐丽芳、郑逸飞、陶春牡:《对当前医患关系的思考》,载《现代医院管理》2009年第2期,第4-7页。

[80]殷璐、曾日红、高熹等:《三甲医院医疗纠纷发生现状及影响因素分析:基于医、患、家属三方视角》,载《卫生经济研究》2019年第12期,第67-70页。

[81]侯元贞、林吉银:《我国医疗纠纷第三方调解机制的困境与出路》,载《南华大学学报》(社会科学版)2021年第6期,第84-90页。

[82]牟中伟:《美国医院警察制度及启示》,载《湖北警官学院学报》2019年第3期,第134-142页。

[83]荣朝和:《构建适应网络约车的新监管体制》,载《中国经济时报》2016年1月19日。

[84]王静:《中国网约车的监管困境及解决》,载《行政法学研究》2016年第2期,第49-59页。

[85]田维浩:《论网约车平台在交通事故中的责任》,载《河北企业》2022年第7期,第155-157页。

[86]王惜纯:《在线推动差异化竞争》,载《中国质量报》2016 年 11 月 3 日。
[87]江必新:《迈向文明的中国行政法治》,载《中国社会科学报》2011 年 1 月 6 日。
[88]荣朝和、王学成:《厘清网约车性质,推进出租车监管改革》,载《综合运输》2016 年第 1 期,第 4-10 页。
[89]李忠东:《美国如何规范校园贷》,载《检察风云》2017 年第 17 期,第 16 页。
[90]李玫、徐颖:《我国互联网校园贷市场法律问题与规制路径》,载《深圳大学学报》2017 年第 4 期,第 92 页。
[91]邓雁玲、杨亚强:《"校园贷"的犯罪风险及防范对策》,载《公安学刊》2017 年第 5 期,第 76 页。
[92]邓崎凡:《城市流动儿童安全存隐患》,载《工人日报》2012 年 11 月 26 日。
[93]涂仁菊:《开县农村留守儿童遭受犯罪侵害的特点、原因及防范对策》(学位论文),西南政法大学,2011。
[94]郭文君:《东莞通报 7 起虐童伤童案》,载《南方日报》2013 年 2 月 28 日。
[95]郑庆梅,等:《外来务工人员子女儿童行为和情绪问题的对照研究》,载《中华行为医学与脑科学杂志》2009 年第 7 期,第 650-652 页。
[96]戴洁、徐欢来、李华燊:《流动未成年人越轨问题理论探新与对策分析》,载《南方人口》2013 年第 4 期。
[97]苗伟明等:《城市外来务工人员随迁子女犯罪及其预防——以上海市 S 区为例》,载《青少年犯罪问题》2014 年第 6 期,第 26-35 页。
[98]唐纳德·布莱克、于妙妙:《犯罪作为社会控制》,载《山东大学学报》2007 年第 1 期,第 46-54 页。
[99]胡江、杜伟:《留守未成年人犯罪预防的症结所在与根本出路》,载《青少年犯罪问题》2012 年第 1 期,第 39-42 页。
[100]李川:《地方预防未成年人犯罪立法方向问题探究——以江苏省为例》,载《青少年犯罪问题》2015 年第 4 期,第 11-16 页。

[101]石军、张立伦：《构筑共青团治理重点青少年违法犯罪的策略——以广东省共青团为例》，载《青少年犯罪问题》2015 年第 4 期，第 39-45 页。

[102]李海青：《习近平新时代中国特色社会主义思想对马克思主义发展的原创性贡献》，载《党政研究》2022 年第 2 期，第 5-11 页。

[103]张兆端：《中国现代警学基础理论研究 30 年》，载《山东警察学院学报》2009 年第 1 期，第 17 页。

[104]朱旭东：《论公安学研究范式的创新》，载《中国人民公安大学学报》(社会科学版)2006 年第 5 期，第 124-130 页。

[105]姚华：《公安学若干基本理论问题再思考》，载《甘肃政法成人教育学院学报》2007 年第 12 期，第 213 页。

[106]徐镇强、何彩英：《基于一级学科的公安学建设水平管窥——以国家社科基金立项数据为研究视角》，载《杭州师范大学学报》(社会科学版)2015 年第 2 期，第 128-136 页。

[107]董少平、琚悦：《近十年我国公安学研究状况及发展思考——基于代表性公安院校学报的考察》，载《湖北警官学院学报》2019 年第 3 期，第 143-153 页。

[108]何艳玲：《“我们在做什么样的研究”：中国行政学研究评述》，载《公共管理研究》2007 年第 5 期，第 38 页。

[109]汪勇：《论公安学(警察学)基础理论的研究内容及体系结构》，载《公安大学学报》1999 年第 6 期，第 15-19 页。

[110]贾治辉、官胜男：《公安学专业发展机制的探讨》，载《西南政法大学学报》2017 年第 4 期，第 9-20 页。

[111]刘细文：《对国家高端交流平台内涵及其意义的思考》，载《智库理论与实践》2021 年第 1 期，第 3-4 页。

[112]李小波：《理论纲领确认与学科建制化：全面建设 21 世纪的公安学》，载《公安学研究》2019 年第 3 期，第 1-29、123 页。

[113]叶继元：《国内外人文社会科学学科体系比较研究》，载《学术界》2008 年第 5 期，第 34-46 页。

[114]袁广林：《理论体系建构与实践问题研究——论公安学学科建设的两个向度》，载《中国人民公安大学学报》(社会科学版)2022年第1期，第27-33页。

[115]李记松：《学术期刊评价对新增一级学科的影响——以公安学与其他新增一级学科比较为中心》，载《清华大学学报》(哲学社会科学版)2017年第2期，第133-147、199页。

[116]习近平：《在哲学社会科学工作座谈会上的讲话》，载《人民日报》2016年5月19日，第2版。

[117]孙正聿：《当代中国哲学的主体性与原创性》，载《中国社会科学》2022年第3期，第23-36、204页。

[118]杨宗科：《论"新法学"的建设理路》，载《法学》2020年第7期，第66-83页。

[119]田一笑、闫天池：《警察胜任力模型构建探析》，载《公安教育》2019年第1期，第16-19页。

[120]范瑛：《警察胜任力模型建构与培养策略研究》，湖南师范大学2015年博士论文。

[121]张聪、张杰：《基于能力素质的警察执法武力分级模型研究》，载《公安学刊》(浙江警察学院学报)2018年第3期，第94-98页。

[122]杨勇：《基层警察胜任力模型的构建》，暨南大学2011年硕士论文。

[123]杨成林、郭丽娜：《大数据背景下经侦队伍专业化建设新探——以构建经侦警察胜任力模型为视角》，载《广州市公安管理干部学院学报》2020年第3期，第13-18页。

[124]唐浩、刘帝行：《公安院校教师胜任力模型构建初探》，载《辽宁教育行政学院学报》2020年第4期，第21-24页。

[125]吴建军：《公安队伍建设的新视点：警察胜任力》，载《公安研究》2011年第8期，第80-86、90页。

[126]郝胜杰：《警察胜任力目标导向的公安院校学生职业生涯教育研究》，载《武警学院学报》2021年第5期，第84-90页。

[127]宫毅、丁建荣:《基于新国家安全观培养卓越警务人才》，载《中国教育报》2016年3月24日，第12期。

[128]新华网:《中国人民公安大学培养卓越警务人才，新增数据警务技术专业》，载 http://education.news.cn/2021-06/05/c_1211187294.htm，2021-07-05。

[129]姬慧洋:《深化校局合作，培养卓越警务人才》，载《周口日报》2020年8月11日。

[130]谭建华:《紧密型校局合作机制建设思考》，载《广西政法管理干部学院学报》2020年第6期，第104-108页。

[131]宋福荣:《新时期公安院校培养卓越警务人才的有效途径——以治安学专业人才培养为例》，载《湖北警官学院学报》2019年第1期，第137-144页。

[132]傅国良:《驻校教官工作的实践与创新》，载《人民公安报》2011年8月7日，第3版。

[133]肖剑鸣:《论走向21世纪的公安教育模式》，载《河南公安高等专科学校学报》1998年第5期，第2页。

[134]李光文:《中法警察教育之比较——兼谈我国公安教育的走势》，载《湖北警官学院学报》2002年第1期，第74-77页。

[135]汪玉凯:《网络社会与公民参与》，载《学习时报》2012年4月2日。

[136]王苏醒:《论社区警务网络参与》，载《中国人民公安大学学报》(社会科学版)2011年第3期，第138页。

[137]王金水:《网络政治参与与政治稳定机制研究》，载《政治学研究》2012年第4期，第53页。

[138]陆士祯等:《对当代青年网络政治参与的理论分析》，载《中国青年研究》2012年第7期，第29页。

[139]郭志法:《信息过载与媒介素养教育》，载《中国社会科学院研究生院学报》2006年第1期，第129页。

[140]王屹、逯长春:《职业教育“双师型”教师队伍的顶层设计探析》，载《职

教论坛》2016 年第 15 期，第 38 页。

[141]金怡：《公安高等院校“双师型”教师队伍建设研究》，载《北京警察学院学报》2017 年第 1 期，第 105 页。

[142]陈鹏、陈沛酉：《双课程整合视野下职业教育“双师型”教师新解》，载《江苏高教》2017 年第 4 期，第 89 页。

[143]施发笔：《公安院校“双师型”教师的现实价值、核心能力与培养策略》，载《公安教育》2016 年第 4 期，第 70 页。

[144]龙宝新：《论国外教师专业发展的现状与走向》，载《现代基础教育研究》2016 年第 3 期，第 25 页。

[145]宋福荣：《构建公安院校实践教学保障体系的思考》，载《湖北警官学院学报》2016 年第 3 期，第 118 页。

[146]傅国良：《校局合作的理论研究与实践探索》，载《公安教育》2009 年第 1 期，第 70 页。

[147]曾卫国、陈俊豪：《基于民警培训的“校局合作”长效机制建设的几点思考》，载《湖南警察学院学报》2014 年第 1 期，第 110 页。

[148]习近平：《始终坚持人民公安为人民，做到对党忠诚服务人民执法公正纪律严明》，载《人民日报》2017 年 5 月 20 日，第 1 版。

[149]张艳国：《忠诚文化及其现代价值》，载《江汉论坛》2005 年第 9 期，第 97 页。

[150]何中华：《在创造创新中彰显传统文化的时代价值》，载《光明日报》2017 年 1 月 9 日。

[151]徐月高、汪谦干：《谈儒家担当观》，载《光明日报》2015 年 6 月 3 日。

[152]习近平：《始终坚持人民公安为人民，做到对党忠诚服务人民执法公正纪律严明》，载《人民日报》2017 年 5 月 20 日，第 1 版。

[153]王杰、顾建军：《2008 年马克思主义与儒学高层论坛综述》，载《孔子研究》2009 年第 1 期，第 125 页。

[154]商志晓：《中华传统文化创造性转化创新性发展的哲学审思》，载《光明日报》2017 年 1 月 9 日。

[155]赵志飞:《实施信息警务，开展网上作战》，载《公安教育》2001年第10期，第11-14页。

[156]李醒民:《科学精神和科学文化研究二十年》，载《自然辩证法通讯》2002年第1期，第83-89页。

[157]林华瑜:《现代信息技术对传统学术研究的影响》，载《光明日报》2005年2月8日。

[158]伍诚选:《信息文化与大众文化探析》，载《图书馆学研究》2002年第4期，第92-93页。

[159]皮艺军:《警察"亚文化"探析》，载《江西公安专科学校学报》2003年第1期，第5页。

[160]李玫瑾:《警察违法暴力心理原因分析》，载《公安大学学报》2001年第1期，第109页。

[161]朱力:《抑制社会转型中的不良亚文化》，载《社会科学研究》1995年第1期，第63页。